HISTOIRE

DU

DROIT PRIVÉ GRÉCO-ROMAIN

PAR

M. CHARLES-ÉDOUARD ZACHARIÆ

TRADUIT DE L'ALLEMAND

PAR

EUGÈNE LAUTH
DOCTEUR EN DROIT
SUBSTITUT DU PROCUREUR IMPÉRIAL A MULHOUSE

PARIS
AUGUSTE DURAND ET PEDONE LAURIEL
LIBRAIRES DE LA BIBLIOTHÈQUE DE LA COUR IMPÉRIALE ET DE L'ORDRE DES AVOCATS
9, RUE CUJAS (ANCIENNE RUE DES GRÈS)

1870

HISTOIRE

DU

DROIT PRIVÉ GRÉCO-ROMAIN

Extrait de la *Revue historique de Droit français et étranger*
(années 1865-1866-1869).

HISTOIRE

DU

DROIT PRIVÉ GRÉCO-ROMAIN

PAR

M. CHARLES-ÉDOUARD ZACHARIÆ

TRADUIT DE L'ALLEMAND

PAR

EUGÈNE LAUTH

DOCTEUR EN DROIT

SUBSTITUT DU PROCUREUR IMPÉRIAL A MULHOUSE

PARIS

AUGUSTE DURAND ET PEDONE LAURIEL

LIBRAIRES DE LA BIBLIOTHÈQUE DE LA COUR IMPÉRIALE ET DE L'ORDRE DES AVOCATS

9, RUE CUJAS (ANCIENNE RUE DES GRÈS)

1870

HISTOIRE

DU DROIT PRIVÉ GRÉCO-ROMAIN[1].

LIVRE Ier.

DROIT DES PERSONNES.

TITRE Ier. — DU MARIAGE.

CHAPITRE Ier.

NATURE, CÉLÉBRATION ET DISSOLUTION DU MARIAGE.

§ 1. — Notion du mariage[2].

Dans le droit romain primitif, le mariage apparaît comme une union de sexes entre l'homme et la femme, par suite de laquelle celle-ci sort entièrement de sa famille et tombe sous la puissance (*manus*) du mari. Loin de jouir des mêmes droits que ce dernier, elle est placée sous sa dépendance. Elle n'a pas de fortune personnelle, tout appartient au mari ; par contre, elle entre dans sa famille, et, par là, prend part à sa succession, et les enfants dont elle le rend père sont enfants siens.

A côté de ce mariage rigoureux, et en le supplantant peu à peu, se place, dans le droit plus récent, ce qu'on appelle le mariage *libre*. Par ce mariage, la femme participe, il est vrai, à l'état du mari, et donne le jour à des héritiers siens, mais elle n'entre pas dans la famille du mari, et conserve son indépendance, quant à sa personne et à ses biens. Le mari supporte les

[1] Cet ouvrage, de M. Charles-Edouard *Zachariæ* de Lingenthal, a paru en allemand, à Leipzig, en 1856, et n'a été tiré qu'à 125 exemplaires. L'auteur a bien voulu nous autoriser à le traduire en français. (*Note de la rédaction.*)

[2] Le terme technique, en grec, pour désigner le mariage, est γάμος. Les néo-grecs se servent du mot γαμεῖν pour désigner l'union charnelle, et emploient d'autres termes pour le mariage, par exemple, ὑπανδρεία, ἀνδρόγυνον.

frais du ménage, il est tenu de veiller à l'entretien de sa femme et de ses enfants; comme contribution à cette charge, il peut recevoir, soit de la femme elle-même, soit d'un tiers, au moyen d'une constitution expresse, certains biens (*dos*), pour en jouir et les administrer, et réciproquement certains droits peuvent être assurés à la femme sur la fortune du mari (*ante nuptias donatio*).

Une conception plus élevée du mariage envisagé comme seule et unique union morale des sexes, ne ressort pas bien distinctement du droit romain[1]. Si la polygamie lui était étrangère, il considérait néanmoins le concubinat comme chose permise. Il regardait bien le mariage comme une union indissoluble, mais en ce sens seulement que l'on ne pouvait pas le contracter à temps ou sous condition résolutoire. Par contre, tout mariage était susceptible d'être dissous, non-seulement par suite d'une entente réciproque, mais même par la volonté d'un seul époux[2].

Les mœurs sévères des anciens Romains ont, il est vrai, sanctifié le mariage bien plus que ne l'ont fait les lois; mais, au siècle d'Auguste, le relâchement des mœurs était déjà grand. L'antinomie entre l'ancien droit qui faisait consister le mariage dans l'assujettissement de la femme, et le droit postérieur, qui proclamait l'indépendance de la femme, n'a reçu sa solution que du christianisme, qui l'a trouvée dans la conformité des sentiments et l'affection. Il y a déjà, chez les jurisconsultes romains[3], un écho de l'idée chrétienne, lorsqu'ils définissent le mariage, soit comme une *individua vitæ consuetudo,* soit comme un *consortium omnis vitæ, divini et humani juris communicatio.*

Au point de vue chrétien, le mariage est la seule union permise entre les sexes, étant donnée la nécessité d'une semblable union. Il est institué par Dieu même dans la création du premier couple, et la sanctification en est encore recommandée, d'une manière plus précise, par le sixième commandement. Il consiste dans une union complète et indissoluble entre les époux, qui non-seulement ont chacun les mêmes droits et les mêmes devoirs

[1] Le concubinat semble avoir passé des mœurs grecques dans celles des Romains. Démosth. c. *Neaeram*, 1386, 19: Τὰς μὲν γὰρ ἑταίρας ἡδονῆς ἕνεκ' ἔχομεν· τὰς δὲ παλλακὰς τῆς καθ' ἡμέραν θεραπείας τοῦ σώματος· τὰς δὲ γυναῖκας τοῦ παιδοποιεῖσθαι γνησίως καὶ τῶν ἔνδον φύλακα πιστὴν ἔχειν.

[2] L. 2, C. *De inutil. stipul.*; Nov. 22, c. 3.

[3] L. 1, D. *De R. N.*, § 1, J. *de P. P.*

l'un vis-à-vis de l'autre, mais encore ne forment l'un avec l'autre qu'une chair et qu'un sang.

Si le droit romain postérieur s'était pénétré de ces idées, le concubinage et le concubinat auraient été traités d'une autre manière, la dissolution facile du mariage aurait paru impraticable, les rapports pécuniaires des époux auraient eu le caractère de la communauté, enfin on aurait considéré comme contraire à la raison toute distinction faite entre les rapports du père et ceux de la mère avec les enfants.

Toutefois, l'influence du christianisme sur la manière d'envisager les rapports naissant du mariage, est très-faible dans les constitutions des empereurs jusqu'à Justinien, même sur les points où les canons ont déjà dégagé et mis en relief l'idée chrétienne [1]. Il était réservé aux empereurs subséquents qui ont été gratifiés du nom très-méprisant d'iconoclastes, d'introduire une législation chrétienne sur le mariage; et cette partie de leurs constitutions reste digne d'attirer l'attention, bien que, sous les dynasties suivantes, elle ait en grande partie disparu, comme tout ce que ces empereurs avaient fait ou voulu faire, et que la réaction ait tout emporté [2].

§ 2. — Union des sexes en dehors du mariage.

Toute union qui n'est pas consacrée par le mariage, est réputée concubinage par les canons de l'Eglise (πορνεία). Le canon 3 *Gregor. Nyss.* dit en termes formels : Μία ἐστὶν ἡ νόμιμος συζυγία,

[1] L'opposition entre le droit civil et le droit canonique, en ce qui concerne les rapports résultant du mariage, est surtout frappante dans les titres y relatifs du *Nomokanon*, de Photius. On n'ignore pas, du reste, que Justinien a, dans la novelle 131, c. 1, donné force de loi aux canons des quatre premiers synodes œcuméniques.

[2] Le code valaque fait un pas rétrograde particulièrement sensible, en mettant le mariage à côté des contrats civils, et en le définissant ainsi (III, 16, 1) : Ἡ ὑπανδρεία εἶναι συμφωνία συναφείας ἀνδρὸς καὶ γυναικὸς πρὸς τεκνογονίαν ! Le code moldave est bien plus moral, § 63 : Αἱ τῆς οἰκογενείας σχέσεις θεμελιοῦνται διὰ τοῦ γαμικοῦ συμφώνου, δι' οὗ δύο πρόσωπα ἀρσενικὸν καὶ θηλυκὸν φανερόνουσι νομίμως τὴν θέλησιν αὐτῶν καὶ ἀπόφασιν, νὰ συζῶσι δηλαδὴ μετὰ συζυγίας νομίμου, ἀγαπητῶς, εὐσεβῶς καὶ τιμίως, ἐν συντροφίᾳ ἀχωρίστῳ· νὰ τεκνοποιῶσι· νὰ ἀνατρέφωσι τὰ τέκνα αὐτῶν, καὶ νὰ συμβοηθῶνται ἀμοιβαίως ἐν πάσῃ περιστάσει κατὰ τὸν δυνατὸν τρόπον.

et le c. 59 *Basilii* menace les πορνοί d'une excommunication de sept ans.

Au contraire, dans le droit de Justinien, le concubinat est encore reconnu comme union permise, produisant certains effets juridiques[1] pour la concubine (παλλακή) et ses enfants (*naturales liberi*, φυσικοί ou νόθοι παῖδες).

Ce n'est que le droit byzantin postérieur qui a commencé à adopter le point de vue de l'Eglise. D'après l'Ecloga des iconoclastes Léon et Constantin (de l'an 740), dans lequel cependant le mot παλλακή se trouve encore une fois[2], tout concubinat était, sans distinction, considéré comme union légitime[3]. Dans le même ordre d'idées, l'empereur Basile le Macédonien[4] décida que personne ne pourrait entretenir une concubine chez soi, mais qu'il devrait ou l'épouser ou la renvoyer, et, de même, son fils Léon interdit tout concubinat[5] et dit formellement[6]: Μεταξὺ ἀγαμίας καὶ γάμου οὐκ ἔστιν εὑρεῖν ἀκατηγόρητον τὸ γινόμενον[7]. Et les mœurs paraissent s'être soumises aux lois, car le cas de concubinat figure dans la Πεῖρα[8] comme un événement rare et par là même embarrassant pour le juge.

Abstraction faite du concubinat, la législation de Justinien connaissait encore d'autres unions en dehors du mariage : ainsi le *stuprum*, qui, s'il n'était pas permis, n'était pas non plus réprimé. Ici encore ce fut l'Ecloga des empereurs Léon et Constantin qui, adoptant les canons de l'Eglise relatifs aux différentes espèces de concubinage, édicta des peines corporelles et pécuniaires[9]. Ces dispositions pénales furent ensuite insérées dans le *Prochiron*[10] et les *Basiliques*[11].

[1] Voir *Photii Nomoc.*, XIII, 5.

[2] Tit. VI, c. 13.

[3] Tit. II, c. 8 *med.*

[4] Prochiron, IV, 26; comp. Epanagoge, XVI, *schol. medio.*

[5] Nov. 91.

[6] Nov. 89.

[7] Comp. aussi Epanagoge, XVI, 27, *schol.* — Basil., XXVIII, 4, 13, sc. 1 *in fine*; — Harmenop., IV, 9, 34.

[8] Tit. XLIX, c. 21; comp. Maurer, *le Peuple grec*, I, p. 132. Μικρὸν Γ, 9.

[9] Ecloga, XVII, 19-23.

[10] Tit. XXXIX, c. 59 et suiv. Elles se trouvent aussi dans l'Epanag., XL, 57 et suiv.

[11] Basil., LX, 37, 78, 84.

Sans doute, lorsqu'on voit Balsamon [1] se plaindre de ce que les peines de l'Eglise ne sont pas sévèrement appliquées, et ne trouver d'autre consolation que la confiance en la miséricorde divine, il est permis de supposer que les peines temporelles étaient encore plus rarement appliquées [2]. Mais Harménopule [3] estime que les peines sont maintenues, et le patriarche Athanase supplie l'empereur Andronic Paléologue [4] de donner des ordres aux magistrats pour la répression de tout concubinage.

§ 3. — Empêchements au mariage [5].

La doctrine de l'Église chrétienne qui reconnait mieux la sainteté des liens du mariage, tout en donnant la préférence au célibat (selon I. Corinthiens, 7), a exercé une influence considérable sur les lois relatives aux empêchements de mariage. Au fond, les empêchements établis par la législation de Justinien sont restés en vigueur depuis, seulement ils ont été en partie modifiés, en partie renforcés.

Il importe d'insister sur ce qui suit :

I. Le droit de Justinien ne reconnait pas encore le mariage entre *esclaves*, à l'égal des justes noces; encore moins admet-il la possibilité d'un mariage entre personnes libres et esclaves [6]. Pareille union est aussi prohibée par l'impératrice Irène [7]. L'empereur Léon le Sage la maintient, au contraire, et, pour satisfaire à ce qu'exige la nature du mariage, il asservit l'époux libre au maître de l'autre conjoint, ou bien affranchit ce dernier, moyennant indemnité [8]. De même, il reconnait d'une manière

[1] Ad c. 59, *S. Basilii*.

[2] Comp. Πεῖρα, XLIX, 4.

[3] Harm., VI, 3, 1, 2.

[4] Coll., V, nov. 26, c. 2, 3.

[5] Comp. en général Ecl., tit. II; Proch., tit. VII; Epanag., tit. XVII; Basil., XXVIII, 5. Une extension de la défense en vertu de laquelle le gouverneur de la province ne peut épouser une femme originaire de cette province, est contenue dans la vingt-troisième novelle de Léon. Suivant une novelle de Manuel Comnène (coll. IV, nov. 47), les membres de la famille impériale et les hauts dignitaires devaient se faire autoriser par l'empereur pour contracter mariage avec une étrangère. Comp. aussi Bals. ad c. 41, *S. Basilii*.

[6] Voir cependant Nov. 22, c. 11, 17.

[7] Coll. I, nov. 28.

[8] Nov. 100.

plus précise la validité du mariage entre esclaves[1], et Alexis Ier Comnène dispose expressément[2] que les mariages entre esclaves doivent être bénis tout aussi bien que les autres[3].

II. D'après le droit de Justinien, ceux qui sont placés sous la puissance paternelle ne peuvent contracter mariage sans le consentement du père[4]. L'Ecloga[5], au contraire, exige le consentement, non-seulement du père, mais des parents en général. Sous Basile le Macédonien, on fit retour, en ce point, à la législation justinienne[6], et c'est à elle que l'on s'est arrêté, peut-être par la raison que l'on redoutait la nécessité de déclarer trop souvent dénuée d'effet la bénédiction de l'Eglise, lorsque le défaut de consentement des parents invalidait purement et simplement le mariage[7]. Aussi, dans *Basilii* c. 36, 42, il est statué de la même manière que dans le droit de Justinien[8].

III. En ce qui concerne l'empêchement au mariage pour cause de différence de religion, le droit de Justinien ne défend que le mariage entre chrétiens et juifs[9]. Le mariage entre chrétiens orthodoxes et hérétiques était valable[10], seulement les fiançailles pouvaient être rompues *propter sectæ diversitatem*[11]. Cet état de choses se modifia, lorsque les canons du concile de Laodicée furent généralement reçus, en ce que le canon 31 de ce concile prohibe positivement le mariage entre orthodoxes et hérétiques, prohibition que le synode de Constantinople (de

[1] Nov. 101.

[2] Coll. IV, nov. 35.

[3] Comp. *Leunclavii Jus Græco-Romanum*, I, p. 344, 409 et suiv. — La loi valaque, III, 16, 1, et la loi moldave, § 154, prohibent le mariage entre personnes libres et esclaves.

[4] L. 11-13, D. *De sponsal.*, l. 2, 9, D. *De R. N.*

[5] Tit. II, c. 1.

[6] Proch., IV, 4, 7, 11, 12, 15, 19; Epanag., XVI, 5-7, 14, 21.

[7] Comp. Πεῖρα, XLIX, 10.

[8] Le code moldave, § 73-78, renferme des prescriptions encore plus rigoureuses. Comp. sur le devoir et le droit des parents de marier leurs enfants, Nov. 115, c. 3, § 11; Ecl., II, 5, 6; Proch., IV, 22-24; Epanag., XXXIV, 4, *sc. d.*; Epitome, XXIII, 7, 8.

[9] L. 6, C. *De Judæis.*

[10] Comp. le Κείμενον dans *Photii Nom*, XII, 13.

[11] L. 16, C. *De episc. aud.*; l. 5, C. *De sponsal.* Comp. en outre les Commentaires de Thalèle et Théodore dans les Basiliques, édit. Heimbach, III, p. 157, 158.

l'an 692) reproduit en termes exprès[1]. C'est bien dans ce sens qu'il faut entendre également l'Ecloga lorsqu'elle dit[2] : Συνίσταται γάμος χριστιανῶν. Et, bien que le *Prochiron*, l'*Épanagoge* et les *Basiliques* se contentent de reproduire les dispositions de la législation justinienne, un scoliaste des Basiliques[3] fait observer que le mariage entre orthodoxes et hétérodoxes ne peut pas être maintenu, parce que la communauté que le mariage doit établir entre les époux s'étend à tout ce qui concerne le droit divin[4]. Si le scoliaste ajoute : Σημείωσαι, πάνυ γὰρ αὐτὸ εἶδα ζητηθέν, Zonaras et Balsamon[5] ne manifestent aucun doute quant à la validité absolue de la prohibition canonique ; et si Harménopulo n'en fait pas mention, Blastarès la met en relief[6].

§ 4. — De l'empêchement au mariage pour cause de parenté, en particulier.

L'empêchement au mariage pour cause de parenté exige des développements plus étendus.

I. A raison *du lien du sang* (ἡ αἵματος συγγένεια), le droit de Justinien prohibe purement et simplement le mariage en ligne ascendante, et en ligne collatérale entre frère et sœur seulement, et là où se trouve ce qu'on appelle le *respectus parentelæ* (τὸ πατρὸς ἢ μητρὸς τάξιν ἐπέχειν), c'est-à-dire où l'un des conjoints descend directement de l'auteur commun.

Le synode de Constantinople[7] fit un pas de plus (692) en ce que, dans le canon 54, le mariage entre enfants de frère et sœur

[1] Comp. aussi Syn. Carthag., c. 21 ; Syn. Chalced., c. 14.

[2] Tit. II, c. 1.

[3] *Sc. ad Bas.*, XXVIII, 4, 1.

[4] Cet argument puissant, qui s'était déjà imposé à Plutarque, Γαμικὰ παραγγέλμ., c. 19, est, suivant Bals. ad., c. 72, Syn. Trull., la base de la prohibition canonique. Il se rencontre aussi dans *Photii Nom.*, XII, 13 ; Harmenop., édit. Heimb., p. 485, note 2.

[5] Bals. *Ad Phot. Nom.*, XII, 13, fait observer seulement que les Ibériens avaient coutume de contracter des alliances mixtes avec les Agaréennes, et supplie l'empereur de s'y opposer.

[6] Leuncl. J. G. R., I, p. 505. Le code valaque (III, 10, 2) et le code moldave (§ 91) contiennent également la prohibition des mariages mixtes. Sur la question des mariages mixtes dans l'Eglise grecque, comp. la *Reise in den Orient* de l'auteur. Heid., 1840, p. 290 et suiv.

[7] Le synode ou concile de Constantinople de l'an 692 est aussi appelé

(ἐξάδελφοι) est prohibé [1]. L'Ecloga (740) le défendit, en outre, entre petits-enfants de frère et sœur (δισεξάδελφοι) [2]. L'empêchement pour cause de *respectus parentelæ* ne s'y trouve pas expressément marqué, il est vrai, mais les difficultés bien connues qui s'élevèrent au sujet du mariage de l'empereur Héraclius avec sa nièce Martina [3], font supposer que cet empêchement avait été maintenu, d'autant que l'Ecloga [4] frappe tout au moins d'une peine les unions conclues entre oncle et nièce, ou tante et neveu. On trouve aussi les cas prévus par l'Ecloga et l'empêchement pour cause de *respectus parentelæ* dans le *Prochiron* [5], l'*Epanagoge* [6] et les *Basiliques* [7].

Dans cet état de la législation, on aurait pu soutenir que tout mariage entre collatéraux du cinquième et sixième degré n'était pas nul : le mariage de l'ἐξάδελφος avec l'enfant ou le petit-fils de l'ἐξάδελφος (en d'autres termes, le mariage du μικρὸς θεῖος ou de la μικρὰ θεία avec la μικρὰ ἀνεψιὰ ou avec le μικρὸς ἀνεψιὸς et la fille ou le fils de ceux-ci) n'est pas expressément prohibé. Mais les Grecs, tout au moins, ne semblent jamais avoir douté qu'à raison des prescriptions précitées, en deçà du sixième degré de la ligne collatérale, tout mariage ne fût défendu [8].

Dans la suite, on a bien voulu soutenir que le septième degré aussi était un degré prohibé. On se fondait sur ce que la loi ne déclarait formellement permis que le mariage au huitième degré [9], et que celui du septième degré (dont la validité était restée indécise, d'après la règle posée dans *Basilii c.* 87) devait être ré-

synode trullanien, parce que les séances se tenaient dans la grande salle (*trullus*) du palais des empereurs de Constantinople. (*Note du Traducteur.*)

[1] Dans l'Eglise d'Occident, on s'est tenu plus à la lettre de la législation de Justinien, mais on a aussi beaucoup étendu les empêchements au mariage pour cause de parenté, par l'introduction d'une autre manière de compter les degrés.

[2] Tit. II, c. 1.

[3] Nicephor. *Hist.*, édit. Paris, p. 9.

[4] Tit. XVII, c. 33.

[5] Tit VII, c. 3-6, 15.

[6] Tit. XVII, c. 3-6, 13.

[7] Lib. XXVIII, tit. V.

[8] Epanag. aucta, XV, 9, *in Prochir.*, p. 53, note.

[9] La loi 2, C. *De institut.*, dans laquelle les Grecs ont lu « *cum te filio suæ consobrinæ*, » etc., et par suite ont traduit : Ἐὰν τῷ τρισεξαδέλφῳ γαμηθῇ. Comp. Basil., XXXV, 12, 30.

pulé prohibé, par la raison que de là encore résultait une intolérable confusion dans les noms patronymiques.

Au commencement, cette opinion ne se manifesta qu'avec timidité ; le patriarche Sisinnius[1] mentionne encore en l'an 997, comme limite de l'empêchement, les τικτόμενοι ἀπὸ τῶν ἐξαδέλφων καὶ μόνοι. — Le patriarche Alexis, vers le milieu du onzième siècle, en l'an 1038, dit que les mariages conclus entre parents au septième degré ne sont pas nuls ; il les frappe seulement de peines spirituelles[2]. Le patriarche Michel déclare en termes plus précis, dans un décret synodal de 1057, que les mariages conclus entre parents du septième degré doivent être rompus[3]. Enfin cette doctrine est établie d'une manière positive, sous le patriarche Luc, par un décret synodal, en l'an 1166[4], que confirma expressément l'empereur Manuel[5] et dont il n'a été donné qu'une seule dispense, par Isaac l'Ange[6].

Balsamon[7], Démétrius Chomaténus[8], Harménopule[9] et Blastarès[10] exposent en détail le droit nouveau. Ils auraient pu le résumer en cette simple proposition, que tout mariage entre collatéraux est défendu et nul, jusques et y compris le septième degré[11].

II. Empêchement au mariage *pour cause d'alliance* (ἐξ ἐπιγαμίας ἤτοι ἀπὸ λοξότητος συγγένεια, ἀγχιστεία, συμπενθερία). — D'après le droit de Justinien, sont considérés comme alliés (*affines*) les parents de l'un des époux avec l'autre conjoint, et cela au même degré auquel ils sont parents avec le premier. En cas d'une pareille affinité, le mariage est défendu d'une manière

[1] Leuncl. J. G. R., I, p. 201.

[2] Leuncl. J. G. R., I, p. 204. Voir *ibid.*, p. 201, une espèce résolue par ce passage. Μικρὸν Σ, 13; Mich. Att., XIX.

[3] Et même : Ἀτίμως διαιρεθήσεται. Leuncl. J. G. R., I, p. 206, 264. Comp. aussi Πεῖρα, XLIX, 3, et Mich. Att. Leuncl. in J. G. R., II, p. 24.

[4] Leuncl. J. G. R., p. 217.

[5] Coll. IV, nov. 69.

[6] Coll. IV, nov. 84.

[7] Ad Phot. Nom., XIII, 2.

[8] Leuncl. J. G. R., I, p. 311 et suiv.

[9] Harm., IV, 8, 1, 9.

[10] Leuncl. J. G. R., I, p. 480 et suiv.

[11] Avec cela, concorde le Πηδάλιον, p. 515. Le code moldave, § 92, prohibe le mariage μέχρι τοῦ ὀγδόου βαθμοῦ. De même aussi le Συνοδικὸς τόμος du P. Grégoire, de l'an 1839. Σύντ. τῶν κανόνων, édit. Rhalli et Potli, t. V, p. 175.

absolue en ligne directe; en ligne collatérale, il ne l'est qu'au deuxième degré (ainsi le mariage successif d'un mari avec deux sœurs ou d'une femme avec deux frères). En outre, la législation précitée prohibe le mariage, par suite de *fiction* d'affinité, — quoique celle-ci ne soit pas encore établie, ou qu'elle ait cessé, — avec la fiancée du fils ou du père, avec la mère du fiancé, avec la fille issue d'un mariage ultérieur de la mère divorcée. Enfin, elle déclare prohibé — quoique, d'après la règle *Affines inter se non sunt affines*, l'affinité n'existe pas, — le mariage avec la veuve du fils du premier lit, avec le veuf de la fille issue du premier lit, avec la fille de l'enfant issu du premier mariage, avec la marâtre de l'épouse défunte.

Le synode de Constantinople alla plus loin encore, en l'an 692, en ce qu'il décida, dans le canon 54, que le père et le fils ne pouvaient épouser la mère et la fille, ni deux sœurs; que la mère et la fille ne pouvaient épouser deux frères, enfin que deux frères ne pouvaient épouser deux sœurs[1].

Ces prohibitions furent sensiblement étendues :

1° Par le *Tomus* de Sisinnius, de l'an 997[2]. Le patriarche se fonde sur le principe « Ἐν τοῖς γάμοις οὐ τὸ ἐπιτετραμμένον μόνον, ἀλλὰ καὶ τὸ εὐπρεπὲς δεῖ σκοπεῖν » et la règle de S. Basile, c. 87, « Ἐν οἷς τὰ τοῦ γένους συγχέονται ὀνόματα, ἐν τούτοις ὁ γάμος ἀθέμιτος[3] », et défend, malgré l'usage contraire, « δύο ἀδελφοὺς δύο ἐξαδέλφας λαβεῖν, καὶ τὸ ἀνάπαλιν δύο ἐξαδέλφους δύο ἀδελφάς· καὶ θεῖον καὶ ἀνεψιὸν ἀδελφὰς δύο, καὶ αὖθις ἀδελφοὺς δύο θείαν καὶ ἀνεψιάν. »

2° Par les *décisions synodales* du P. Xiphilinus, de l'an 1066 et 1067[4], qui admirent, d'une manière absolue, la fiction de l'affinité résultant des fiançailles[5].

[1] L'Ecloga II, 2, ne développe pas ces prohibitions d'une manière complète. Le Prochiron (VII, 7 et suiv.), l'Epanag. (XVII, 7 et suiv.), et les Basiliques (XXVIII, 5, 1 et suiv.), ne mentionnent même que les empêchements du droit pur de Justinien, parce qu'ils sont presque entièrement destinés à reproduire la législation justinienne.

[2] Leuncl. J. G. R., I, p. 197.

[3] L'abus sophistique de ces arguments ne fut pas rare. V. surtout Eustathius Romanus in Leuncl. J. G. R., I, p. 414 et suiv., et le métropolitain Démétrius Syncellus, *eod. loc.*, p. 397 et suiv.

[4] Leuncl. J. G. R., I, p. 211, 212.

[5] Ces décisions synodales, quoique confirmées par l'empereur Nicéphore

Dans la suite on fit découler du *Tomus* du P. Sisinnius la règle, que le sixième degré entre alliés empêchait le mariage, et cela même entre un allié de l'un des époux et un allié de l'autre (ἐκ διγενείας), cas auquel on additionnait les degrés existant entre l'allié de l'un des époux et cet époux, et ceux qui existaient entre l'allié de l'autre époux et ce dernier.

Toutefois cette règle n'était pas et n'est pas généralement décisive [3]. Car :

a. Alexis Ier Comnène a statué [4] que, au sixième degré, le mariage θείου καὶ ἀνεψιᾶς πρὸς θείαν καὶ ἀνεψιὸν était permis. Cette exception [5] a toutefois rencontré beaucoup d'opposition [6] et reçoit tout au moins une interprétation aussi étroite que possible [7].

b. Le patriarche Jean Xiphilinus a, dans la suite, déclaré nul même le mariage entre alliés au septième degré, et sa décision a été confirmée par un rescrit impérial [8].

en l'an 1080 (coll. IV, nov. 13), ne paraissent pas d'ailleurs avoir été observées à la lettre. Comp. Leuncl. J. G. R., I, p. 217, 231 et suiv. Aussi Alexis Ier Comnène, en l'an 1084 (coll. IV, nov. 24), ordonna qu'elles n'auraient effet que pour les unions bénies par l'Eglise (μνηστεῖαι ἰσοδυναμοῦσαι τῷ γάμῳ). Comp. *infra*, § 6.

[1] C'est ainsi qu'on trouve cette règle dans la sentence synodale du P. Michel, de l'an 1057 (*Leuncl. J. G. R.* I, p. 206) et les décisions contraires recueillies, d'après l'exemple donné par Eustathius Romanus, par un juge (sans doute l'auteur de la Πεῖρα, — *ibid.*, p. 407, 415 —) et par le métropolitain Démétrius Syncellus, sont isolées. Comp. plus haut note 3, p. 474 et Πεῖρα XLIX, 13.

[2] C'est pour cette raison que Manuel Malaxus dit dans son *Nomocanon* : Οἱ νεώτεροι ἐσυγχώρησαν καὶ ἕκτον, καὶ ἐκώλυσαν καὶ εἴδαμεν ὅταν κάμνῃ σύγχυσιν. En cela aussi concorde le Πηδάλιον, p. 516 et suiv. Le code moldave, § 93, est encore plus rigoureux, en ce qu'il prohibe sans exception le mariage au sixième degré. Comp. le décret synodal du P. Néophytus, de l'an 1611, dans le Σύντ. τῶν κανόνων, de Rhalli et Potli, t. V, p. 156, 159. Le Συνοδικὸς τόμος de 1839 (*ibid.*, p. 175) prohibe le sixième degré.

[3] Coll. IV, nov. 40.

[4] La règle toute entière est en conséquence conçue autrement dans un avis de l'an 1199 (?) in Leuncl. J. G. R., I, 287 et suiv. Comp. sur l'ensemble de la discussion très-vive qui eut alors lieu à ce sujet, J. G. R., I, p. 285, 411.

[5] Comp. les actes du synode sous le P. Nicolas dans Leuncl. J. G. R., I, p. 215 et suiv. Balsamon, *medit.*, *ibid.*, p. 466, et *Ad Phot. Nom.*, XIII, 2, édit. Rhalli, p. 284, 291.

[6] Démétrius Chomat. dans J. G. R., I, p. 313 et suiv. Harmenop., IV, 8, 3. Voir aussi Blastarès dans J. G. R., I, p. 482.

[7] Leuncl. J. G. R., I, p. 267.

c. Une novelle de l'empereur Manuel, de l'an 1175[1], semble restreindre la portée du *Tomus* du P. Sisinnius, en ce sens que, si un pareil mariage ne peut pas être contracté facilement ni impunément malgré la prohibition, du moins, une fois contracté, il n'est pas nul de plein droit, mais seulement punissable.

Enfin *d*. La règle, en tous cas, n'est pas applicable en ce qui concerne les alliés ἐκ τριγενείας, c'est-à-dire ceux pour lesquels l'alliance résulte de deux mariages différents entre trois familles[2]. En pareil cas, les uns s'en tiennent aux prohibitions de Justinien[3]; pour les autres, et notamment pour Balsamon, Harménopule et Blastarès[4], il est de principe que, au quatrième degré, l'empêchement n'existe pas, bien que d'après l'aveu même de ce dernier la pratique soit contraire[5].

III. Empêchement au mariage *pour cause de parenté résultant de l'adoption* (διὰ θέσεως ἤτοι υἱοθεσίας συγγένεια). — Cette parenté, d'après la législation justinienne, produit un empêchement au mariage, de même que celle du sang; toutefois seulement entre l'adopté et l'adoptant, les agnats de celui-ci et ses cognats en ligne ascendante. L'affinité n'est pas créée par l'adoption; seulement le père adoptif ne peut pas épouser la femme du fils adopté émancipé. L'empêchement prend fin lorsque le lien de l'adoption est rompu; dans ce cas, le mariage seul avec l'enfant qui avait été adopté ou avec les enfants de ce dernier est prohibé.

Le *Prochiron*, l'*Epanagoge* et les *Basiliques*[6] ne font que reproduire ces dispositions.

Toutefois l'ancien scoliaste de l'*Epanagoge*[7] fait déjà la remarque suivante : « Depuis que la novelle 118 a supprimé toute différence entre agnats et cognats, et que l'adoption se consomme à l'église, avec accompagnement de prières et par l'imposition des mains du prêtre, le lien de l'adoption pourrait bien être in-

[1] Coll. IV, nov. 76.

[2] Leuncl. J. G. R., I, p. 217, 231.

[3] *Ibid.*, p. 314, 406.

[4] Bals. ad c. 53 Syn. Trull. Harm., IV, 8, 3. Blast. in J. G. R., I, p. 481.

[5] Le Πηδάλιον, p. 520, étend la limite jusqu'au troisième degré; le Συνοδικὸς τόμος du P. Grégoire de 1839 (σύντ. τῶν κανόνων, édit. Rhalli et Potli, voir p. 175) jusqu'au quatrième.

[6] Proch., VII, 2, 5, 6, 10, 18, 19, 23; Epan., XVII, Basil., XXVIII, 5.

[7] Epan. XVII, 21 sc.

dissoluble, et le mariage prohibé, pour cause de parenté adoptive, au même degré que pour cause de parenté naturelle. » Cette manière de voir a été confirmée par l'empereur Léon[1], en ce sens que tout mariage entre frère et sœur adoptifs est prohibé.

Les jurisconsultes postérieurs[2] posent, en conséquence, en principe que la parenté résultant de l'adoption, en ce qui concerne les empêchements au mariage, doit être assimilée dans ses effets à la parenté du sang.

Pour ce qui a trait à l'usage connu sous le nom d'ἀδελφοποιΐα, il n'a pas donné lieu à un empêchement au mariage[3].

IV. Empêchement au mariage *pour cause de parenté religieuse* (ἐκ τοῦ ἁγίου βαπτίσματος συγγένεια). — Justinien, dans la loi 26, C. *De nuptiis*, défend le mariage du parrain avec sa filleule. Le synode de Constantinople, c. 53, le prohibe entre le parrain et la mère du filleul. — L'Ecloga II, 2, entre le fils du parrain et la filleule ou la mère de ce dernier[4]. Enfin une novelle de Léon et Constantin (776-780) prohibe, de plus, le mariage entre le frère du parrain et la filleule de celui-ci, ou la mère du filleul[5].

[1] Leonis nov. 24.

[2] Demetr. Chomat. in J. G. R., I, p. 315. Blastar, *ibid.*, p. 487; Harmen., IV, 8, 6. — Πηδάλιον, p. 523 et suiv.

[3] Basil., XXXV, 13, 17 sc., (édit. Heimb., III, p. 606. Πεῖρα XLIX, 11. Démétr. Chomat. *in J. G. R.*, I, p. 315. Niceph. Chartoph., *ibid.*, p. 342. Harm., IV, 8, 7. Un manuscrit de Manuel Malaxus contient ce qui suit: « Περὶ ἀδελφοποιΐας ὅπερ νὰ μηδὲν γίνεται. Ηὑλέπονται οἱ θεῖοι πατέρες ὅτι πολλοὶ ἐγίνοντο ἀδελφοὶ εἰς τὸ ἅγιον εὐαγγέλιον καὶ πολλαῖς τῶν φορῶν καὶ μετὰ εὐχῶν ἱερέων, διὰ τὸ ὁποῖον ἐγίνοντο τέλειον ἀδελφοὶ διὰ τῆς ἐκκλησίας, καὶ ἐν ὑστέροις ἀθετήσαντες ἐκείνην τὴν ἀδελφότητα, ὅπου ἔκαμαν εἰς τὸ ἅγιον εὐαγγέλιον καὶ ἐπανδρευόντησαν· καὶ διὰ τοῦτο ἦλθε σύγχυσις πολλὴ εἰς τὴν ἐκκλησίαν καὶ θεωρῶντα τοῦτο οἱ θεῖοι πατέρες ὅτι εἶναι ἄσεμνον καὶ ἀπρεπὲς, ἔκοψαν αὐτὴν, καὶ ὥρισαν καὶ ἔστησαν ὅτι πλέον νὰ μηδὲν γίνεται ἡ αὐτὴ ἀδελφοποιΐα· εἰ δὲ καὶ φθάσῃ νὰ γένῃ, νὰ εἶναι ἄκυρος, καὶ ὡσὰν νὰ μηδὲν ἤθελε γένει ποτὲ, οὕτω νὰ λογίζεται. » Plus de détails sur l'ἀδελφοποίησις se trouvent encore dans Ducange, voir H. V. — Le Πηδάλιον, p. 524, rejette de la manière la plus formelle l'ἀδελφοποιησία. Par contre, il indique encore comme empêchement au mariage, p. 513]: Οἱ ἀλλήλους ἀρσενοκοιτήσαντες ἕνας τοῦ ἄλλου τὴν ἀδελφὴν νὰ πάρῃ δὲν ἠμπορεῖ.

[4] Dans quelques manuscrits on ajoute que deux filleuls d'un même parrain — ἀδελφοὶ πνευματικοὶ — ne peuvent non plus contracter mariage entre eux. Comp. aussi Ecl., XVII, 25.

[5] Coll. I, nov. 26.

Dans le *Prochiron*[1], la loi 26, C. *De nuptiis*, a été insérée avec l'extension résultant de l'Ecloga, et avec cette disposition spéciale, que le parrain ne peut pas non plus épouser la fille de son filleul.

La raison indiquée dans ces derniers textes que « οὐδὲν ἀλλὸ οὕτως δύναται εἰσάγειν πατρικὴν διάθεσιν καὶ δικαίαν γάμου κώλυσιν πρὸς τὸν τοιοῦτον δεσμὸν, δι' οὗ Θεοῦ μεσάζοντος αἱ ψυχαὶ αὐτῶν συνάπτονται » a donné lieu plus tard[2] à une extension de ces empêchements, sans que pour cela on soit jamais arrivé sur ce point à un système complet et définitif.

§ 5. — Célébration du mariage.

Il n'y avait guère d'intérêt, en droit romain, à distinguer par des signes extérieurs le mariage et les autres unions, que pour régler les droits des enfants et les effets du mariage quant aux biens. Or, comme, en ce point, l'usage des fiançailles (qui prouvaient l'*affectio maritalis*), les cérémonies de la noce, la constitution de la dot et les pourparlers matrimoniaux suffisaient, on comprend que, même le droit de Justinien, ait pu s'arrêter à la proposition *solus consensus facit nuptias*, et qu'il n'ait prescrit la création des *dotalia instrumenta* (προικῷα) que pour les hauts dignitaires, y compris les *illustres*, par la raison que, dans ce cas, les rapports matrimoniaux quant aux biens pouvaient être plus compliqués[3].

Mais, comme le clergé insistait pour une plus grande sanctification du mariage, et déclarait toute autre union *punissable*, le besoin d'une forme solennelle et publique pour la célébration du mariage devait nécessairement se faire sentir.

L'Ecloga[4] fit un premier pas en ce sens. En se rattachant aux prescriptions de Justinien sur les *dotalia instru-*

[1] Proch., VII, 27. Ce passage a été inséré dans l'Epan., XVII, 31, et dans les Basil., XXVIII, 5, 14.

[2] Comp. Bals. ad c. 53 syn. Trull. Joannes Citri in J. G. R., I, p. 325 et suiv. Bals. Responsa, *ibid.*, p. 384. Démétrius Chomat., *ibid.*, p. 314. Blast., *ibid.*, p. 488. Harm., IV, 8, 7. Le Πηδάλιον, p. 522, s'attache en général aux cas prévus par la loi. Voir aussi le Σύνταγμα τῶν κανόνων, ex edit. Rhalli et Potli, V, p. 138, 158, 175. Malaxus, c. 182, dans Θέμις, VII.

[3] Nov. 117, c. 4.

[4] Tit. II, c. 1, 3, 8.

menta[1] et en se référant à une loi plus récente[2] par eux promulguée, les empereurs Léon et Constantin ordonnent que le mariage soit en général célébré *par écrit* (διὰ ἐγγράφου προικῴου συμβολαίου) — dans une certaine forme[3] et d'après un certain modèle; — que, si ce mode est impraticable à raison de la pauvreté et de la basse extraction des époux, alors seulement le mariage pourra être contracté soit à l'église (διὰ εὐλογίας), soit en présence d'amis (ἐπὶ φίλων)[4].

La législation de l'empereur Basile le Macédonien[5] fit retour, il est vrai, au droit de Justinien, mais décida que le mariage se ferait publiquement, sous certaines peines. Cette prohibition des mariages secrets, insérée dans le *Prochiron*, IV, 27, suppose généralement répandu l'usage de faire les fiançailles par-devant un ecclésiastique, ainsi qu'il devait arriver naturellement sous la double influence du clergé et de la tendance dont il a été question plus haut. Ceci explique comment, en dernier lieu, Léon, dans la novelle 89, ordonne d'une manière générale que les unions soient conclues au moyen de la *bénédiction religieuse* (εὐλογία, ἱερολόγος, ἱεροτελεστεία), et qu'à défaut elles soient considérées comme nulles[6]. Il va sans dire que, dans la suite, cette bénédiction ne pouvait pas davantage être donnée en secret (coll. II, nov. 98); mais, à ce qu'il paraît, ce furent seulement le patriarche Athanase et l'empereur Andronic Paléologue qui édictèrent cette prescription si indispensable[7], et déclarèrent que la bénédiction nuptiale ne pouvait être donnée qu'au su

[1] *Et ad edicta Præf. Præt.*, V, § 2.

[2] La question de savoir si cette loi concernait spécialement la célébration du mariage ou en général toute constatation d'un lien de droit, est restée douteuse.

[3] Avec signature de *trois* témoins. Suivant la novelle subséquente d'Irène (coll. I, nov. 27), les Προικῷα devaient être reçus par un notaire et signés par sept ou cinq témoins. Comp. aussi la scolie *in Basil.*, édit. Heimb., II, p. 466, note 6.

[4] La *Pompa et amicorum fides*, dont parle la loi 22, C. *De nuptiis*.

[5] Proch., IV, 6, 14, 17. Basil., XXVIII, 4.— L'Epanag., XVI, 1, indique des formes spéciales, en ce qu'elle établit que le mariage devait être contracté, sous peine de nullité, εἴτε διὰ εὐλογίας εἴτε διὰ στεφανώματος ἢ διὰ συμβολαίου.

[6] Comp. Harm., IV, 4, 19, *ibiq.* sc. Cette scolie est extraite de l'Ecloga, lib. I-X. Basil., II, 3.

[7] Coll. V, nov. 26, c. 11.

du prêtre compétent (non ἄνευ τῆς βουλῆς τοῦ ἱερέως, παρ' ᾧ ἐκκλησιάζονται)[1].

§ 6. — Fiançailles.

De même que l'on fait précéder de préliminaires la conclusion de certaines affaires importantes, de même le mariage est précédé d'une promesse échangée entre les futurs époux. Les fiançailles (μνηστεία) fixent par avance le consentement des parties au mariage, et à cette occasion, on convient du régime auquel les biens seront soumis. Toutefois, il est à remarquer que, pour la conclusion du mariage, le préliminaire des fiançailles n'est pas indispensable[2].

Ceux-là seulement qui sont âgés de plus de sept ans, et pour lesquels il n'existe pas d'empêchements au mariage, peuvent contracter des fiançailles valables.

La promesse de mariage ne donne lieu ni à une action pour la conclusion effective du mariage, ni à une action en dommages-intérêts[3]. Elle n'a d'autre effet que d'empêcher l'un des fiancés, après la rupture des fiançailles, d'épouser certains proches parents de l'autre[4], et de le rendre infâme lorsque, avant cette rupture, il en contracte de nouvelles avec une tierce personne. Mais elle peut être rompue même par une dénonciation unilatérale.

Toutefois il arrive d'ordinaire, lors de la conclusion des fiançailles :

1° Que des arrhes (arrha, ἀῤῥαβών)[5] sont données par le fiancé. Si les fiançailles sont ensuite rompues, le fiancé perd les arrhes, ou bien il faut qu'elles lui soient restituées au double, suivant que c'est lui-même ou la fiancée qui donne un prétexte fondé à la rupture des engagements intervenus[6]. Les arrhes sont remboursées purement et simplement, lorsque la mort ou un

[1] D'après *Ignat. ep. ad Polycarp.*, c. 5, Μετὰ γνώμης τοῦ ἐπισκόπου. — La décision de Justinien, quant à la πρεικῷα des *Illustres*, fut-elle maintenue après la novelle de Léon ? — Comp. là-dessus *Sc. ad Epan.*, XVI, 27. Mich. Attal. in J. G. R., II, p. 25. Psellus, V, 1248 et suiv. Harm., IV, 4, 15.

[2] Leuncl. J. G. R., I, p. 216.

[3] Voir cependant Πεῖρα, XLIX, 24.

[4] Comp. II, § 4.

[5] De là, les fiançailles s'appelent ἀῤῥαβῶνισμος.

[6] Leo. nov. 93, 112, indique plusieurs *justas causas*. Comp. Πεῖρα, XLIX, 26.

consentement mutuel rompt les fiançailles, ou bien encore lorsque l'un des fiancés orphelin mineur[1] veut se retirer, avant d'avoir atteint la majorité, ou bien encore lorsqu'il entre au couvent[2], ou enfin lorsqu'il existait un empêchement au mariage.

2° Qu'une *clause pénale conventionnelle* soit stipulée par la fiancée pour le cas d'une rupture arbitraire. D'après la législation de Justinien[3], elle ne pouvait dépasser le quadruple des arrhes. — L'Ecloga I, 2, a laissé une plus grande latitude aux conventions qui peuvent intervenir en cas de rupture des fiançailles. Léon, dans la novelle 18, a érigé en loi l'usage de stipuler des peines (*pœnas*, ou *προστιμήματα*) en pareille circonstance. D'après cette législation, la clause pénale était, le cas échéant, recueillie par le fisc[4], disposition qui ne fut abrogée que par Alexis Ier Comnène[5].

L'église, dans son zèle pour la sanctification du mariage, arriva peu à peu à transformer les fiançailles elles-mêmes en une cérémonie religieuse, au moyen de la bénédiction de l'Eglise, et ce fait a exercé une grande influence sur le droit des fiançailles, en même temps qu'il y a répandu une certaine confusion.

Sur le fondement de cet usage, le synode Trullanien (692) décida d'abord (c. 98) que le fait d'épouser la fiancée d'un tiers serait regardé et puni comme un adultère : décision qui passa, avec certaines modifications, dans l'Ecloga[6], et qui, de là, fut insérée dans le *Prochiron*, l'*Epanagoge* et les *Basiliques*[7].

Mais comme cet état de choses, en cas de fiançailles précoces, amenait souvent des rigueurs excessives, l'empereur Léon le Sage[8] prohiba, — afin de ne pas laisser contracter légèrement des rapports si gros de conséquences, — les promesses expresses de mariage avec bénédiction religieuse, avant l'âge de quatorze ans pour les hommes, douze ans pour les femmes[9]. Mais passé ce

[1] L'Ecloga I, 4, ne parle pas ici de vingt-cinq, mais de quinze ans.

[2] Πεῖρα, XLIX, 26.

[3] Suivant l. 5, C. *De sponsal.* Dans le droit primitif, on considérait comme *inhonestum vinculo pœnæ matrimonia adstringi*.

[4] Epanag. XIV, 11; voir cependant Πεῖρα, XVII, 14.

[5] Coll. IV, nov. 24, c. 3; nov. 31, c. 2.

[6] Ecl. XVII, 32.

[7] Proch. XXXIX, 68; Epan. XL, 55; Basil. LX, 37, 83.

[8] Nov. 74, 109. — Comp. aussi Epanag. XIV, 11.

[9] Coll. IV, nov. 24, 31.

terme, elles ne pouvaient être rompues que comme le mariage lui-même. Alexis Ier Comnène confirma plus tard cette disposition, en considération des décisions synodales rendues sous le P. Xiphilinus[1], suivant lesquelles l'alliance entre beau-frère et belle-sœur et l'empêchement au mariage résultant de cette alliance, naissaient des fiançailles aussi bien que du mariage.

Par ces décisions, la législation civile a suivi sans aucun doute le point de vue religieux d'une manière plus apparente que réelle. Elles se réduisent à la défense de bénir les fiançailles contractées avant l'âge légal. *Sans* bénédiction religieuse, les fiançailles peuvent être contractées avant l'âge de quatorze ou douze ans[2], et pour celles-ci les prescriptions sus-indiquées de l'ancien droit sont entièrement applicables — même en ce qui concerne la quasi-affinité qu'elles engendrent[3]. — Mais les κυρίως μνηστεῖαι, ainsi que les appelle l'empereur Alexis, sont absolument assimilées au mariage[4] (ἰσοδυναμοῦσαι τῷ γάμῳ). Si, peu de temps après leur célébration, ainsi que le prescrit l'empereur, on procède à une nouvelle bénédiction et au mariage proprement dit, cela ne constitue qu'une différence de fait entre κυρίως μνηστεῖαι et γάμος [5].

§ 7. — Divorce[6].

Plus l'influence des idées religieuses était considérable dans la législation relative au mariage, ainsi qu'on a pu le voir par

[1] Voir plus haut, § 4, II.

[2] Zonaras *ad*, c. 98 Syn. Trull., les appelle διεμά. Dans coll. IV, nov. 31, on trouve διεμῶς.

[3] Comp. J. G. R., I, p. 365. L'état de la législation est résumé d'une manière erronée, *ibid.*, p. 334. Voir aussi Bals., *Ad Phot. Nom.*, XIII, 4, édit. Rhalli, p. 300. — On est ici amené à se rappeler la distinction occidentale des *sponsalia de futuro* et *de præsenti*.

[4] On ne trouve nulle part la preuve que cela soit aussi applicable en ce qui concerne les effets juridiques quant aux biens.

[5] Comp. encore Harm., IV, 1, 11, 12; Blastar. in J. G. R., I, p. 510 et suiv. — Le Πηδάλιον, p. 12, note 2, et p. 524, de même que le code moldave, § 64 et suiv., s'accordent en tous points avec l'exposé que nous avons fait du droit moderne. Le code valaque, III, 15, au contraire, ne fait aucune allusion à un double mode de célébrer les fiançailles.

[6] Les mot grecs techniques sont : λύσις, διάλυσις, διάζευξις, χωρισμὸς τοῦ γάμου.

ce qui précède, et plus on aurait pu s'attendre à rencontrer pareil phénomène en ce qui concerne le divorce. Mais, si les sévères principes de l'Eglise touchant l'indissolubilité du mariage ont trouvé leur entière expression dans le droit *canonique*, ils n'ont exercé que dans la suite une certaine influence sur le droit civil, et cela pour ainsi dire seulement du temps des iconoclastes et très-passagèrement. Bien plus, l'opposition entre le droit religieux et le droit civil en cette matière, a persisté jusque dans ces derniers temps.

Les canons ont pour point de départ les paroles contenues dans le Nouveau Testament touchant le divorce[1]; ils se basent bien moins sur la défense du divorce, παρεκτὸς λόγου πορνείας[2], que sur ce que, d'après l'ordre du Seigneur et la recommandation de l'apôtre Paul, un homme divorcé ne doit plus se remarier, sous peine d'être considéré comme adultère. Cela est déjà enseigné par le canon 48 *Apost.* Le *syn. Carthag.*, c. 105 (en l'an 113), résolut de demander à l'empereur une loi en ce sens. — Les canons 48 et 77 *S. Basilii* imposent, au conjoint divorcé qui se remarie, des pénitences religieuses[3] et le canon 87 du synode de Constantinople récapitule ces décisions.

Plus les prescriptions de l'Eglise étaient sévères, plus celles du *droit civil* étaient douces. Justinien[4] place encore en tête de cette théorie, comme base principale : Τῶν ἐν ἀνθρώποις παρακολουθούντων τὸ δεθὲν ἅπαν λυτόν. Les conventions *ne liceat divertere* étaient formellement sans valeur[5]. Le divorce résultait d'un acte privé (διαζύγιον, ἀποστάσιον), sans sentence du juge. Ce n'est

[1] Matth., V, 32, XIX, 9. — Marc., X, 4. — I. Corinth., 7.

[2] Les Pères de l'Église se déclarent, au contraire, avec énergie contre le divorce. C'est ainsi, par ex., que Grégoire de Nazianze dit (ép. 170, al. 211) : Τὸ ἀποστάσιον τῆς ἡμετέρας ἀπαρέσκει πάντως νόμοις, κἂν οἱ Ῥωμαίων ἑτέρως κρίνωσι. Si les canons ne s'expriment pas d'une manière plus précise, et s'attachent surtout à prohiber les secondes noces, cela tient à ce que celles-ci seules étaient de la compétence ecclésiastique.

[3] Le canon 9 S. *Basil.* fait cette réserve que, d'après le droit civil et la coutume, le mari, tout au moins, à qui la lettre de divorce a été envoyée par la femme, peut contracter un second mariage, sans que, pour ce motif, on puisse le considérer comme adultère.

[4] Nov. 22, c. 3.

[5] L. 134, *in fine*, D. *de V. O.*; l. 2, C. *De inutil. stipulat.*

que dans l'intérêt des bonnes mœurs que l'on frappe de certains désavantages celui des époux qui donne lieu au divorce, de même que l'on menace de peines ceux qui divorcent sans cause [1]. Toutefois, on considéra de tout temps comme cause suffisante, le consentement mutuel des époux; et, quoique Justinien ait décidé le contraire, son successeur Justin ordonna de nouveau en 556 : Ἐξεῖναι κατὰ τὸ παλαιὸν τὰς ἐκ συναινέσεως διαλύσεις ποιεῖσθαι [2]. Enfin le convol en nouvelles noces des divorcés était essentiellement permis. Seulement Justinien s'était rapproché de la doctrine de l'Eglise, en ce sens que celui qui avait envoyé à son conjoint la lettre de divorce, sans cause, et ceux qui avaient divorcé *consensu*, devaient être enfermés à vie dans un couvent, et par suite ne pouvaient plus se remarier [3]. D'un autre côté, la femme divorcée par sa faute personnelle ne pouvait se remarier qu'après une période de cinq années, et non plus après le laps d'un an [4].

Une législation plus chrétienne fut celle des empereurs Léon et Constantin [5], qui décidèrent, en 740, dans l'Ecloga II, 12, 13, ce qui suit :

« La sagesse de Dieu, auteur et créateur de toutes choses, nous a éclairés sur l'indissoluble union de ceux qui vivent ensemble dans le Seigneur. Car, après qu'il eut tiré l'homme du néant, il n'a pas créé la femme de la même manière, quoique cela lui eût été possible, mais il l'a formée de l'homme, pour donner par là la loi de l'indissolubilité du mariage, puisqu'il n'y a plus évidemment qu'une chair réunie en deux personnes. C'est pourquoi aussi il n'a pas séparé la femme de l'homme lorsque, sur l'excitation du serpent, celle-là le précéda dans l'amère jouissance, ni séparé l'homme de la femme, lorsque le premier eut enfreint la loi de Dieu avec elle : il a puni la chute, mais n'a pas rompu l'union. Cette loi lumineuse a été confirmée par le Créateur, en ce

[1] Néanmoins, le divorce sans cause produit toujours effet : Κακῶς μὲν γίνεται, πλὴν ἔῤῥωται, ainsi que le disait le *Theodori Breviarium novellarum*, nov. 134, § 26.

[2] Coll. I, nov. 2.

[3] Nov. 117, c. 13; 134, c. 11.

[4] Nov. 22, c. 15.

[5] Comme sous tant d'autres rapports, l'Ecloga se rapproche aussi, en ce point, du synode de Constantinople.

que le Verbe, en s'adressant aux Pharisiens qui lui demandaient si un homme pouvait se séparer de sa femme pour quelque cause que ce fût, a dit : « Ce que Dieu a uni, les hommes ne « doivent pas le désunir, si ce n'est pour cause d'adultère. » Nous aussi nous voulons nous conformer à cette loi et nous y soumettre, et ne pas prescrire autre chose touchant ces matières ; mais comme un usage pernicieux est enraciné chez la plupart des hommes, et que beaucoup rompent le mariage pour diverses raisons, bien qu'elles soient sans fondement, lorsqu'ils n'ont plus d'affection l'un pour l'autre, nous avons jugé convenable d'indiquer dans la présente loi les causes pour lesquelles le mariage peut être rompu. »

Après cette introduction, on énumère les causes de divorce que voici : 1° adultère de la femme ; — 2° impuissance du mari, — 3° tentatives de l'un des époux contre la vie de l'autre ; — 4° lèpre[1]. Toutes les autres causes de divorce, notamment la démence de l'un des époux, sont rejetées[2].

Pour éluder cette loi sévère, beaucoup de personnes employèrent un moyen détourné, en tenant elles-mêmes leurs enfants sur les fonts baptismaux ; de cette sorte, il naissait entre eux une parenté religieuse au degré prohibé[3], et leur mariage devenait nul. Mais sous les empereurs Léon et Constantin vers l'an 780, ce moyen fut prohibé sous des peines sévères[4], et en même temps on fit de nouveau observer : Μὴ χρῆναι ἄνδρα γυναικὸς διαζεύγνυσθαι παρεκτὸς λόγου πορνείας.

Cependant cette constitution fait remarquer que souvent encore des divorces ont lieu, sans cause légale, κακῇ συμφωνίᾳ. Il est vrai qu'elle les tient pour condamnables, excepté dans le cas où ils se font εὐσεβείας σκοπῷ[5] ; néanmoins elle ne leur en-

[1] D'après l'introduction, on aurait dû s'attendre au rejet des trois dernières causes de divorce. La lèpre, comme cause de divorce, est tirée du cinquième livre de Moïse, XXIV, 1, que les Septante ont traduit par le mot ἀσχημοσύνη, et *Luther* par le mot *Unlust*. Comp., touchant la lèpre comme cause de divorce, le *Concil. Compendiense*, c. 16 (Coteler. *Patr. apostol.*, I, p. 88). Le Πηδάλιον, p. 39, est, au surplus, très-disposé à reconnaître, en tous cas, les causes de divorce de l'Ecloga.

[2] Selon c. 15 *Timothei*.

[3] Selon c. 53, *syn. Trullan*. Comp. plus haut, § 1, IV.

[4] Coll. I, nov. 26.

[5] Ce qui s'accorde peu avec c. 5 *Apostol*.

lève pas leur efficacité, conforme en cela au droit de Justinien, et se borne à défendre, selon les prescriptions de l'Église, tout convol en secondes noces des époux ainsi divorcés [1], sous peine de nullité et d'amendes considérables.

Cette législation sévère sur le divorce a-t-elle été rangée dans la suite parmi les ἐκτεθείσας παρὰ τῶν Ἰσαύρων φληναφίας, ainsi que le dit l'*Epanagoge*[2], ou ne l'a-t-elle pas été? cela importe peu; il suffit de savoir que la législation postérieure de Justinien[3] se retrouve, avec quelques légères modifications, dans le *Prochiron* et les *Basiliques*[4], même en ce qui concerne le convol d'époux divorcés. En somme le droit civil byzantin s'en est tenu là[5]. Seulement il convient de remarquer à ce sujet que, d'après les jurisconsultes postérieurs, un divorce sans motif légal devait être considéré comme nul par interprétation exacte de la novelle 117, c. 11, pr.[6].

[1] Et cela d'une manière directe, et non pas comme conséquence de la séquestration dans un couvent, qui est supprimée.

[2] Procem., § 2.

[3] L'Epanag., tit. XXIV, indique même les causes de divorce que Justinien reconnaît dans la novelle 22, mais que, dans la novelle 117, il avait de nouveau passées sous silence ou abolies.

[4] Proch., tit. XI; Basil., XXVIII, 7.

[5] Comp. néanmoins : 1° concernant le *divortium consensu*, coll. I, nov. 30; Proch., XI, 4; Epanag., XXI, 4, *sc. f.*; Basil., XXVIII, 7, 6, *sc.* I, *in f.* et 7, 8, *sc.*, 2 Enant.; Πεῖρα, XXV, 37, 62. (La prohibition est maintenue.) — 2° concernant la *folie* : coll. IV, nov. 14; Mich. Attal. *Histor.*, édit. Bonn, p. 312. Malaxus, c. 113 (θέμις, VII). — 3° concernant le *divorce* διὰ σωφροσύνην et δι' ἄσκησιν : Proch., XI, 4; Epan., XXI, 1, *ibid.*, *sc.* a-c; Basil., XXVIII, 7, 4; coll. II, nov. 117; Πεῖρα, XXV, 4, 38. — 4° concernant la γυνὴ διαλέγουσα ἄλλῳ περὶ γάμου : coll., II, nov. 30. — 5° concernant l'*avortement* : coll., II, nov. 31. — 6° concernant l'*absence* ou la *captivité du mari* : c. 31, 35, 36 *Basilii*, c. 93, syn. Trull.; coll., II, nov. 33; Manuel Malaxus, *Nomoc.*, c. 229 : «Ὅμως ἡ παροῦσα ὑπόθεσις ἐγίνετο οὕτως συνοδικῶς καὶ ἀποφασιστικῶς παρὰ τοῦ παναγιωτάτου καὶ οἰκουμενικοῦ πατριάρχου κυροῦ Διονυσίου ἐν ἔτει ζξζ', ὅτι ὅταν ὁ ἄνδρας ὑπάγῃ εἰς ἄλλον τόπον καὶ λείψῃ χρόνους ἑ ἀπὸ τὸ σπίτι του καὶ δὲν ἐνθυμηθῇ τελείως τῆς γυναικός αὐτοῦ νὰ τῆς στείλῃ ἔξοδον ἢ γράμμα ἀλλὰ ἀφήσῃ αὐτὴν παντελῶς χωρὶς τινος βοηθείας, νὰ χωρίζεται ἀνεμποδίστως τὸ τοιοῦτον συνοικέσιον καὶ νὰ ἔχῃ ἄδειαν ἡ γυνὴ νὰ πάρῃ ἄλλον νομίμον· καὶ ἀπὸ τότε οὕτως κρίνεται αὕτη ἡ ὑπόθεσις παρὰ τῆς καθολικῆς μεγάλης ἐκκλησιάς ὡς δικαία καὶ νομίμος.» Voir aussi Συντ. τῶν κανόνων, édit. Rhalli et Potli, V, p. 159. — Comp. en général Epan., XXI, 5, *sc. g.* — En cas de défaut de virginité, le mariage est invalidé pour erreur sur la personne. Πεῖρα, XLIX, 5; Harm., IV, 15, 10.

[6] Le divorce peut-il aussi, dans le droit moderne, résulter de conventions privées? Comp. Bals. *Ad* c. 48 *Apostol.* et *ad* c. 87 syn. Trull.

Partout où s'étend la domination de l'Eglise grecque, on rencontre encore de nos jours, sur cette matière, la contradiction entre le droit ecclésiastique et le droit civil. Le Πηδάλιον de l'Eglise grecque[1] reconnaît, il est vrai, l'adultère comme cause de divorce, mais il recommande, dans cette hypothèse, la réconciliation d'une manière toute spéciale, et défend en tous cas à l'époux coupable de se remarier avec une autre personne; celui qui divorce pour une autre cause doit être tenu pour adultère, et ne peut contracter une nouvelle union. Par contre, les codes valaque[2] et moldave[3], et en général l'usage ou plutôt l'abus suivi dans la société laïque, vont encore beaucoup au delà du droit de Justinien[4].

§ 8. — Secondes noces.

De même que l'Eglise prohiba le convol de personnes divorcées, de même, bien que pour d'autres motifs, elle considéra comme plus ou moins blâmable la conclusion d'un nouveau mariage de l'époux survivant, après la dissolution de la première union provoquée par la mort de l'autre conjoint. Elle s'appuya, en ce point, moins sur la nature du mariage que sur les dispositions formelles de la première Epître aux Corinthiens, 7, 8, 27, 39, 40. D'après ces textes, on regarda, il est vrai, les secondes noces comme licites[5], tout en considérant le veuvage ainsi que le célibat comme plus méritoires; mais déjà les canons édictèrent des pénitences[6] pour le cas de *troisièmes* noces, comme étant une polygamie successive blâmable, et on trouva dans Jean, IV, 18, la preuve que le Seigneur lui-même avait déclaré nulle une *cinquième* union.

La législation de Justinien ne se conforma en rien à ces prescriptions[7].

Une deuxième, troisième et subséquente union était permise

[1] Πηδάλιον, p. 37 et suiv.

[2] Τμ. 3, κεφ. 16, § 6. Mittermaier. Krit. Zeitschr. f. Gesetzg. d. Ausl., XII, p. 429.

[3] § 120 et suiv.

[4] Selon Harm., IV, 15, dans le royaume de Grèce.

[5] Syn. Laod. c. 1; *S. Basilii* c. 41.

[6] Syn. Neocæs. c. 3; *S. Basilii*, c. 4, 50, 80.

[7] Comp. le κείμενον, dans *Photii Nom.*, XIII, 2.

d'une manière absolue. Les peines *secundarum nuptiarum* n'étaient pas provoquées par les décisions de l'Eglise, mais avaient leur raison d'être dans l'intérêt des enfants du premier lit. De même, la prohibition pour la femme survivante de convoler avant l'expiration d'une année, reposait sur une autre base.

Mais peu à peu la doctrine des canons acquit à son tour la prédominance en cette matière. L'Ecloga paraît, par son silence, considérer une τριτογαμία comme chose impossible[1]. L'impératrice Irène, vers l'an 800, défendit toute troisième ou quatrième union[2]. Basile le Macédonien[3] décida que tout quatrième mariage était absolument nul et que le troisième devait être soumis aux peines canoniques; et son fils Léon[4], redoublant de rigueur, déclara que l'on devait d'autant moins cesser d'appliquer ces peines au cas de troisièmes noces, que déjà la δευτερογαμία n'était pas excusable.

Ce même Léon a toutefois enfreint sa propre loi ainsi que la loi canonique, peu de temps après, en convolant même en quatrièmes noces, fait qui amena une grande scission entre le clergé. Une partie se rangea du côté du patriarche Nicolas, — destitué pour ce motif par Léon, — qui avait excommunié l'empereur ; l'autre partie se rallia au nouveau patriarche Euthyme, qui releva l'empereur de son excommunication[5]. Ce n'est qu'après la mort de Léon que la querelle se termina par le τόμος τῆς ἑνώσεως, qui fut voté sous le règne de Constantin et Romanus, en l'an 920, par un synode et reçut la confirmation impériale, mais qui ne fut généralement admis que sous Basile et Constantin et dont, depuis cette époque, on fit tous les ans, au mois de juillet, la lecture en chaire[6].

Ce τόμος τῆς ἑνώσεως répète ce que le *Prochiron* avait déjà décidé, à savoir : qu'une quatrième union est nulle et que la troisième est punissable par les canons ; il ajoute que celle-ci est même absolument prohibée lorsque le contractant est âgé de quarante ans et qu'il a des enfants[7].

[1] Comp. l'édition de l'Ecloga (par l'auteur), p. 21, note 156.
[2] Coll. I, nov. 28.
[3] Proch., IV, 25.
[4] Coll. II, nov. 90.
[5] Comp. Beck, *De nov. Leonis*, édit. Zepernick, p. 52, 212, 220, 251.
[6] Coll. III, nov. 1; Bals., c. 4, *Ad S. Basilii*.
[7] Comp. Leuncl. J. G. R., I, p. 383 et suiv.; Matth. Blastar. *ibid.*, p. 497;

CHAPITRE II.

LÉGISLATION RELATIVE AUX BIENS DES ÉPOUX.

§ 9. — Sources.

L'histoire de la législation relative aux biens des époux est difficile à éclaircir, par plusieurs raisons[1]. D'abord, son point de départ — le droit de Justinien — dans la théorie des donations *propter nuptias*, est lui-même peu clair. Ensuite, précisément en ce qui concerne les relations matrimoniales entre époux, il paraît que, dans le cours des temps, les changements se sont opérés bien plus par l'habitude et par l'usage de certaines conventions que par la loi écrite. Enfin, parmi les lois qui exercèrent quelque influence sur le développement progressif du régime des biens entre époux, plusieurs sont tout à fait perdues ou n'existent plus que par fragments[2].

Parmi les diverses sources de l'histoire du régime des biens entre époux, l'Ecloga, tit. II, et l'*Epanagoge*, tit. XIX, sont les plus importantes. Cette dernière rapporte avant tout (c. 5-9) le droit tout particulier de l'Ecloga; puis viennent (c. 12-17) les passages correspondants du *Prochiron* qui, en cette matière, se compose d'éléments tirés des sources mêmes du droit de Justinien, si bien que les chapitres 12-17 sont en contradiction avec les chapitres 5-9; enfin le scoliaste de l'*Epanagoge* écrit, au sujet des chapitres 12-17 (empruntés au *Prochiron*), qu'il n'ajoute pas ces chapitres ὡς ἐγκριθέντα, c'est-à-dire comme ayant la sanction légale, mais seulement à raison de leur opposition avec les chapitres 5-9. Le scoliaste s'étend, en même temps, en détail sur les dissemblances des deux systèmes et fait remarquer que, si le premier s'écarte du droit des novelles de Justinien, seul

Harm., IV, 9, 32; Πηδάλιον, p. 226; Bals. Resp. in coll. can., édit. Rhalli, IV, p. 481; Malaxus, c. 152 (Θέμις). Le code valaque ne soulève pas plus la question que le code moldave.

[1] Le traité *De hypobolo*, de Sammet, dans Meermann. thes., t. VIII, est peu utile.

[2] L'auteur a réuni dans Coll. I, nov. 30, 31, les fragments de lois perdues ayant trait à cette matière. D'autres fragments se trouvent dans la Coll. II, nov. 20. Dans l'Ecloga II, 3, les empereurs Léon et Constantin rappellent τὰ παρ' ἡμῶν ἀρτίως εὐσεβῶς νομοθετούμενα.

véritablement en vigueur, le deuxième, extrait en partie des novelles plus anciennes modifiées plus tard par Justinien lui-même, n'expose pas précisément le droit qui doit être suivi dans la pratique.

Si maintenant on part de ce point de vue admis jusqu'à ce jour, que le *Prochiron*, aussi bien que l'*Epanagoge*, l'un plus tôt, l'autre postérieurement, furent publiés par l'empereur Basile comme un abrégé de la loi, on ne comprend pas que ce souverain, après avoir de nouveau remis en vigueur le droit de Justinien dans le *Prochiron* et les *Basiliques*, ait fini par reproduire dans l'*Epanagoge* le système de l'Ecloga qui y dérogeait. On comprend encore moins comment l'ancien scoliaste a pu dire que les passages correspondants du *Prochiron* n'ont pas été sanctionnés ; enfin on peut à peine s'expliquer comment l'empereur Léon le Sage qui, peu de temps après, introduisit dans ses novelles certaines dérogations au droit de Justinien, dans le sens de l'Ecloga et de l'*Epanagoge*, ait pu ignorer entièrement l'existence de cette dernière.

On ne pourra lever ces doutes qu'en admettant que l'*Epanagoge* est restée à l'état de simple projet, et n'a pas été publiée comme loi (aussi bien elle ne paraît avoir reçu de publicité qu'à ce titre, et accompagnée des observations du scoliaste, c'est-à-dire d'une personne chargée du soin de réviser le projet), et que, dans la pratique, elle n'a nullement remplacé le *Prochiron*[1]. De la sorte on s'explique aussi que quelques-unes des novelles de l'empereur Léon soient empruntées aux *monita* de ce réviseur[2], tandis que ces *monita* eussent été à coup sûr pris en considération dans l'*Epanagoge* elle-même, si elle avait été officiellement publiée.

Quoi qu'il en soit, l'*Epanagoge*, tit. XIX, trace un tableau fidèle de la confusion que la restauration du droit de Justinien introduisit dans cette partie de la législation, alors que le système de l'Ecloga avait jeté de profondes racines dans les mœurs. On verra plus loin comment cette confusion ne fut dissipée que grâce aux novelles conciliatrices de l'empereur Léon.

[1] Comp. l'édition de l'Epanagoge publiée par l'auteur, in coll. libror. J. G. R. ineditorum, p. 56 et suiv.

[2] Comp. *ibid.*, p. 57 note, 19.

§ 10. — Droit de Justinien.

Dans l'ancien droit romain, il n'était pas question d'une législation spéciale sur le régime des biens entre époux, par la raison que les biens de la femme passaient en entier dans le patrimoine du mari, et que celle-ci était à partir de ce moment *filiæ loco*. L'omnipotence du mari avait pour conséquence l'obligation illimitée de supporter toutes les charges du mariage.

Dans le mariage libre du droit postérieur, les époux étaient au contraire indépendants l'un de l'autre, pour leurs biens comme pour leurs personnes. Ils formaient deux personnalités distinctes placées l'une à côté de l'autre, avec cette restriction cependant, que le mari était toujours tenu de supporter les charges du ménage. Des dérogations étaient apportées à cette règle dans le cas où l'on constituait une *dos* du côté de la femme, pour concourir à l'entretien du ménage, etc., pendant la durée du mariage; ou bien dans le cas où la femme obtenait du mari une *ante nuptias donatio*; ou enfin lorsqu'on arrêtait certaines conventions relatives au sort du patrimoine de l'un ou de l'autre des époux, au moment de la dissolution de l'union.

La doctrine chrétienne sur le mariage aurait dû, ainsi qu'on l'a déjà fait remarquer (§ 1er), conduire à des principes tout différents sur les rapports matrimoniaux entre époux. Un *consortium omnis vitæ*, une *divini humanique juris communicatio* n'existe pas d'une manière complète sans une espèce de communauté de biens.

Quoi qu'il en soit, la législation, jusqu'à Justinien, ne s'est pas bien nettement rendu compte des nouveaux principes qui découlaient de la nouvelle manière d'envisager la nature du mariage. Ces principes n'ont pénétré que dans les mœurs publiques, et ne se sont manifestés que dans les contrats de mariage. Mais la législation, marchant au hasard et sans but, a oscillé de côté et d'autre [1], et ce n'est que partiellement qu'elle s'est con-

[1] C'est ainsi que les décisions concernant la *ante nuptias donatio* sont nombreuses. C'est ainsi encore que la loi un., C. *De R. U.*, ne repose sur aucun principe.

formée à l'usage et qu'elle a cherché à l'affermir et à le compléter.

En résumé, le droit de Justinien se réduit à ce qui suit :

Il était d'usage général que les biens de la femme fussent donnés au mari à titre de dot (προΐξ); par exception seulement, la femme réservait quelque partie de son patrimoine pour en avoir la libre disposition (*parapherna*, ἐξώπροικα). La loi eût peut-être réputé *dos* de plein droit la fortune personnelle de la femme, si la fiancée n'avait possédé que rarement un patrimoine indépendant, et si, en tous cas, ce n'eût été l'affaire du futur d'insister sur la constitution d'une dot. — Par contre, le mari constituait généralement[1] une partie de ses biens, pour concourir au même but (ἀντίφερνα, *propter nuptias donatio*, προγάμιον ou προγαμιαία δωρεά). La novelle 97 en fit même une obligation légale pour lui, et en même temps Justinien ordonna que la quotité de la *donatio propter nuptias* fût constamment égale à celle de la *dos* (il confondait, en cela, ouvertement le principe de l'égalité avec celui de la communauté des apports).

Dos et *propter nuptias donatio* (désignés dans la suite sous le nom commun de προικοϋπόβολον) formèrent désormais le patrimoine des époux proprement dit[2]. Il est vrai que, pendant le mariage, le mari en a l'administration et la disposition comme chef de l'union, mais il est responsable de l'administration de ces biens, et son droit d'en disposer est soumis à certaines restrictions, afin que le fonds destiné à l'entretien du ménage reste intact. Si le mariage est rompu par le décès de l'un ou de l'autre des conjoints, l'espèce de communauté qui a existé jusque-là est absolument effacée, et la règle légale est que la *dos* doit être restituée à la femme, ou à son père, ou à ses héritiers ; que la *propter nuptias donatio* reste au mari ou à ses héritiers, comme si jamais aucun patrimoine commun n'avait existé, et comme si les biens du mari et ceux de la femme avaient été dès le principe distincts et séparés[3].

[1] L. 19, C. *De don. a. nupt.* « Interdum accidit ante nuptias donationem quidem nullam esse, solam vero dotem marito mulierem obtulisse. »

[2] L. 20, C. *eod.* « Et nomine et substantia nihil distat a dote ante nuptias donatio. »

[3] Toutefois, on sait qu'il y a une grande controverse sur le point de savoir si, dans le cas où le mariage laisse des héritiers, la *dos* reste au

Toutefois, en fait, on modifiait l'application de cette règle de droit par des conventions (*pacta dotalia s. instrumenta dotalia*, προικῷα συμβόλαια), au moyen desquelles on assurait à l'époux survivant, en dehors de ce que lui-même avait apporté dans le patrimoine commun, certaines portions de l'apport de l'époux décédé. Ces parts sont comprises parmi les *lucra nuptialia* (γαμικὰ κέρδη) et en forment la principale espèce. Les jurisconsultes grecs (voir par ex. Basil., XXIV, 1, 9 sc. 4) emploient à cet égard l'expression technique ἀπὸ τελευτῆς κάσσος, et distinguent encore en particulier le ἐξ ἀπαιδίας ou ἀτεκνίας κάσσος, en ce que, pour le cas où il n'y avait, lors du décès de l'un des conjoints, aucun enfant issu du mariage, on stipulait habituellement d'autres *lucra* que pour le cas opposé.

Pour ces modifications *conventionnelles* du régime des biens entre époux, Justinien décida, en dernier lieu, en ce qui concerne le caractère du patrimoine commun :

1° Dans la novelle 97, c. 1, que la *dos* et la *propter nuptias donatio* étant nécessairement égales, la même égalité devait être observée à l'avenir dans la participation à la *dos* ou à la *propter nuptias donatio*, stipulée pour le cas de prédécès sans survivance d'enfants (ἴσαι ἐπιδόσεις — ἴσα κέρδη).

2° Dans la novelle 127, c. 3, que le conjoint survivant, en cas d'existence d'enfants, n'aurait qu'une part d'enfant en toute propriété dans les κέρδη à lui attribués ; et que, pour le surplus, il n'en obtiendrait que l'usufruit, la nue propriété appartenant aux enfants ; mais en cas de convol en secondes noces, il est privé de la propriété de cette part d'enfant et n'en conserve que l'usufruit.

§ 11. — Système de l'Ecloga.

L'Ecloga des princes isauriens Léon et Constantin (de l'an 740) s'écarte essentiellement du droit de Justinien que nous venons de retracer. Elle développe cette idée que, par et durant le mariage, il s'établit une union non-seulement des personnes, mais aussi des biens, — une communauté, — union plus ou moins complète suivant que le mariage a été stérile ou non. En cas

veuf, la *propter nuptias donatio* à la veuve. Comp. Mühlenbruch, Pandectes, § 532, note 6, et § 539, note 11. Pour la seconde partie de la question, on peut encore comparer Epanag., p. 126, ligne 6 et suiv.

d'existence d'enfants, elle laisse subsister la communauté après la mort de l'un ou de l'autre des époux, en ce sens que le survivant devient possesseur du patrimoine commun, et elle y fait tomber, outre la dot et la donation pour cause de noces, toute la fortune personnelle du mari et de la femme. A la dissolution de la communauté, l'époux survivant obtient, indépendamment des biens par lui apportés en mariage, certains *lucra* en vertu de la loi et non plus seulement en vertu de conventions expresses. L'Ecloga rejette avec raison l'idée de Justinien sur l'égalité de la *dos* et de la *propter nuptias donatio;* car ce qu'exige l'essence du mariage n'est pas l'égalité des apports respectifs, mais l'égalité des droits sur les biens apportés.

Si maintenant nous entrons dans les détails, nous voyons que, suivant l'Ecloga, lors de la célébration du mariage le mari doit promettre par écrit la conservation de la dot reçue, ainsi que des biens par lui affectés à l'augmentation du patrimoine commun (τῆς ὡς εἰκὸς παρ' αὐτοῦ ἐν ἐπαυξήσει ἀποχαρισθείσης ποσότητος), et à cette occasion, il doit être stipulé un κέρδος ἐξ ἀπαιδίας jusqu'à concurrence d'un quart[1].

Quant aux biens que le mari est tenu de destiner à l'augmentation du fonds commun, il ne se trouve dans l'Ecloga aucun terme technique spécial. Les lois postérieures[2] reviennent à celui de προγαμιαία δωρεά, — expression que l'Ecloga paraît avoir évitée à dessein, parce qu'elle n'exigeait plus la constitution d'une *donatio ante nuptias* égale à la dot, et entendait évidemment mettre à la place de cette *donatio* un apport libre, de la part du mari, dans le patrimoine commun. Plus tard encore, cet apport prend le nom d'ὑπόβολον[3], qui, d'après son étymologie, est entièrement synonyme de l'ancien terme technique ἀντίφερνα.

En ce qui touche la législation de la dot et de l'*hypobolon* pendant le mariage, l'Ecloga ne contient que peu d'explications. Le mari, à qui incombe la charge d'entretenir le ménage, a la

[1] Tit. II, c. 3.
[2] Coll. I, nov. 26, 31; Epan., tit. XIX.
[3] Dans les novelles de Léon, ce terme est d'un emploi général. Dans l'Ecloga I, 1, il est pris, au surplus, dans une autre acception, à savoir : celle de *arrha sponsalitia*. Il semble toutefois que, dans ce passage, il y a une glose qui repose sur un malentendu. Bals. in Voell. Bibl., II, p. 1099.

jouissance du patrimoine commun, mais il répond d'une ἀδιάπτωτος καὶ ἀμείωτος παραφυλακὴ καὶ συντήρησις[1], par conséquent il n'a pas, en général, le droit de disposer de la substance.

Lorsque le mariage est dissous par la mort[2], l'Ecloga distingue entre le cas où il existe des enfants et le cas contraire.

S'il n'y a pas d'enfants issus de l'union, et que la femme soit prédécédée, le mari survivant obtient un quart du προικοϋπόβολον[3] et n'en restitue que les trois quarts[4]. S'il contracte un mariage ultérieur, il ne garde rien et restitue le προικοϋπόβολον tout entier[5]; à l'inverse, est-ce la femme qui survit, le προικοϋπόβολον lui appartient, et de plus, elle prend dans les biens du mari une portion égale au quart du προικοϋπόβολον[6]. Mais ce gain de l'ἐξ ἀπαιδίας κέρδος cesse de lui profiter, lorsqu'elle se remarie[7].

S'il existe des enfants, toute la fortune (non-seulement le προικοϋπόβολον, mais encore tous les biens du mari, de même que les ἐξώπροικα de la femme) reste entre les mains du conjoint survivant. A lui incombent l'administration et les soins du ménage, il pourvoit à l'éducation et à l'établissement des enfants. Ceux-ci ne peuvent réclamer aucune portion de la succession du prédécédé, pas plus que le survivant ne peut se soustraire à la continuation de la communauté. Ces rapports continuent à subsister :

1° Jusqu'à ce que tous les enfants soient majeurs (par conséquent jusqu'à ce que le plus jeune d'entre eux, d'après l'Ecloga,

[1] Ecl. II, 3. Comp. aussi § 16.

[2] Voir, quant aux effets du divorce sur les biens des époux, § 16.

[3] Dans l'Ecl. II, 4, il n'est question, à vrai dire, que d'un quart, τῆς ὁμολογηθείσης προικὸς : néanmoins l'Epan. XIX, 5, et la novelle 20 de Léon, qui rappelle expressément le système de l'Ecloga, démontrent que dans la *dos* il faut comprendre en même temps Ποσότης ἐν ἐπαυξήσει ἀποχαρισθεῖσα, ce qui est devenu plus tard l'hypobolon.

[4] Ecl. II, 4; Epan. XIX, 5.

[5] Ecl. II, 10; Epan. XIX, 8.

[6] Ecl. II, 4, 10; Epan. XIX, 5.

[7] Ecl. II, 10; Epan. XIX, 7. La femme est-elle pauvre au point qu'il ne puisse être question d'un προικοϋπόβολον, elle obtient un quart de la fortune du mari, sans que toutefois elle puisse recevoir plus de 10 livres d'or, Ecl. II, 9 (d'après la novelle 117, plus de 100 livres d'or). Pour le cas où il y a des enfants issus du mariage, l'Ecloga n'avait pas plus besoin d'édicter des dispositions expresses que pour le cas où le mari était pauvre.

ait vingt ans accomplis) ; alors l'époux survivant, le père ou la mère, a le choix ou de continuer la communauté[1], ou de la rompre[2], de reprendre la fortune qui lui est propre[3] (μετὰ τὴν τῶν ἰδίων πραγμάτων ἐγκράτησιν) et de partager le reste avec les enfants (ἑνὸς παιδὸς μοῖραν λαμβάνειν).

Ou bien 2° Jusqu'à ce que le survivant convole en secondes noces. Dans ce cas, les *enfants* ont le choix entre la continuation ou la dissolution de la communauté. Sont-ils *majeurs*, ils peuvent ou rester dans le *statu quo*, ou réclamer de leur mère les *res paternæ*, du père les *res maternæ*. La mère garde alors la *dot* et l'*hypobolon* (naturellement aussi l'ἐξώπροικα), le père sa fortune personnelle[4]. Sont-ils *mineurs*, le père conserve provisoirement l'administration, à titre de tuteur (et la jouissance ?), des *res maternæ*, mais la mère doit provoquer la nomination d'un tuteur pour ses enfants[5].

§ 12. — Suite.

Jusqu'au moment de la restauration du droit de Justinien, sous Basile le Macédonien, le droit de l'Ecloga relatif aux biens des époux, est resté tout entier en vigueur. Les décisions des empereurs Léon et Constantin vers l'an 780, en présupposent

[1] C'est-à-dire, ainsi que le dit l'Epan. XIX, 5, 8, de conserver la jouissance de la fortune du conjoint prédécédé.

[2] Ce droit des parents de se séparer de leurs enfants rappelle l'ἀποκήρυξις de l'ancienne législation grecque. L. 6, C. *de* P. P. 8, 47. Comp. aussi Πεῖρα, I, 14.

[3] Il n'est pas bien établi si la ἐν ἐπαυξήσει τῆς προικὸς ἀποχαρισθεῖσα ποσότης (l'hypobolon) était comptée parmi la fortune du père ou celle de la mère. D'après les novelles 22 et 85 de Léon, il semble que cette dernière hypothèse rentre dans l'esprit de l'Ecloga.

[4] Il n'est pas explicitement dit dans l'Ecloga (II, 6 *in fine*) si c'est après déduction de l'hypobolon qui doit être rendu aux enfants. Toutefois il est permis de l'admettre, à en juger par l'ensemble.

[5] Ecl. II, 5-7, 10, 11. Dans le c. 10, *in fine*, il semble aussi que l'on ait admis que les enfants du premier lit venaient concourir avec ceux du second à la succession de la seconde femme de leur père. Par contre, il n'est pas question de pareille dévolution de la succession du second mari de la mère aux enfants du premier lit de cette dernière. La différence entre ces deux hypothèses provient de ce que dans le premier cas, et non dans le second, l'époux remarié conserve jusqu'à la majorité des enfants l'administration et la jouissance des biens.

la validité [1]. Léon le Sage en attribue formellement la suppression à une ordonnance de son père [2].

Ce n'est que sous un rapport qu'on y apporta, dans l'intervalle, certaines modifications. Elles concernent le cas où l'époux survivant se remarie, alors qu'il existe des enfants du premier lit.

Si c'est la femme survivante qui convole, elle obtient immédiatement (ἀπεντεῦθεν ἤδη), suivant une novelle [3], la moitié de sa dot et de l'hypobolon en pleine propriété (λαμβανέτω κατὰ δεσποτείαν); l'autre moitié est attribuée aux enfants du premier lit (καταλιμπανέτω). Selon l'*Epanagoge* [4], il semble que si la dot doit lui être laissée en entier, l'hypobolon ne lui est attribué que pour moitié, l'autre moitié étant réservée aux enfants. Indépendamment de la perte de la propriété de cette moitié, son droit à la succession *ab intestat* de ses enfants du premier lit est restreint. En effet, d'après le droit de succession *ab intestat* de l'Ecloga, les père et mère succèdent à leur enfant décédé, à l'exclusion de ses frères et sœurs; tandis qu'en cas de secondes noces, la mère ne succède plus seule à son enfant, mais concourt au partage de la succession, pour une part seulement, avec les frères et sœurs.

Si c'est le mari survivant qui se remarie, il perd, suivant la novelle sus-indiquée, la propriété et la jouissance de la dot et de l'hypobolon, et ne conserve en propriété qu'un tiers de l'hypobolon. L'*Epanagoge* ne connaît pas, il est vrai, cette peine, mais elle n'attribue également au père, vis-à-vis des enfants du premier lit, que le droit de succession *ab intestat* restreint dont il a été question plus haut.

§ 13. — Système mixte des novelles de Léon.

Ainsi qu'on l'a déjà fait observer précédemment, Basile le Macédonien a rétabli le droit de Justinien au lieu et place du système de l'Ecloga. Que cela ait été fait au moyen d'une nouvelle publication dans le *Prochiron* et les *Basiliques*, ou bien au moyen

[1] Coll. I, nov. 26.
[2] Coll. II, nov. 20.
[3] Coll. I, nov. 31, contient une trace de la loi dont s'agit.
[4] Epan. XIX, 7, 8.

d'une disposition spéciale, il importe peu. Léon le Sage [1] rappelle à ce sujet une διάταξις τοῦ ἀειμνήστου πατρὸς ἡμῶν, et montre en même temps que la constitution de son père n'avait pas pénétré dans la pratique, et que l'on suivait toujours encore le droit abrogé [2].

C'est pour donner satisfaction à cet état de choses que Léon, dans les novelles 20, 22 et 85, a admis la συνήθεια avec quelques modifications, et a édifié de la sorte un système dans lequel l'ancien et le nouveau droit sont mélangés, et qui depuis est resté la règle.

Tout d'abord, il n'est plus besoin, ainsi que Justinien l'avait décidé dans la novelle 97, que l'hypobolon soit d'égale valeur à la dot [3]; au contraire, il doit être d'une importance moindre. (Déjà dans le *Prochiron* et les *Basiliques*, la novelle 97 n'avait pas été admise ; dans l'*Epanagoge* [4] il était dit que l'hypobolon ne devait jamais être supérieur à la dot, mais il pouvait être d'une consistance soit égale, soit inférieure.)

Si le mariage est dissous par la mort, et qu'il n'existe pas d'enfants procréés pendant sa durée, la femme survivante obtient la dot et l'hypobolon ; le mari survivant conserve l'hypobolon et ne restitue que la dot aux héritiers de la femme, le tout à moins de conventions spéciales et contraires. (La femme n'obtient donc plus le quart ἐξ ἀπαιδίας, ni le mari celui du προικοϋπόβολον, mais il conserve, en place, l'ὑπόβολον tout entier [5].)

S'il existe des enfants, la femme survivante reçoit en pleine propriété, outre sa dot et l'usufruit de l'hypobolon, une part d'enfant dans l'hypobolon et dans le reste des biens du mari. Dans le cas où ceux-ci sont absorbés par l'hypobolon, elle ne touche naturellement qu'une part d'enfant dans l'hypobolon et l'usufruit du surplus ; et lorsque la fortune réelle du mari est inférieure à l'hypobolon constitué, la part d'enfant est calculée, non

[1] Coll. II, nov. 20.

[2] L'idée de la communauté de biens entre époux est aussi mise en relief dans Πεῖρα, LXVI, 21.

[3] En conséquence, il ne faut plus que les *augmenta dotis et hypoboli* soient d'égale valeur. Basil. XXIX, 2, 1, sc. 2 *in fine*.

[4] Epan. XIX, 1.

[5] Coll. II, nov. 20. Le scoliaste de l'Epanagoge (p. 128, lig. 24, *in fine*) indique déjà ce point comme consacré par la coutume.

pas d'après les biens existants, mais d'après l'hypobolon promis[1]. De même, le mari survivant obtient, abstraction faite de l'usufruit qui lui est reconnu, une part d'enfant en pleine propriété, composée par conséquent de l'hypobolon et de la fortune de la femme, c'est-à-dire de la dot et des ἐξώπροικα[2]. S'il arrive que la part d'enfant attribuée au mari s'élève à une somme moindre que l'hypobolon promis, le mari doit tout aussi peu donner quelque portion de ses biens personnels que bénéficier de ceux de sa femme. Il n'a par conséquent jamais à délivrer l'hypobolon[3], mais il peut parfois acquérir en propriété certaines parties de la fortune de sa femme[4].

Pour le cas de secondes noces de l'époux survivant, les prescriptions de la législation de Justinien ont pleine autorité[5]. Elles sont de nouveau insérées dans le *Prochiron* et les *Basiliques*, et Léon n'y a dérogé en quoi que ce soit.

§ 11. — Droit postérieur.

Les novelles de Léon dont il a été question au paragraphe précédent, n'appartiennent pas à celles des ordonnances du même empereur qui sont plus tard tombées en désuétude. Elles sont, au contraire, reproduites dans l'*Ecloga novellarum Leonis* (dans le supplément de la *Synopsis*), où elles forment les novelles 12, 14 et 42, et sont souvent citées par les jurisconsultes postérieurs. Si bien que le système des novelles de Léon est constamment resté en vigueur, quoique les auteurs aient quelquefois perdu de vue les dispositions des novelles 22 et 85 de Léon, relatives à la part d'enfant et à la manière de la calculer[6], pour s'attacher aux dispositions contraires du droit de Justinien, reçues dans les *Basiliques*.

[1] Coll. II, nov. 22.

[2] Nov. cit.

[3] Et cependant Léon, au commencement de la même novelle 85, dit que l'hypobolon reviendra toujours, comme par le passé, aux héritiers de la femme.

[4] Coll. II, nov. 85. Le code moldave, § 1670-1681, s'exprime dans le même sens.

[5] Comp. au surplus Πεῖρα I, 14.

[6] Πεῖρα XXIV, 1, 4; XXV, 13, 24, 69; Eustathii Magistri *De hypobolo*, dans Ducange. Voir v° Ὑπόβολον; Mich. Psellus, V, 837-840; Mich. Atta-

Ce n'est que sous deux rapports que les coutumes ont fait subir une extension au système de Léon :

1° En ce qui concerne l'hypobolon. La constitution de l'hypobolon et la quotité qu'il peut atteindre étaient, d'après la législation de Léon, abandonnées à la discrétion du mari ; seulement l'hypobolon ne pouvait être stipulé d'une valeur supérieure à la dot. La constitution d'un hypobolon est considérée, dans la Πεῖρα[1] et chez Michel Attalensis, comme chose nécessaire : dans le doute, on admet qu'il est égal à la moitié de la dot, mais on peut le réduire par convention privée[2]. D'après le Μικρόν, Harménopule et Phobenus, l'hypobolon ne doit être calculé, en cas de doute, qu'au tiers de la dot[3].

2° En ce qui concerne le θεώρητρον[4], cadeau que le mari fait ou doit faire à sa femme, en dehors de la προγαμιαία δωρεά ou de l'hypobolon, il apparaît pour la première fois dans une novelle de Constantin Porphyrogénète[5], et la Πεῖρα[6] l'appelle d'*origine récente* (ἡ εὕρεσις τοῦ θεωρήτρου νεωτέρα ἐστιν) ; il n'est attribué qu'à la femme qui n'a pas encore été mariée[7] et constitue, en quelque sorte, un *pretium virginitatis*[8]. Il peut être stipulé d'une valeur illimitée, sans pouvoir être inférieur au douzième de la dot ; c'est

lensis, dans J. G. R., II, p. 25 : Τὸ μικρόν, vº Ὑπόβολον ; Const. Harmen. IV, 13 ; Matth. Blastarès, vº Προικῷα et Ὑπόβολον ; Georg. Phobenus, *De hypobolo*.

Πεῖρα XXV, 18, 19 ; dans le code moldave, §§ 1669, 1678, l'hypobolon conventionnel s'appelle ἀντιπροίξ, et l'on n'emploie le mot ὑπόβολον que dans le cas où, à défaut de convention expresse, on l'admet de plein droit.

[2] La quotité peut-elle être supérieure ? Non, selon la Πεῖρα XXV, 19 ; Mich. Attalensis et les auteurs postérieurs ne mentionnent d'autre restriction que celle de la novelle 20 de Léon. Dans la Πεῖρα XVII, 14, il est dit : Στασιάζεται εἴπερ ἀπαιτηθῇ τὸ ὑπέρπλεον. Comp. aussi Πεῖρα LXIV, 5.

[3] En cela concorde aussi le code moldave, § 1678.

[4] On écrit aussi θεώρετρον.

[5] Coll. III, nov. 11, c. 2.

[6] Πεῖρα XXV, 47.

[7] Harm. IV, 13, 3, 4 ; voir cependant Μικρόν, Γ. 17 ; Θ. 10.

[8] Ducange, Glossar., h. v. — Comp. le code moldave, § 1683 : « Τὰ δῶρα, τὰ διδόμενα εἰς τὴν γυναῖκα παρὰ τοῦ ἀνδρὸς ἢ τῶν συγγενῶν αὐτοῦ τὴν δευτέραν μετὰ τὸν γάμον ἡμέραν διὰ τὴν τιμὴν τῆς παρθενίας λέγονται : Ἀνακαλυπτήρια, Προσφθεγκτήρια, Ὀπτήρια, καὶ κοινότερον Θεώρετρα, καὶ ἀνήκουσιν εἰς αὐτὴν κατὰ δεσποτείαν τελείαν. »

à ce taux qu'on l'estime, à défaut de stipulation expresse[1]. Ce *theoretrum* est maintenant considéré comme une partie de la dot; la femme n'y a pas seulement un droit éventuel, comme à l'hypobolon, elle en a la propriété[2].

§ 15. — Suite.

A côté des divers systèmes qui viennent d'être analysés, la législation de Justinien, en tant qu'elle n'avait pas été expressément ou tacitement abrogée par eux, a été appliquée en fait à titre complémentaire, jusque dans les temps les plus récents. Ainsi toutes les dispositions qu'elle contient touchant la constitution de la dot, sa quotité, le droit du mari sur la dot pendant le mariage, la répétition de la dot, les priviléges de la dot et de la *donatio propter nuptias*, les différentes peines des secondes noces, les conséquences pécuniaires du divorce, les donations entre époux, etc.[3], tout cela est resté en vigueur. Il est difficile, sans doute, de préciser dans quelle mesure il en était ainsi, à côté du système de l'Ecloga, mais en tous cas, à côté du système de Léon, les principes de Justinien, reproduits par les *Basiliques*[4], ont été d'une application pratique, et il n'y a que quelques détails qui furent modifiés, en partie par des lois subséquentes, en partie par la coutume.

On peut signaler particulièrement ce qui suit :

1° Par rapport aux promesses de dot, Léon, grâce peut-être à un *monitum* du scoliaste de l'*Epanagoge*[5], a modifié la loi 7 C. *De dotis promissione*[6]; lorsque le père promet de donner la

[1] Πεῖρα XXV, 18, 47, 62. Μικρόν, Θ. 3. De même encore le code moldave, § 1685 : « Τὸ δωδέκατον τῆς προικὸς μέρος, οὐχὶ ὅμως ὑπὲρ τὰ χίλια φλωρία. »

[2] Πεῖρα XXV, 47 : « Ἡ γυνὴ πρὸ τοῦ γάμου καὶ ἐν τῷ γάμῳ τοῦτο δωρεῖται ᾗτινι βούλεται καὶ διατίθεται ἐπ' αὐτῷ. »

[3] Comp., sur le droit des ἐξώπροικα, Πεῖρα XXIV, 2, 11; — sur *receptitia dos*, Πεῖρα XXV, 28; — sur les priviléges de la dot et de l'hypobolon (surtout sur la question de savoir jusqu'à quel point la dot avait le pas sur le fisc), Ecl. III, 2; Proch. IX, 15-17; Epan. XVIII, 31; XIX, 11; Basil. XXIX, 1, 16; *Tr. de creditis* (Heidelberg. Jahrbücher, 1811, p. 513); Coll. IV, nov. 3; Πεῖρα VI, 2; Harm. ed. Heimb., p. 519 sc.

[4] Basil., lib. XXVIII-XXX.

[5] Epanag. XVIII, 9, sc. *b*.

[6] Basil. XXIX, 1, 87.

dot sur ses biens personnels et sur ceux de sa fille, dans le doute, il est tenu de délivrer la moitié sur ceux-ci, l'autre moitié sur ceux-là [1].

2° Par rapport à l'aliénation d'un immeuble dotal, un scoliaste d'Harménopule[2] nous apprend que, de son temps, elle s'accomplissait au moyen d'actes publics, et que les règles de Justinien n'étaient plus suivies en ce point.

3° L'Ecloga[3] ordonne, peut-être en se référant à une *forma* du Préfet du Prétoire Léon [4], que la femme qui, après la mort de son mari, reste dans une espèce de communauté avec ses enfants, doit, par acte public, faire constater la valeur de la fortune du mari, de la dot et de ses paraphernaux. Pareille obligation n'est pas imposée au mari survivant. La consistance de la dot est généralement établie d'avance par le pacte dotal. Les rapports entre le mari survivant et ses enfants semblent tenir de ceux de la *potestas*, tandis que les rapports entre la mère et ses enfants se rapprochent davantage de ceux qu'engendre la tutelle.

L'*Epanagoge*[5] ne renferme pas cette décision de l'Ecloga ; par contre, elle exige que le mari survivant fasse un inventaire des *res maternæ*, quand il a des enfants, et qu'il convole en deuxièmes noces.

Léon, dans sa novelle 110, confirme l'Ecloga et précise en partie les délais pour faire inventaire, en partie les peines légales qui, en cas d'omission, frappent la femme. Cette décision, qui est également applicable dans l'hypothèse où la mère n'accepte pas la tutelle de ses enfants, a passé dans la pratique, et s'y est maintenue [6].

4° En ce qui concerne la succession de la veuve pauvre [7], Léon a ordonné, dans la novelle 106, sous l'influence peut-être

[1] Comp. aussi Πεῖρα XXV, 18, 46.

[2] Sc. ad Harm. I, 13, 20, ed. Heimbach, p. 162. Dans ce passage, il ne faut pas, avec Heimbach, changer le mot συγγεγραφίας du manuscrit en celui de συγγραφίας, mais il faut lire συνυπογραφίας, c'est-à-dire signature.

[3] Ecl. II, 5.

[4] Comp. les Ἀνέκδοτα de l'auteur, p. 269.

[5] Epan. XIX, 8.

[6] Comp. Πεῖρα XXV, 11, 21, 51; XLI, 27.

[7] Comp., sur le système de l'Ecloga, § 11, note 171.

des réflexions du commentateur de l'*Epanagoge*[1], que celle-ci, même lorsqu'il existe des enfants issus du mariage, reçût en propriété le quart ou la part d'enfant à elle attribuée par Justinien ; mais seulement pour le cas où elle ne convole pas[2].

5° En ce qui concerne la *querela* et l'*exceptio non numeratæ dotis*, elle appartient au mari, suivant l'Ecloga[3], pendant cinq ans à partir de la célébration du mariage, s'il est âgé de vingt-cinq ans ; s'il est mineur, pendant cinq ans à partir du jour où il a atteint la majorité. L'*Epanagoge*[4] reproduit les dispositions de la novelle 100, mais avec quelques changements ou méprises[5]. Le *Prochiron*, au contraire, reproduit la loi 3 *De dote cauta non numerata*[6], tandis que les *Basiliques*[7] donnent de nouveau le texte de la novelle 100. Par suite il règne aussi, dans Harménopule, une grande confusion que le commentateur s'efforce de dissiper[8].

6° Lorsque le conjoint survivant se remarie, il est placé sous le coup des peines dont il a été question plus haut[9] ; et de plus, il ne peut donner à son nouvel époux, sur son patrimoine propre, qu'une part d'enfant le moins prenant[10]. En ce qui concerne la femme survivante qui convole en deuxièmes noces avant l'expiration de l'année de deuil, le droit byzantin s'est arrêté de même aux dispositions de Justinien[11].

7° La dissolution du mariage occasionnée par une cause autre que la mort, produit, en partie, d'après la législation justi-

[1] Epanag. XIX, 9, 17, sc. *b.*, *c. in fine* et *k.*

[2] Voir Πεῖρα XXV, 10, 23, 71 ; Harm. V, 8, 81.

[3] Ecl. III, 1.

[4] Epan. XVIII, 26.

[5] Le commentateur, en les rectifiant, expose le droit pur de la novelle 100, et fait remarquer que l'on discute sur le point de savoir si le mari, qui est tenu de rendre la dot lorsqu'il ne peut plus invoquer l'*exceptio non num. dot.*, doit également délivrer l'hypobolon. Comp. sur cette question, Epan. XIX, 2 ; Proch. IX, 12 ; Πεῖρα XXV, 20.

[6] Proch. IX, 11.

[7] Basil. XXIX, 3.

[8] Harm. II, 2, 5-7, 9, ed. Heimb., p. 230.

[9] Voir § 11 et suiv.

[10] Ecl. II, 10 ; Epan. XIX, 10.

[11] Ecl. II, 10 ; Proch. VI, 4 ; Πεῖρα XXIV, 10, 13 ; XXV, 17, 18. Il n'est pas bien établi jusqu'à quel point l'Epanagoge XIX, 6, 9, d'une part, et la Πεῖρα XXV, 16, de l'autre, contiennent des dérogations quant à ce.

nienne, les mêmes effets, quant aux biens, que ceux qui résultent de la dissolution du mariage par la mort de l'un des conjoints; elle rétablit, en partie, les rapports matrimoniaux dans la situation où ils étaient avant le mariage; enfin, elle fait supporter certains désavantages pécuniaires, — qui sont particulièrement rigoureux en cas d'adultère [1], — à celui des époux qui, par sa faute, a provoqué le divorce.

L'Ecloga qui, pour le surplus, semble adopter tacitement le droit de Justinien, par cela même qu'elle ne contient pas de dispositions qui y dérogent, traite néanmoins l'adultère d'une autre manière, en ce qu'elle laisse à l'épouse adultère sa fortune [2]. Mais l'*Epanagoge* [3] revient déjà au droit de Justinien, avec une légère modification, et dans le *Prochiron* [4] et les *Basiliques* [5] le droit pur de la novelle 117 est de nouveau consacré.

On trouve toutefois, dans le droit plus récent, la trace de quelques modifications qui furent apportées aux peines pécuniaires prononcées pour cause d'adultère [6]. Jean Comnène rendit à cet effet une ordonnance [7], d'après laquelle la dot de la femme adultère appartient en premier lieu aux enfants issus du mariage rompu, ensuite aux enfants d'une union précédente et au mari outragé, — en ce cas, le partage se fait par tête; — enfin, à défaut d'enfants, au mari seul. Il est vrai que les jurisconsultes postérieurs ne font pas mention de cette novelle, peut-être parce qu'ils croyaient y trouver une restauration du droit de Justinien.

[1] Comp. Epan. XXI, 6, où le scoliaste donne un remarquable aperçu de toutes les dispositions de Justinien (sc. 1).

[2] Ecl. XVII, 27. Il se trouve des dispositions toutes particulières et plus étendues dans Coll. I, nov. 26, c. 1, pour le cas où un conjoint provoque le divorce parce qu'il a été le parrain de son propre enfant. (Comp. § 7.)

[3] Epan. XXI, 5, 6. Les dérogations à la novelle 117 se trouvent dans l'édition de l'auteur, p. 110, lig. 16-20, et p. 112, lig. 10-18.

[4] Prochir. XI, 5 et suiv.

[5] Basil. XXIII, 7, 1.

[6] Comp. Πεῖρα XXV, 23, et la novelle de la note suivante.

[7] Coll. IV, nov. 51. L'empereur Jean Comnène est, selon toute vraisemblance, Comnène le Grand, de Trébizonde.

§ 16. — Dernier état de la législation.

On a vu dans les paragraphes qui précèdent comment s'est formé, dans les derniers temps de l'empire byzantin, le droit sur le régime des biens entre époux. Un tableau plus ou moins complet de cette législation se trouve, soit chez Harménopule[1], soit chez Blastarès[2]. Elle est restée, autant qu'il est possible de le reconnaître à quelques traces éparses[3], en pleine vigueur[4] chez les Grecs, sous la domination des Turcs, quoique, à la suite du naufrage presque complet de toute connaissance juridique, il se soit introduit dans les us et coutumes une foule de dérogations de toute sorte. Dans le royaume actuel de Grèce, Harménopule est en général redevenu la règle ; toutefois, là où d'autres règles de droit ont été consacrées par l'usage, elles ont le pas[5]. On a essayé de faire remonter en partie ces ἔθιμα aux *Assises de Jérusalem* et aux *coutumes* françaises; mais à cela s'oppose d'abord ce fait, que Manuel Malaxus, du Péloponèse, dans son *Nomocanon* composé en 1562, à Thèbes, a puisé uniquement aux sources byzantines; et aussi bien les conquérants francs, d'après le système des droits personnels, ont maintenu aux Grecs tout au moins leur droit privé dans son intégrité. Bien plus, c'est le système de l'Ecloga qui, pour la plus grande partie, forme la base de ces coutumes (§ 11),

[1] Harm., lib. IV.

[2] Matth. Blast. litt. Γ, *passim*; Δ, c. 8; Π, c. 20; Ψ, c. 5.

[3] Surtout par le *Nomokanon* de Manuel Malaxus, c. 237-243. De l'ὑπόβολον et du θεώρετρον, il n'y est pas fait mention, mais seulement de la *propter nuptias donatio*. En revanche le système de Léon est exposé de la manière suivante dans le c. 237 (sans doute tiré d'Harménopule) : « Ἐάν τις γυνὴ χηρεύσῃ καὶ δὲν θέλῃ εἰς δεύτερον γάμον, νὰ ἔχῃ τὴν προγάμου δωρεὰν καὶ ὅλην τὴν προῖκα αὐτῆς, καὶ ἕνα μερτικὸν ἀπὸ τὰ πράγματα τοῦ ἀνδρός της ὡσὰν ἕνα ἀπὸ τὰ παιδία της, νὰ τὸ ἔχῃ εἰς τὴν ἐξουσίαν της νὰ τὸ κάμνῃ ὡσὰν θέλει· μόνον τὸ τρίτον τῶν πραγμάτων αὐτῆς νὰ φυλάττῃ διὰ τὰ παιδία της. Ὁμοίως καὶ οἱ ἄνδρες ὅπου δὲν θέλουν εἰς δεύτερον γάμον, οὕτως νὰ ἔχουν καὶ αὐτοὶ ἀπὸ τῶν πραγμάτων τῶν γυναικῶν αὐτῶν μερτικὸν ὡσὰν ἕνα παιδί. »

[4] Lorsque les contestations étaient portées devant des juges turcs, il n'était sans doute pas question de l'emploi des sources du droit byzantin.

[5] Des ἔθιμα semblables sont réunis par II. Καλλιγᾶς dans Παράρτημα τῆς Θέμιδος Τό. γ' (Εὑρετήριον Τό. γ'), p. 273 de Sgouta (mais d'une manière plus complète dans le *Griech. Volk* de Maurer), I, p. 135, 212 et suiv.

quoiqu'il soit réservé à des découvertes ultérieures d'indiquer comment, — dans leur rapport avec l'histoire des populations de la Grèce, — quelques-unes de ces coutumes sont d'origine albanaise, d'autres d'origine occidentale; par exemple, la communauté de biens, κοινοκτημοσύνη, qui est indubitablement d'origine franque, et qu'on rencontre parmi la population catholique romaine de Syra[1].

Enfin, quant à la Valachie et à la Moldavie, le droit dotal romain se trouve reproduit dans les codes civils de ces deux pays. Dans le premier, il se rapproche davantage des sources romaines, avec plusieurs particularités[2]; dans le second, au contraire, il existe à peu près avec la forme qu'il avait reçue dans les derniers temps de l'empire byzantin[3].

TITRE II. — DES RAPPORTS ENTRE PARENTS ET ENFANTS.

§ 17. — Droit de Justinien.

Indépendamment des principes généraux sur les rapports entre parents et enfants, tels que ceux qui imposent aux premiers l'obligation de prendre soin de leurs enfants; aux autres, de témoigner respect et obéissance à leurs père et mère, le droit de Justinien reconnaît encore une puissance spéciale du père sur ses enfants légitimes, légitimés ou adoptifs (fils, filles, petits-enfants, etc.), et ne la laisse éteindre que par la mort ou

[1] Syra est l'une des îles de l'Archipel; la capitale, du même nom, est l'une des principales stations des Echelles du Levant. (*Note du Traducteur.*)

[2] Τμῆμα, κεφ. 16, § 9-18; Τμ. δ' γ' κεφ. β' et κεφ. γ' §§ 17, 23. Au lieu de l'ὑπόβολον et du θεώρετρον, il n'est question ici, ainsi que chez Malaxus, que des προγαμιαῖα δῶρα. Le conjoint survivant recueille, avec ses enfants, une part virile, et, à défaut d'enfants, il recueille tantôt un sixième, tantôt le tout, suivant qu'il est en concours avec des parents de la femme et que le mariage a duré dix ans, ou qu'il n'existe pas de parents. Comp. Mittermaier, *Krit. Zeitchr. f. d. R. W. des Ausl.*, XII, p. 431.

[3] Le code moldave s'occupe du droit des époux, quant aux biens, dans les paragraphes 1608-1698. On en a déjà extrait divers passages dans les notes précédentes.

par une déclaration formelle et réciproque du père et de l'enfant (*emancipatio*). Il distingue, en conséquence, entre les *homines sui* et *alieni juris*, αὐτεξούσιοι et ὑπεξούσιοι [1], suivant qu'ils sont placés sous la *patria potestas*, ἐξουσία, ou qu'ils en sont affranchis. Cette puissance paternelle produit :

I. *Des effets quant à la personne*. Elle exclut la tutelle ; ce n'est que le mineur ὑπεξούσιος qui a besoin d'un tuteur. Elle attribue au père le droit de donner à son fils mineur ὑπεξούσιος un tuteur testamentaire. L'ὑπεξούσιος est, même quand il est majeur, restreint dans sa capacité. Enfin, il ne peut se marier sans le consentement de son père.

II. *Des effets quant aux biens*. L'ὑπεξούσιος ne peut disposer, soit entre-vifs, soit par testament, que de ce qu'il a acquis (*Basil.* XXXIX, 1, 59) comme soldat, fonctionnaire ou ecclésiastique (*castrense vel quasi-castrense peculium*) [2]. En ce qui touche tous ses autres biens, il est limité par la puissance paternelle. Ainsi notamment :

1° Le *paganum peculium* [3], c'est-à-dire tout ce que l'ὑπεξούσιος reçoit de son père ou acquiert avec les fonds de ce dernier, est généralement considéré [4] comme continuant à appartenir à celui-ci. Le père peut le reprendre à sa volonté. A la mort du père, les biens qui le composent font retour à sa succession, et l'ὑπεξούσιος ne peut pas en disposer par testament.

2° Les *adventitia bona* [5], c'est-à-dire tout le reste de la fortune

[1] La langue grecque a aussi créé les substantifs αὐτεξουσιότης ou ὑπεξουσιότης, pour lequel il n'existe en latin aucun mot correspondant.

[2] Les termes techniques en grec sont : καστρήσια (par corruption κανστρίσια, κανστ(ρ)ια) ἢ ὡσανεὶ κ. — στρατιωτικὰ ἢ ὡσανεὶ στρ. πεκούλια — ἰδίκτητα.

[3] Les Grecs, pas plus que le droit de Justinien, ne rangent les *adventitia bona* parmi les παγανικὰ πεκούλια.

[4] Il existe des principes spéciaux pour la *dos* ou la *propter nuptias donatio* délivrée par le père à l'ὑπεξούσιος.

[5] Les Grecs appellent les *adventitia* ἀπροσπόριστα, par opposition aux παγανικὰ πεκούλια, qu'on désigne aussi sous le nom de προσποριζόμενα. Parfois, cependant, ces expressions s'emploient aussi dans un autre sens, suivant que la propriété ou la jouissance en est dévolue au père. Dans ce sens, les *adventitia* sont désignés sous le nom de προσποριζόμενα, tandis que les ἀπροσπόριστα, désignent les ἰδίκτητα (Basil. ed. Heimbach, III, p. 551. sc.), et le *peculium adventitium extraordinarium*.

de l'ὑπεξούσιος (par exemple, ce qu'il a acquis par son travail personnel, ce qu'il a reçu de sa mère ou par succession), tout cela forme bien sa propriété; mais il ne peut pas en disposer par testament, et le père en a légalement l'administration et la jouissance (à l'exception de ce qu'on appelle les *adventitia extraordinaria*).

§ 18. — Transition.

La clef pour bien comprendre les principes du droit de Justinien qui viennent d'être exposés, se trouve dans l'histoire de la *patria potestas*.

Dans le droit romain primitif, la famille formait un tout étroitement renfermé en lui-même, une sphère juridique isolée, sur laquelle le *populus* et ses magistrats n'avaient aucune action, aucun pouvoir. Le père de famille y était maître absolu; il était, en quelque sorte, le *domesticus judex et magistratus;* de même que la femme était placée sous sa *manus*, de même les enfants se trouvaient sous sa *potestas*. Cette autorité s'étendait aussi bien sur leur personne que sur leurs biens.

Ce type de la famille fermée au dehors sous le gouvernement du père, était complétement inconnu au *jus gentium;* celui-ci la considérait en effet comme une union reposant sur des bases naturelles et morales, soumise à la surveillance et à l'immixtion de l'Etat, tout comme les autres relations civiles. Lorsque cette manière de voir trouva accès dans Rome, à la suite du contact de celle-ci avec la civilisation plus avancée des Grecs, tout l'ancien droit de la famille, et en particulier aussi la *patria potestas*, furent transformés peu à peu, soit par la coutume, soit par les empiétements des magistrats, soit enfin par la loi, en un système que l'on se plaît à appeler *plus libre* et *plus doux*, quoique le relâchement du lien légal de la famille ne soit pas sans grand danger pour la solidité du lien moral. Au surplus, cette transformation fut aussi hâtée par le développement du christianisme, dont la doctrine laissant de côté le lien légal de la famille, ne voit plus en elle qu'un lien d'affection, et met en première ligne non les droits, mais les devoirs réciproques établis par Dieu même.

Dans le droit romain postérieur jusqu'à Justinien, la marche progressive de la transformation dont il s'agit se résume en trois tendances :

I. Les droits qu'engendrait la puissance paternelle sur la personne et les biens des enfants sont de plus en plus restreints. La juridiction du chef de famille sur les membres qui la composent, passe aux magistrats ; il ne lui reste plus qu'un droit de correction disciplinaire. Ce que les enfants acquièrent personnellement leur appartient en pleine propriété ; le père ne conserve que certains droits d'administration et de jouissance.

II. Les enfants s'affranchissent de la puissance paternelle, surtout alors que les effets légaux de l'émancipation en matière de succession sont depuis longtemps tombés dans l'oubli.

III. La mère est peu à peu assimilée au père, au moins en ce qui concerne la constitution et l'administration de la tutelle de ses enfants mineurs.

En marchant toujours sur cette voie on eût été conduit à faire de la puissance paternelle sur des enfants mineurs, une sorte de tutelle ; — à la supprimer sur les majeurs ; — à accorder ou à imposer à la mère, à l'égard de ses enfants et de leurs biens, les mêmes droits et les mêmes obligations qu'au père.

C'est bien là, au fond, le système établi par l'Ecloga des empereurs Léon et Constantin ; mais, dans le neuvième siècle, le droit de Justinien fut remis en vigueur, avec quelques modifications, et alors il y eut un temps d'arrêt dans la législation. C'est seulement dans les temps modernes que, dans les pays de droit byzantin, on voit apparaître les conséquences auxquelles conduit le développement naturel des principes du droit de Justinien.

§ 10. — Système de l'Ecloga.

Dans l'Ecloga, on ne rencontre aucun effet particulier de la puissance paternelle sur la personne des enfants. Les droits et les obligations du père en cette matière sont communs à la mère. Par conséquent, tant que le père et la mère sont en vie, il ne peut être question de tutelle[1] ; le survivant, que ce soit le

[1] Excepté en cas de convol de la mère survivante, § 11.

père ou la mère, peut donner un tuteur testamentaire à ses enfants[1]. Enfin, ceux-ci sont tenus, pour se marier, d'obtenir non-seulement le consentement du père sous la puissance duquel ils sont placés, mais en général celui de leurs parents[2], sans qu'il y ait à distinguer s'ils sont ὑπεξούσιοι ou αὐτεξούσιοι.

Pour ce qui concerne les effets de la puissance paternelle sur les biens des enfants, l'Ecloga contient, au fond, les principes du droit de Justinien, touchant les *peculia militare et paganum* et les *adventitia bona*[3]; mais tout l'ensemble est plutôt conçu comme une sauvegarde pour la personne et les biens des enfants[4]. Un droit analogue à celui que le père a sur les *res maternæ*, est accordé, à raison de la communauté de biens spéciale qui existe entre le conjoint survivant et ses enfants[5], à la mère sur les *res paternæ*, et ce qui advient aux enfants par la mère (πρὸς κόσμον καὶ τιμὴν ἐδόθη ἢ ἐπεκτήθη) est compté dans le *paganum peculium*, de même que ce qui leur advient de la même manière du chef de leur père.

Il n'existe donc plus de droit particulier au père que sur les biens que ses ὑπεξούσιοι acquièrent, par leur travail ou par succession, de personnes autres que leurs parents. Dans ce cas, le père a un droit de jouissance et d'administration, et les enfants, tant qu'ils sont ὑπεξούσιοι, ne peuvent en disposer par testament[6].

D'après l'Ecloga, c'est un point très-douteux de savoir si et dans quel cas ce droit particulier du père s'éteint pendant sa vie; en d'autres termes, si et comment les enfants, du vivant de leur père, peuvent devenir αὐτεξούσιοι. Plusieurs passages[7] semblent exclure l'idée d'une émancipation, tout au moins d'ὑπε-

[1] Ecl. VII, 1.

[2] Comp. § 4.

[3] Ecl., tit. XVI. L'Ecloga distingue ici trois sortes de patrimoines des enfants : Στρατιωτικὰ πεκούλια ἤτοι ἰδιόκτητα, παγανικὰ πεκούλια, et μητρῷα ἢ ἐξ ἱδρώτων καὶ καμάτων ἢ κληρονομίας περιαχθέντα.

[4] Ecl., II, 7 : « Τὴν τούτων (sc. τῶν ἀνηλίκων τέκνων) ποιεῖσθαι φροντίδα τε καὶ διοίκησιν. »

[5] Comp. § 11.

[6] Ecl. XVI, 5.

[7] Ecl. V, 1.

[8] Ecl., II, 7, et les mots « ὡς ὑπεξουσίων αὐτῷ τυγχανόντων » dans Ecl., II, 6.

ξούσιοι mineurs, ce qui serait tout à fait conforme au caractère plus tutélaire de la puissance des parents ou de celle du père. Pour les ὑπεξούσιοι majeurs, il semble que la puissance paternelle peut être dissoute par la volonté unilatérale soit du père soit du fils[1].

Toutefois, ce qui est dit dans ce paragraphe du système de l'Ecloga, quant aux effets produits par la puissance paternelle sur des ὑπεξούσιοι, n'est pas entièrement exact. L'Ecloga, à vrai dire, ne connaît plus une puissance *particulière* du père. La mère exerce la même puissance que le père (οἱ τούτους ἔχοντες ὑπεξουσίους). Aussi, dans Coll. II, nov. 27, est-il question d'une μητρικὴ ἐξουσία. Il convient d'édifier le système de l'Ecloga principalement d'après ce qui est exposé dans les paragraphes 11, 49, 50.

§ 20. — Législation postérieure.

Nous avons déjà remarqué plus haut que, au moment où, vers le neuvième siècle, la législation de Justinien fut remise en vigueur et publiée dans les *Basiliques*[2], l'on abandonna aussi le système de l'Ecloga, en ce qui concerne la puissance paternelle, et que, sur ce point, la législation de Justinien se trouva restaurée.

Cela est incontestable en ce qui concerne les effets de la puissance paternelle sur la personne des enfants[3]. Par contre, pour ce qui touche à ses effets sur les biens, on semble, par ignorance de la base historique des prescriptions de Justinien renfermées dans les *Basiliques*, avoir bien souvent méconnu leur véritable sens.

Le *Prochiron* et l'*Epanagoge*[4] ne parlent que de pécules *castrense vel quasi-castrense* et du *peculium paganum*, sans mentionner les *adventitia bona*, ce qui induit en erreur le scoliaste de l'*Epanagoge*[5] et lui fait émettre la proposition : que tout ce

[1] Ecl. II, 6, 7. Comp. § 11.
[2] Comp. surtout Basil. XLV, 4, et LVII, 2.
[3] Comp. §§ 4 et 20.
[4] Proch., tit. XXII; Epan. XXXI, 1-4.
[5] Dans l'édition de l'auteur, p. 170, sc. *a*. : « Ὅσα ἐκ τῶν ἄλλων ἐπιτηδευμάτων ἐπικτᾶταί τις, ἀλλὰ καὶ τὰ ἀπὸ μητρικῆς καὶ ἀδελφικῆς ἢ ἀλλαχόθεν

qui n'est pas *paganum peculium*, par exemple, les *res maternæ*, doit être rangé parmi les ἰδιοκτῆτα de l'enfant et que, par conséquent, celui-ci a le droit d'en disposer par testament. D'autres preuves de cette méprise nous sont fournies par une novelle de Léon [1], dans laquelle le père, qui a la puissance sur ses enfants, n'est désigné que comme un τὴν ἐπιτροπὴν ἐγκεχειρισμένος. De même, la Πεῖρα semble accorder à l'ὑπεξούσιος la libre disposition des biens *adventitia*, au moins par acte entre-vifs [2]. Il est vrai qu'un traité sur les pécules, qui paraît appartenir au onzième siècle, nous présente un tableau plus vrai et plus complet du droit de Justinien [3]. Mais dans les livres plus répandus des Byzantins postérieurs [4], tout ce qui a trait aux pécules est si erroné et si incomplet, qu'il est vraisemblable que la coutume s'était, à cette époque, plus ou moins écartée de la législation justinienne.

Toute cette institution de la puissance paternelle a beaucoup perdu de son importance [5] depuis une novelle de Léon qui semble se relier au système pratique de l'Ecloga [6]. Léon y dispose que l'enfant ne doit pas seulement devenir αὐτεξούσιος, dans le cas où le père lui donne τὸ ἀπόλυτον οἰκείῳ στόματι, c'est-à-dire l'émancipe, mais encore lorsqu'il lui permet de faire ménage à part : εἰ πρὸς διαγωγὴν ἰδιογνωμονοῦσαν ἐφθείη ὁ παῖς καταστὰς κἂν ἡ γαμικῆς ὁμιλίας ἔξω (c'est ce qu'on appelle

ἐκ διαθήκης ἢ ἐξ ἀδιαθέτου κληρονομίας ἢ ἀπὸ γαμικοῦ κέρδους, ὅσα οὐκ εἰσὶ παγανικά, πάντα νομίζονται ἰδιοκτῆτα καὶ νομίμως ἐπ' αὐτοῖς δύνανται οἱ ὑπεξούσιοι διατίθεσθαι. »

[1] Coll. II, nov. 25.

[2] Πεῖρα, LXXII, 1 : « Ὅτι τρία εἰσὶ τα πεκούλια τῶν ὑπεξουσίων καὶ ἐν μὲν τῷ ἑνὶ, ἤγουν τῷ καστρισίῳ, διατίθενται οἱ ὑπεξούσιοι· ἐν δὲ τῷ παγανικῷ οὐδ' ὅλως διατίθενται· τὸ δὲ μέσον ἐστὶ τὰ λεγόμενα ἀπροσπόριστα, ἅτινα μὲν ζῶν ὁ υἱός ἔχει, προτελευτῶν δὲ τοῦ πάτρος οὐ δύναται ἐπὶ τούτοις διατίθεσθαι. » κ. τ. λ. Comp. aussi Πεῖρα, I, 7; Basil, édit. Heimb., III, p. 551, sc.; Harm., V, 2, 7.

[3] Heimbach, Ἀνέκδοτα II, p. 247-269.

[4] Comp. *Veteres glossæ verborum juris*, ed. Labæus, p. 85 et suiv., et Μικρὸν, litt. II, 117; Mich. Attal., tit. I; Harm. V, 2, 4-7.

[5] Coll. II, nov. 25.

[6] Ou qui est peut-être la conséquence d'une fausse interprétation de la loi 1, C., *De patria potestate* (8, 46).

l'*emancipatio per separatam œconomiam*) [1]. L'interprétation exacte des mots « κἂν ἡ γαμικῆς ὁμιλίας ἔξω, » doit-elle conduire à cette conclusion que tout mariage de l'enfant met fin à la puissance paternelle? Cela est douteux. Dans la Πεῖρα [2], un juge a admis le contraire pour la fille mariée, tandis que, dans un autre passage [3], il est dit à l'inverse : ὅτι ἄλογόν ἐστι τὸ συμφωνεῖν, ἔχειν καὶ μετὰ τὸν γάμον ὑπεξούσιαν τὴν θυγατέρα· οὐδαμοῦ γὰρ τοῦτο πρόξῃ.

§ 21. — Dernier état de la législation.

La théorie de la puissance paternelle n'étant plus exposée que d'une manière insuffisante dans les livres modernes de droit byzantin, on comprend que les Grecs aient perdu de plus en plus, sous la domination turque, la notion du caractère essentiel de cette institution. La coutume usurpa la place du droit positif incompris ou oublié, et agit naturellement dans le sens que suivait depuis longtemps en cette matière le développement du droit gréco-romain.

C'est ainsi que Manuel Malaxus, dans son *Nomocanon*, fait consister la ὑπεξουσιότης tout simplement dans les rapports de dépendance dans lesquels les enfants vivent avec et chez leur père. Sitôt qu'ils obtiennent de lui leur apanage ou qu'ils se marient, ils deviennent αὐτεξούσιοι [4].

D'après les coutumes locales de la Grèce, récemment recueillies et mises en ordre [5], la mère, après la mort du père, entre généralement avec les enfants dans les rapports dans lesquels le père, sa vie durant, était placé vis-à-vis d'eux. La dépendance de l'enfant cesse s'il devient majeur, s'il se marie ou s'il

[1] Comp. Harm. I, 17, 18.
[2] Πεῖρα I, 8.
[3] Πεῖρα XLIX, 9.
[4] Manuel Malaxus, *Nomoc.*, c. 250 : « Αὐτεξούσια λέγονται τὰ παιδία, ὁποῦ πανδρεύσει ὁ πατὴρ αὐτῶν καὶ τοὺς δώσει τὸ μερτικόν τους καὶ εἶναι εἰς τὴν ἐξούσιαν τοῦς καὶ κάθονται χώρια ἀπὸ τὸν πατέρα τους· ἢ καὶ δὲν τὰ πανδρεύσει καὶ δίδει τοὺς τὸ μερτίκον τους καὶ τὰ κάμνει αὐτεξουσία. Ὑπεξούσια δὲ λέγονται τὰ παιδία, ὁποῦ δὲν ἔλαβαν μερτικὸν ἀπὸ τὸν πατέρα τους, μόνον κάθονται μετ' αὐτοῦ εἰς τὴν ὑποταγὴν καὶ θέλησιν αὐτοῦ. »
[5] Sgoula, Παράρτ. τῆς θέμιδος, III, p. 277 et suiv.

fait ménage à part [1]. On voit combien ici toute cette institution se rapproche de la tutelle, avec cette seule différence, qu'il n'est pas question de compte à rendre par les parents touchant les biens des enfants dont ils ont eu l'administration.

Le code valaque ne consacre pas de section spéciale aux rapports existant entre parents et enfants. Ce n'est que par occasion que le père est comparé au tuteur, et ses droits et obligations doivent cesser dès que l'enfant est parvenu à la pleine capacité, à l'âge de vingt-cinq ans accomplis [2].

Le code moldave est le plus avancé dans le sens indiqué plus haut [3]. Le père y est entièrement assimilé au tuteur, au point que, par exemple, il n'a aucun droit de jouissance sur les biens de ses enfants et qu'il n'a que l'obligation de les administrer et d'en rendre compte. Cette πατρικὴ ἐξουσία prend fin lorsque l'enfant est majeur ou lorsqu'il a un ménage indépendant, à partir de l'âge de vingt ans, ou enfin lorsque le père l'affranchit judiciairement de la puissance.

L'assimilation de la puissance paternelle à la tutelle, combinée avec la doctrine de la légitime et de l'exhérédation, conduit nécessairement au relâchement du lien de famille. Jusqu'ici l'austérité des mœurs domestiques a préservé les Grecs de plus graves inconvénients, mais la nécessité morale et l'importance sociale et politique de familles bien unies et fortement constituées, ne peuvent plus échapper longtemps à l'attention de la législature du royaume de Grèce.

§ 23. — De la légitimation des enfants naturels.

Outre la naissance en légitime mariage, il y a encore deux manières suivant lesquelles, d'après le droit de Justinien, la puissance paternelle et, avec elle, les rapports entre parents et enfants pouvaient être créés.

[1] Ici, de même, on ne peut pas admettre la supposition d'une influence du droit franc (comp. § 16); on remarque, au contraire, une fois de plus l'affinité qui existe avec le système de l'Ecloga.

[2] Τμ. α', κεφ. γ', § 2.

[3] Comp. § 196 et suiv.

La légitimation, introduite par Constantin le Grand, avait pour but de contre-balancer le concubinat, à cette époque généralement répandu dans tout l'empire. Pendant que, d'un côté, on restreignait la faculté de laisser par testament quelque portion de biens aux enfants issus du concubinat, on facilitait, de l'autre, l'assimilation de ces derniers aux enfants légitimes, et par là on voulait faire servir l'affection du père pour ses enfants à une transformation du concubinat en un véritable mariage.

Après la prohibition expresse du concubinat [1], il n'aurait plus dû être question, à proprement parler, de légitimation. Il n'y avait plus, à vrai dire, de *naturales liberi*, νόθοι παῖδες, ou φυσικοί, dans le sens étroit du mot, qui seuls, dans le droit de Justinien, pouvaient être légitimés.

Toutefois la légitimation, au moins par mariage subséquent, est encore formellement reconnue dans les *Basiliques*, et elle est valable pour tous les enfants naturels, à l'exception de ceux qui sont nés *ex damnato coïtu* [2].

§ 23. — De l'adoption.

En ce qui concerne l'adoption, elle a pour effet essentiel, d'après l'ancien droit romain, de créer la puissance paternelle et l'agnation qui dérive de celle-ci. De là il suit que, par

[1] Comp. § 3.

[2] Basil., XXXII, 1 ; XXVIII, 4, 48 ; Πεῖρα, XLIX, 25 ; Harm., V, 8, 67 et sc. ad. V, 8, 66. — Le code moldave, §§ 215, 216, connaît aussi cette légitimation et en outre, § 218, la légitimation *per rescriptum principis*. — Le code valaque ne parle pas de légitimation : comme mode de transformer les enfants naturels en légitimes, il indique l'adoption (τμ. δ', κεφ'. ϛ, § 5, 9). — Au surplus, il convient de mentionner ici un passage qui démontre que l'on cherchait encore dans les temps postérieurs à établir des distinctions entre les *naturales liberi* et les *spurii* ou *vulgo quæsiti* Il se trouve dans Manuel Malaxus, c. 575 : « Ὅταν κάμῃ τινὰς παιδία μετὰ τῆς νομίμου αὐτοῦ γυναικὸς, αὐτὸ τὸ παιδίον λέγεται γνήσιον· ὅταν δὲ ἔχῃ τις γυναῖκα ἀνευλόγητον εἰς τὸ σπῆτι του καὶ κοιμᾶται μετ' αὐτῆς φανερῶς καὶ κάμῃ παιδίον λέγεται φυσικόν· ὅταν δὲ κοιμᾶται τις μετὰ γυναῖκες ἔξω τοῦ σπιτίου αὐτοῦ καὶ κάμῃ παιδίον, λέγεται νόθον· ὅταν δὲ πάλιν γεννηθῇ παίδιον καὶ δὲν ἠξεύρει τινὰς ποῖος τὸ ἔσπειρε, λέγεται σκότιον. » Le code valaque dit, I, 2, 2 : « Νόθοι εἶναι ὅσοι ἀπὸ παράνομον συνουσίαν γεννῶνται. »

exemple, les hommes seuls pouvaient adopter. Mais plus la puissance paternelle et l'agnation perdirent de leur importance, et plus les autres effets qui en naissent, notamment les droits de succession, furent mis en relief. Le côté naturel de l'adoption en fit oublier le caractère civil, et la maxime *Adoptio naturam imitatur* reçut sans cesse une extension plus considérable.

Dans le droit byzantin on considéra l'adoption comme un mode de créer les rapports qui existent entre parents et enfants, et comme ces rapports naissaient d'une union bénie par l'Église, il était aussi passé dans l'usage de faire consacrer l'adoption par une bénédiction solennelle [1]. Dans le Πηδάλιον, p. 327, les enfants adoptés sont appelés ψυχοπαίδια. La parenté adoptive fut de plus en plus assimilée, par ce moyen, à la parenté du sang et considérée comme indissoluble (au moins en ce qui touche les empêchements de mariage [2]).

Quant aux autres effets de l'adoption, les *Basiliques* [3] connaissent encore, il est vrai, les distinctions de Justinien entre l'*arrogatio* et ce qu'on appelle l'*adoptio plena* ou *minus plena*. Mais dans l'usage et la pratique, toute adoption semble avoir été traitée, à en juger par ses effets, comme une *adoptio minus plena*, si bien qu'elle ne donnait des droits qu'à l'adopté, notamment des droits de succession. L'*Epanagoge aucta* [4] dit positivement que « τὰ τῆς υἱοθεσίας παντελῶς ἐνηλλάγη· οὐχ ὑποκειμένων τῶν υἱοθετουμένων τῇ δουλείᾳ τῆς ἀρχαίας ὑπεξουσιότητος, ἧς λυομένης καὶ αὐτὴ ἡ υἱοθεσία ἐλύετο, οὐδὲ κερδαινόντων τῶν θετῶν πατέρων τῆς τῶν θετῶν υἱῶν ὑποστάσεως. »

L'importance de l'adoption étant ainsi réduite, il n'y avait plus de raison pour en restreindre l'usage. Aussi Léon le Sage ordonna [5] que les castrats, les eunuques et les femmes pouvaient adopter, et même ces dernières non-seulement *in sola-*

[1] Comp. Coll. II, nov. 24, 89, ainsi que le code moldave, § 237. — Le code valaque, τμ. δ', κεφ. ί, § 7, 8, n'exige pas de bénédiction religieuse mais la confirmation soit du prince, soit du juge. Ducange, vº Υἱοθεσία.

[2] Voir *suprà*, § 4.

[3] Basil. XXXI, 4; XXXIII, 1.

[4] Epan. aucta. XV, 10, dans le Πρόχειρος νόμος, p. 53, note de l'auteur. De même le code moldave, § 248.

[5] Coll. II, nov. 26, 27.

tium liberorum amissorum, et *per rescriptum principis* [1], mais d'une manière générale.

TITRE III. — DE LA TUTELLE [2].

§ 21. — Droit de Justinien.

L'ancien droit romain distinguait — sans parler de la *tutela mulierum*, complètement tombée en désuétude — deux sortes de tutelles, la *tutela* des mineurs qui ne sont pas placés sous la puissance paternelle, et la *cura*.

La première reposait sur l'*intérêt de la famille* et était simplement un arrangement d'ordre intérieur. L'*impubes* n'est investi de droit, quant aux biens, que dans la famille et par elle. Le tuteur exerce sur lui une espèce de puissance familiale, qui

[1] Comp. *Tipucitus in Basil.*, ed. Heimb., III, p. 531, note *p*, et p. 532, note *a*; Harm. II, 8, 4. D'un autre côté, l'importance modifiée de l'adoption a amené d'autres restrictions. Le code valaque, τμ. δ', κεφ. ι, § 2, ne permet l'adoption qu'à celui qui n'a pas d'enfant. Il existe en Grèce plusieurs coutumes semblables; comp. Sgouta, Παράρτ. τῆς Θέμιδος, III, p. 295. — L'ἀδελφοποιΐα n'a pas été considérée comme conférant un droit de succession en ligne collatérale pas plus que comme créant des empêchements au mariage. Basil. XXXV, 13, 17, ed. Heimb., III, p. 606.

[2] Les termes techniques en grec sont : ἐπίτροπος, ἐπιτροπή, pour *tutor*, *tutela*; κουράτωρ, κουρατορεία, pour *curator*, *cura*. Κηδεμών est une expression générique pour désigner le tuteur. Dans la Πεῖρα XVII, 4, on se sert à cet effet du mot βαΐουλος (évidemment de *baillie*, de même qu'à l'inverse le *baillie* vénitien, à Galata *, est aussi appelé ἐπίτροπος. — Πεῖρα XXV, 8; comp. Ducange, v° Βαΐουλος). — Les exécuteurs testamentaires s'appellent aussi ἐπίτροποι, et c'est à raison de la double signification de ce mot que les jurisconsultes byzantins ont été souvent induits en erreur. Quant à cette ἄλλη ἐπιτροπή, voir plus bas, dans le droit successoral, et comparer en attendant Nov. Leonis 68; Epan. IX, 1 sc.; Πεῖρα XVI, 5, 9, 11, 12. Dans les temps récents, le terme technique en usage est ἐπιτροποκηδεμονία.

* Galata est l'un des faubourgs chrétiens de Constantinople; il devint, après la conquête de cette ville, en 1453, la résidence des marchands italiens que Mahomet II autorisait à s'établir à Constantinople. (*Note du Traducteur.*)

s'exprime dans l'*auctoritas* et dans la mesure de sa responsabilité (*rationibus distrahendis actio*).

La *cura*, au contraire, est une institution qui repose sur un motif d'*intérêt public*. On donne un curateur à des personnes d'ailleurs indépendantes et capables d'agir, mais qui, pour des motifs particuliers, par exemple la *furor* ou l'*interdictio*, sont empêchées de contracter des engagements valables, afin que les tiers puissent contracter sûrement avec elles.

L'idée que l'on dût veiller au bien des mineurs, fous ou prodigues, par des motifs d'intérêt public, était tout à fait étrangère à l'ancien droit romain. Ce soin était considéré comme affaire purement privée, et avec l'isolement de la famille au dehors et sa constitution au dedans, toute immixtion de l'État aurait été regardée comme une atteinte portée à l'indépendance de la famille dans sa sphère légale.

Dans la suite, à mesure que la sévérité de l'esprit de famille disparut et que, d'un côté, l'autorité du tuteur fut employée quelquefois dans son intérêt personnel; que, d'un autre côté, l'obligation d'accepter la tutelle fut considérée comme une charge pénible, il ne pouvait pas manquer de se faire que l'État et la loi commençassent à s'occuper de plus en plus de l'intérêt des mineurs et des incapables, à titre d'obligation publique. De la sorte, la tutelle a revêtu, dans les époques postérieures, un tout autre caractère. Elle est envisagée sous toutes ses formes comme une fonction publique ayant pour objet le bien du mineur.

Dans le droit de Justinien, les nouveaux principes ne se sont toutefois pas fait jour d'une manière complète. La distinction entre *tutela* et *cura* y est maintenue, quoique cette dernière n'ait plus guère qu'une signification historique. L'idée que la tutelle est une charge publique n'y est pas encore tout à fait acceptée, en ce sens, par exemple, que chaque tuteur n'a pas besoin d'être institué par l'autorité, et que son administration n'est pas soumise à un contrôle sérieux de la part de cette dernière.

Sous d'autres rapports aussi, le droit romain postérieur s'est arrêté à moitié chemin. On avait bien admis, afin de restreindre l'ancienne tutelle des agnats, que celle-ci devait prendre fin lorsque le mineur aurait atteint la quatorzième ou la douzième année, suivant son sexe (*pubes*, ἔφηβος, par opposition à *impubes*, ἄνηβος). Mais, comme il y avait un danger réel dans une indépendance trop hâtive, la *lex plætoria* accordait aux *minores XXV annis* (ἀφήλικες, ἀνήλικες, νέοι, ἥττονες; par opposition aux ἐνήλικοι, μείζονες, ἐντελῶν χρόνων) une assistance extraordinaire, et le préteur promit une *in integrum restitutio* (ἀποκατάστασις) pour cause de *minor ætas* (ἀτελὴς ἡλικία). De là l'usage de placer le mineur sous l'autorité d'un curateur, mais en cela on dépassait évidemment les bornes de l'irresponsabilité, que justifie le développement incomplet des facultés physiques ou intellectuelles. On arriva de la sorte à accorder la *venia ætatis* (συγγνώμη ἡλικίας) à des personnes âgées de vingt ou de dix-huit ans. Il est vrai qu'elle resta à l'état d'exception et qu'on ne pouvait l'obtenir que par rescrit impérial.

Enfin, pour ce qui se rapporte à la gestion de la tutelle par les femmes, elle n'était pas possible dans l'ancien droit, parce que celles-ci y étaient elles-mêmes assujetties, et qu'en outre elles n'étaient pas capables d'exercer une *potestas* comme était la tutelle. D'après le droit plus récent, elle ne peut s'exercer davantage, car les femmes ne peuvent remplir aucune fonction publique. On n'a fait d'exception qu'en faveur de la mère et de l'aïeule, peut-être par suite de la manière d'envisager différemment les rapports entre mari et femme, ainsi que les rapports entre ces derniers et leurs enfants. Justinien, en particulier, a donné à la mère et à l'aïeule un droit de préférence pour la tutelle. Une *forma* du préfet du prétoire Hephæstus [1] reçoit l'action intentée par la mère au nom de ses enfants mineurs, relativement à des choses mobilières, jusqu'à concurrence de 50 *solidi*, même quand celle-ci n'est pas tutrice.

§ 25. — Droit de l'Ecloga.

L'Ecloga des empereurs Léon et Constantin, de l'an 740, se distingue en cette matière, tant par le développement qu'elle donne à ces idées qui se trouvent déjà plus ou moins en

[1] Comp., dans les Ἀνέκδοτα, p. 268, de l'auteur, la *Forma Præf. præt.*, IV, § 2.

germe dans le droit de Justinien, que par la relation étroite dans laquelle elle place la tutelle avec l'Eglise et les institutions religieuses.

Avant tout, les dispositions de l'Ecloga [1] sur le régime des biens entre époux et la continuation de la communauté avec les enfants, après le décès de l'un des conjoints, exclut la tutelle aussi longtemps que les deux époux ne sont pas morts; par conséquent, les orphelins proprement dits sont seuls placés sous la tutelle.

Le titre VII de l'Ecloga traite de la tutelle des orphelins. Il n'y est question que d'une κουρατωρεία; il n'existe aucune trace de l'ancienne distinction entre la *tutèle* et la *cura*.

Les ὀρφανοὶ νήπιοι ont pour tuteurs ceux que leurs père et mère leur ont donnés par acte de dernière volonté. Lorsque les parents n'ont fait aucune disposition quant à ce, les tuteurs ne sont pas choisis, comme auparavant, parmi les personnes privées, mais ce sont des institutions religieuses qui sont chargées de la tutelle (à Constantinople, τὸ ὀρφανοτροφεῖον καὶ οἱ λοιποὶ εὐαγεῖς οἶκοι καὶ αἱ ἐγνωσμέναι ἐκκλησίαι, dans les éparchies, les évêques, couvents et églises), et cela tant que le pupille ne s'est pas marié ou n'a pas atteint sa vingtième année [2]. Justinien désigne déjà, dans la loi 32, C. *De episc. et cler.*, l'*orphanotrophus* sous le nom de *pupillorum quasi tutor*.

La tutelle religieuse aurait eu sa raison d'être si elle avait été chargée spécialement du soin de veiller à l'éducation du pupille. Mais dans l'Ecloga il n'en est pas question d'une manière expresse, et il n'y est fait mention que de l'administration des biens par les autorités investies de la tutelle. Toutefois l'idée de transférer la tutelle à une autorité particulière, et notamment à une autorité religieuse, est remarquable, ainsi que celle de la faire cesser, non plus à partir de la *pubertas*, ou, suivant les cas, de la *major ætas*, mais bien du moment où l'indépendance existe en fait, ou bien encore de l'âge où déjà, dans le droit antérieur, on pouvait obtenir une *venia ætatis* spéciale.

[1] Comp. Ecl. II, 5-7, et *suprà*, § 11.

[2] Il n'est pas certain si, à cet âge, la tutelle testamentaire prend également fin, ou si pour celle-ci l'ancien droit est maintenu. Toujours est-il que l'âge de vingt-cinq ans est signalé dans l'Ecloga comme produisant certains effets. Comp. Ecl. III, 1; XV, 2, 3.

§ 26. — Droit subséquent.

Le c. 3, *Syn. chalced.*, avait exceptionnellement reconnu aux ecclésiastiques et aux moines le droit d'accepter la tutelle, lorsqu'ils y étaient appelés par la loi et qu'ils n'avaient pas d'*excusatio* légale. Mais en considération des c. 6 et 81 ss., *Apostolorum*, qui défendaient en général aux ecclésiastiques d'entreprendre des affaires temporelles, Justinien avait accordé une *excusatio* de ce genre aux prêtres et aux moines[1]. Ceux-ci paraissent avoir tenu à la conservation de ce privilège, comme conséquence de leur opposition unanime aux innovations des iconoclastes, et par là avoir ôté toute application pratique aux dispositions de l'Ecloga touchant la tutelle religieuse. Du moins l'*Ecloga privata aucta*[2] introduit déjà, en cette matière, d'autres prescriptions qui se rapprochent de nouveau du droit de Justinien, avec cette différence toutefois, qu'à Constantinople l'*orphanotrophus* désigne le tuteur d'accord avec le *scriba*, et, dans les provinces, l'évêque avec le *defensor*. Dans tous les cas, sous la dynastie macédonienne, le retour à l'ancien droit est complet; les *Basiliques*[3] reproduisent en son entier le droit pur de Justinien.

Léon, dans la novelle 28, a néanmoins voulu introduire un changement essentiel. Partant de cette observation, qu'en fait la tutelle est toujours terminée par l'obtention de la *venia ætatis*, et désirant simplifier les formalités usitées, il déclare qu'en principe les hommes sont majeurs à vingt ans, les femmes à dix-huit, et que les fous (λόγου ἐνδεεῖς) doivent seuls rester soumis plus longtemps à la tutelle — à savoir, tant que dure cet état; que les personnes particulièrement capables (δυνατοὶ πράγμασιν ἐπιστατεῖν) peuvent être déclarées majeures avant ce délai, et que, dans ces trois cas, les personnes intéressées doivent être investies de l'administration de leurs biens, non plus par rescrit de l'empereur, mais par sentence du juge.

Cette novelle de Léon, bien qu'elle ait été désignée par les

[1] Comp. l. 53, C. *De episc. et clericis*, nov. 123, c. 5.

[2] Comp. l'Ecloga (édition de l'auteur), p. 6.

[3] Basil., lib. XXXVII, XXXVIII. Voir cependant Coll. III, nov. 7, c. 3; Πεῖρα XVI, 6.

jurisconsultes postérieurs comme ἄπρακτος νεαρὰ, c'est-à-dire inexécutée dans la pratique, et qu'elle n'ait pas été insérée dans l'*Ecloga novellarum Leonis*, a cependant exercé une certaine influence, en ce sens que la *venia ætatis* semble avoir été accordée très-souvent et, à partir de ce moment, toujours par le juge [1].

Dans le droit postérieur, l'idée de la tutelle considérée comme fonction publique s'est de plus en plus généralisée, et la distinction faite par Justinien entre la *tutela* et la *cura*, qui avait d'abord survécu, fut complétement reléguée à l'arrière-plan. Peut-être que ce résultat fut amené par les titres y relatifs du *Prochiron* [2] et de l'*Epanagoge* [3], qui, bien qu'exclusivement composés de passages extraits des sources du droit de Justinien, n'en montrent pas moins, dans leur ensemble, le droit de la tutelle sous une nouvelle forme. En effet, dans les livres de droit postérieurs, elle figure comme une fonction qui est toujours donnée à une personne désignée par l'autorité. La *tutela legitima* proprement dite disparait tout à fait. Les parents du mineur, par exemple la mère, sont, il est vrai, appelés de préférence, mais ils ne sont pas tuteurs de droit et ne le deviennent que par la vocation de l'autorité [4]; même les tuteurs testamentaires doivent être proclamés par celle-ci [5].

Remarquons, en terminant, que, comme la tutelle finissait ordinairement par la *venia ætatis*, par suite la *in integrum restitutio* des mineurs fut restreinte dans quelque mesure par la loi et l'usage, notamment par une novelle de l'empereur Alexis Comnène Ier [6], suivant laquelle « κατὰ σωματικοῦ ἔργου οὐ δίδοται τοῖς νέοις ἀποκατάστασις, » ensuite par une autre novelle du même empereur [7], aux termes de laquelle une *in integrum restitutio* ne peut être accordée lorsque la lésion est inférieure à un dixième;

[1] Harm., I, 13, sc., *in fine*, édit. Heimb., p. 155 : Συγγνώμην ἡλικίας αἰτήσαντος μετὰ ἀποφάσεως κριτοῦ.

[2] Tit. XXXVII.

[3] Tit. XXXVIII.

[4] Mich. Attal., tit. XXV (dans Leuncl., tit. XXXVI); Harm. V, 13, 3, et sc. ad V, 8, 56, ed. Heimb., p. 613; Basil., ed. Heimb., III, p. 648, sc. 2.

[5] Πεῖρα, XVI, 23 : Κηδέμονα ἀναδειχθῆναι οὐ χειροτονηθῆναι.

[6] Coll. IV, 19. Comp. en outre Πεῖρα XVII, 10, 24; LXVIII, 7.

[7] Coll. IV, nov. 44.

enfin par l'abréviation du délai au delà duquel la restitution n'est plus possible[1].

§ 27. — Dernier état de la législation.

De toutes les parties du droit de famille byzantin, la tutelle est celle qui eut le plus à souffrir de la conquête des Turcs, parce que, dans sa forme la plus récente, elle supposait l'active immixtion de l'Etat, et que les autorités turques ne voulurent pas se charger du poids de cette intervention[2], ni les Grecs s'y soumettre. On aurait pu s'attendre à ce que, dans ces circonstances, le clergé grec eût cherché à faire entrer la tutelle dans son cercle d'action, mais cela n'arriva qu'accidentellement, et il semble, au contraire, que les parents ont géré la tutelle, en général, sans immixtion d'aucune autorité, quelquefois avec le concours d'un conseil de famille, et que, là où le besoin s'en faisait sentir, les chefs de la municipalité ont nommé le tuteur[3].

Quant à la nouvelle organisation de la tutelle dans les pays de droit grec, il faut faire observer avant tout que le code

[1] Comp. Harm. I, 19, sc. *in fine*, ed. Heimb., p. 156.

[2] Voir cependant Maurer, *Das Griech. Volk.*, I, p. 118, 310.

[3] Manuel Malaxus ne parle qu'en peu de mots de la tutelle (c. 239) : Ἐπίτροπος εἶναι ὁ διδόμενος τῶν ἀνήβων παιδίων τουτέστι ὁποῦ δὲν εἶναι νόμου ἡλικίας· ὁ ὁποῖος διοικεῖ τὰ πράγματα αὐτῶν καὶ τὰ φυλάττει καλῶς ἕως οὗ νὰ γένουν νόμου ἡλικίας. — Ἐὰν ἀποθάνῃ τις καὶ ἀφήσῃ παιδία ἀνήλικα καὶ ἐπίτροπον δὲν ἀφήσει, δίδεται πρὸς αὐτοὺς ἐπίτροπος παρὰ τοῦ αὐθέντος. — Ἐὰν ἀποθάνῃ γυναῖκα, ἔχει ἐξουσίαν, καὶ ζῶντος τοῦ ἀνδρὸς αὐτῆς, νὰ ἀφήσῃ ἐπίτροπον τῶν παιδίων της. — Ἐὰν κλέψωσιν οἱ ἐπίτροποι πράγματα τῶν ἀνήβων παιδίων, διπλὰ τὰ πληρώνουν. — Οἱ ἐπίσκοποι καὶ ἱερεῖς καὶ μοναχοὶ γίνονται ἐπίτροποι ἀνήβων παιδίων. — Ἄνηβοι δὲ λέγονται ἕως τοὺς ιδʹ χρόνους τὰ ἀρσενικά, τὰ δὲ θηλυκὰ ἕως τοὺς ιβʹ, καὶ ἕως τότε κυβερνῶνται ὑπὸ ἐπιτρόπων, ἀφήλικες δὲ ἀπὸ τοὺς ιδʹ ἕως τοὺς κεʹ. » Il n'est pas question d'une κουρατωρεία de ces derniers. La traduction néo-grecque d'Harménopule, qui est due peut-être à Théodose Zygomalas vers 1570, et qui fut imprimée à Venise en 1744, dit dans une scolie, V, 11 (12), 18 : « Ἀνίσως καὶ ἀπέθανε τίνας χωρὶς διαθήκης, καὶ ἄφησεν ἕνα ἢ δύω παιδία ἀνήλικα ἤτοι μικρότερα ἀπὸ τοὺς ἰδίους χρόνους, τὰ τοιαῦτα παιδία χρειάζονται ἐπίτροπον, καὶ γυρεύει ὁ Αὐθέντης τοῦ τόπου ἢ ὁ Κριτὴς νὰ δώσῃ Ἐπίτροπον. » Comp. aussi Maurer, *Das Griech. Volk.*, I, p. 61, 95, 170.

moldave a réformé toute cette partie, en établissant des collèges spéciaux de pupilles, selon l'exemple de certaines législations de l'occident[1].

Le code valaque[2] s'occupe de la tutelle des enfants orphelins, comme d'une dépendance du titre des avocats et mandataires : il désigne les tuteurs sous le titre de représentants du père et directeurs de l'éducation et de l'administration des biens du mineur. Il laisse subsister la tutelle, sans distinguer entre la *tutela* et la *cura*, jusqu'à la vingt-cinquième année accomplie, à moins que le mineur, après la vingtième année, n'ait obtenu la *venia ætatis* du prince. La tutelle d'une jeune fille cesse, du reste, au moment de son mariage. On paraît avoir considéré comme nécessaire l'installation administrative du tuteur testamentaire et du tuteur légal[3]. Enfin le code valaque exprime la pensée, à lui propre, et conforme au principe suivant lequel le soin à prendre des mineurs constitue une charge publique, que, à défaut des parents, les chefs de la municipalité exercent la tutelle[4].

En ce qui concerne enfin la législation du royaume de Grèce, il est divers ἔθιμα qui y ont cours : leur origine remonte en partie à l'état de choses existant sous la domination turque, en partie à l'immigration de familles venues de l'occident, notamment dans les îles grecques. Ils se distinguent particulièrement en ce que çà et là on voit qu'un conseil de famille concourt à la gestion de la tutelle, que la mère est limitée dans l'administration dont elle est chargée, enfin qu'il n'y est fait aucune distinction entre la *tutela* et la *cura*. Si, en outre, les coutumes ont abaissé la limite d'âge au-dessous de vingt-cinq ans (jusqu'à quatorze, quinze, dix-sept ou dix-huit ans), cette différence est tombée en désuétude depuis qu'une loi du 15 octobre 1836 l'a fixée d'une manière générale à vingt et un ans[5].

[1] « Νεωτάτῳ τινὶ χρησάμενοι Εὐρωπαϊκῷ Κώδικι, μεθοδικωτάτῳ τε καὶ ἀρίστῳ ἡμῖν εἶναι δόξαντι. » La tutelle se prolonge de droit jusqu'à la vingt-cinquième année dans le code moldave.

[2] Τμ. α', κεφ. γ', § 1, 4 ; τμ. γ', κεφ. κα'.

[3] Νόμιμος est le nom sous lequel on désigne le tuteur qui διορίζεται ἢ ἀπὸ τὸν νομὸν ἢ ἀπὸ τὴν Αὐθεντείαν ἢ ἀπὸ κριτήριον.

[4] « Ἂν συγγενεῖς δὲν εἶναι, γίνεται ἐπίτροπος ὁ Βόρνικος τῶν κοινοτήτων. »

[5] Comp., sur les ἔθιμα, Maurer, *Das Griech. Volk.*, I, p. 118, 254 et suiv.; Sgouta, Παράρτ. τῆς Θέμιδος (Εὑρετήριον), II, p. 205 et suiv.

Là où il n'existe pas d'ἔθιμα, il faut suivre le Manuel d'Harménopule. Mais Harménopule doit être regardé par les Grecs — d'après ce qui a été dit plus haut — comme un droit étranger, imposé par la conquête, et il est facile de comprendre qu'une réforme soit vivement désirée.

A l'heure présente, une commission est occupée des études préparatoires d'une réforme de la législation sur la tutelle. Elle reconnaîtra sans doute, d'après l'histoire de cette matière, que la tutelle n'est pas une charge publique, mais une affaire de famille qui, pour ce motif doit être traitée dans l'intérieur de la famille. Là où les parents capables font défaut, il est évident qu'il doit y être pourvu par les autorités; mais si, en pareil cas, la tutelle paraît avoir le caractère d'une charge publique, il sera logique de la confier à des fonctionnaires, par exemple aux chefs de la municipalité, pour l'administration des biens; à l'évêque, pour l'éducation. Par là, la commission pourra éviter la faute de certaines législations modernes qui, en méconnaissant la différence intime qui existe entre une tutelle administrative et une tutelle domestique, ont soumis l'une et l'autre aux mêmes règles. Elle évitera avec d'autant plus de soin d'appliquer à la tutelle de la famille le formalisme étroit des administrations publiques et les règles sévères de dépendance et de responsabilité, auxquelles les fonctionnaires publics sont astreints, que l'état actuel de la tutelle en Grèce ne fournit, à cet égard, aucune occasion ni aucun prétexte.

HISTOIRE
DU DROIT PRIVÉ GRÉCO-ROMAIN.

LIVRE II.

DROIT SUCCESSORAL.

TITRE Ier. — DÉLATION DES SUCCESSIONS EN VERTU DE LA LOI.

§ 28. — Introduction.

C'est une nécessité juridique qu'il existe un mode de succession universelle[1] aux biens d'un défunt, parce qu'il est indispensable que les rapports pécuniaires de celui-ci avec des tiers puissent se régler après sa mort. L'idée communiste suivant laquelle l'État est constitué comme héritier universel, s'accorde très-bien avec ce principe; aussi l'ordre des successions, tel qu'il est établi par les législations positives, se fonde, en outre, sur d'autres raisons plus ou moins particulières. C'est sur une base de ce genre que se fondait le droit de succession *ab intestat* dans l'ancienne Rome; et, au moment où celle-ci disparaît, on voit naître la théorie des successions fiscales qui, dans le droit byzantin postérieur, trouva, au moins en partie, une nouvelle extension, un certain développement, quoique avec certaines modifications.

Le droit de la famille constituait la base du droit romain primitif en cette matière. Le chef de famille seul pouvait être

[1] L'expression grecque usitée pour désigner la succession universelle en général, est καθ' ὁμάδα ou εἰς ὁλόκληρον διαδοχή, pour la succession à cause de mort κληρονομία. Pour le sens de *successio*, voir sc. Harm., V, 8, 55. Au surplus, il n'est question dans ce livre que de la succession aux biens d'un homme libre. Nous traiterons de la succession des esclaves et des affranchis, quand nous parlerons du droit des esclaves.

possesseur juridique d'un patrimoine, mais ceux des membres de la famille qui étaient placés sous sa puissance étaient, dans une certaine mesure, considérés avec lui et en lui, comme des co-ayants droit. C'est en vertu de ce principe que ces derniers, en tant qu'ils devenaient eux-mêmes *patresfamilias*, étaient investis directement (*ipso jure*) de leurs parts et portions, lors de la mort du chef de famille.

Lorsque le *paterfamilias* décédait, sans qu'au moment de sa mort il y eût quelqu'un sous sa puissance, on maintenait aussi le principe d'un patrimoine commun, — peut-être en considération des *sacra privata*, — et on l'appliquait à un cercle plus large de la famille, celui des agnats (*cui suus heres nec escit, agnatus proximus familiam habeto*). En dernier lieu, venaient les rejetons de la même souche (*gentiles*).

Tout bien, quel qu'on fût le détenteur viager, quelque illimité que fût le droit de ce détenteur, était considéré néanmoins, dans un sens plus large, comme bien de la famille ou comme bien de la *gens*. Aussi n'était-il jamais question d'hériter au sens propre, mais seulement de *habere familiam*.

Mais, lorsque Rome fut devenue plus puissante et que ses rapports avec l'étranger furent plus fréquents, non-seulement le lien étroit des *gentes* romaines, mais encore celui des vieilles familles se relâcha, l'idée primitive se perdit et l'acquisition du patrimoine possédé jusque-là par un autre actuellement défunt, fut considéré comme une véritable succession à un patrimoine étranger. En même temps le préteur fit admettre la nouvelle notion, la famille considérée comme une union reposant non-seulement sur la *patria potestas*, mais bien plutôt sur la descendance naturelle, en intercalant les *liberi* parmi les héritiers *siens*, dans le cercle le plus étroit de la famille, et en ouvrant le cercle plus large des agnats, aux cognats d'abord (jusqu'au degré auquel ils étaient considérés comme parents dans le droit civil), et enfin, en dernier lieu, au conjoint (dans ce qu'on appelle le mariage libre).

Enfin, dans le droit de Justinien disparaît la dernière trace de cette idée que la succession est dévolue à la famille, dans l'ordre de ses ramifications plus proches ou plus éloignées. A la place de cette idée, Justinien a établi le principe que la parenté, calculée d'après la proximité du degré, est le titre qui donne droit à la succession *ab intestat*. Ce n'est qu'en faveur des enfants, parents, frères et sœurs et enfants de frères et sœurs qu'il a introduit différentes exceptions importantes, soit comme se rattachant au droit ancien, soit comme dictées par l'équité, et, en outre, à défaut de parents, il a laissé subsister la délation prétorienne de l'hérédité au conjoint survivant, et enfin, en dernier lieu, la succession du fisc dans les *bona vacantia*. On a résumé les dispositions des novelles 118 et 127 dans les vers suivants :

Descendens omnis succedit in ordine primo ;
Ascendens propior, germanus, filius ejus[1] ;
Tunc latere ex uno frater, quoque filius ejus :
Hi cuncti in stirpes succedant, in capita autem
Juncti ascendentes, fratrum proles quoque sola[2].
Denique proximior reliquorum quisque superstes.

§ 20. — Droit de l'Ecloga.

On ne voit pas bien comment le fait seul de la parenté, — surtout dans le degré le plus éloigné, et non pas seulement en deçà des limites dans lesquelles on reconnaît un droit réciproque aux aliments, — peut fournir une base solide pour établir un ordre de succession *ab intestat*. On aurait donc pu s'attendre à voir le développement ultérieur du droit, conduire à une réforme fondée sur un autre principe, soit en revenant à l'idée de la copropriété de famille, soit en se rapprochant de cette

[1] Les enfants issus de germains succèdent-ils aussi dans la seconde classe, quand ils ne concourent qu'avec des ascendants? *Athanas*, IX, 10 et *Anonymi Epit. Nov.* C., 351, décident la question dans le sens de la négative. Par contre, les *Fragm. incerta Nov.* 127 répondent affirmativement (comp. ἀνεκδ. de l'auteur, p. 209, 210). Comp. aussi *Epanag.* XXXIII, sc. d.

[2] Sur la manière de partager, suivant l'opinion des jurisconsultes byzantins, quand il n'y a que des ἀδελφόπαιδες, comp. *Epanag.*, XXXIII, sc. 1 ; *Epit. ad Proch. mut.*, XXX, sc 28.... Συνέβη με τελευτῆσαι ἀδιάθετον, καταλιπόντα ἀδελφοῦ προτελευτήσαντος καὶ ἀδελφῆς προτελευτησάσης παῖδας· ἀλλὰ τοῦ μὲν ἀδελφοῦ ἦσαν γ' ἢ δ', τῆς δὲ ἀδελφῆς α' ἢ καὶ β'· οὐ δεῖ οὖν λέγειν, ὅτι εἰ ἀπὸ τῆς ἀδελφῆς τὸ ἥμισυ, καὶ εἰ ἀπὸ τοῦ ἀδελφοῦ τὸ ἥμισυ· ἀλλ' ἐν κάππα γίνεται ἡ διαίρεσις, καὶ εἰ μὲν ἀπὸ τοῦ ἀδελφοῦ ὄντες δ' τέσσαρας μοίρας λαμβάνουσιν, εἰ δὲ ἀπὸ τῆς ἀδελφῆς ὄντες β' δύο ἕξουσι μέρη. — Πεῖρα XLVIII, 3, 10 ; *Harm.*, V. 8, 13, 10.

autre idée que l'État doit intervenir, en prenant possession des biens du défunt, pour régler les rapports pécuniaires de ce dernier et pourvoir aux besoins de ceux qu'il laisse après lui.

On rencontre dans la novelle des empereurs Justin et Tibère de l'an 574[1], la trace d'une tendance du droit à se développer dans ce dernier sens. Des agents de l'État avaient commencé, dès qu'une personne était décédée, à mettre sa succesion sous scellés, en d'autres termes, à traiter la distribution de toute succession universelle par suite de décès, comme un fait intéressant l'ordre public[2]. Mais les empereurs repoussèrent ces errements, et statuèrent que la succession devait être purement et simplement abandonnée aux héritiers.

Les empereurs Léon et Constantin qui, dans l'Ecloga, avaient resserré l'union des époux entre eux et avec leurs enfants, auraient pu sans difficulté revenir, en suivant la première voie, à une base plus solide du droit de succession *ab intestat*. Mais l'Ecloga n'a fait que quelques pas dans cette voie. En général, elle flotte indécise entre les deux tendances que nous avons signalées plus haut.

D'après l'Ecloga[3], on distingue sept classes dans la succession *ab intestat*.

Dans la *première*, succèdent les descendants, comme dans le droit de Justinien. Nous avons déjà expliqué, au paragraphe 11, comment se modifie la succession des enfants, lorsque le père meurt à la survivance de la mère, et réciproquement : l'Ecloga semble considérer comme une chose tout à fait naturelle que les enfants à l'établissement desquels il a été pourvu, en particulier la fille mariée et dotée, restent exclus de la succession[4].

Dans les classes subséquentes, l'Ecloga s'est encore écartée davantage du droit de Justinien.

Dans la *deuxième* classe, elle appelle le père et la mère du

[1] Coll. I, nov. 8.

[2] Peut-être afin de sauvegarder le droit du fisc sur les *Bona vacantia*. — Au surplus, des entreprises semblables des fonctionnaires avaient déjà été souvent blâmées par Justinien et même dans les temps subséquents. Comp. Coll. IV, nov. 49, 63; Coll. V, nov. 3, 27.

[3] Ecl. VI, 1-6.

[4] Voir sur ce point § 49.

défunt, à l'exclusion des frères et sœurs. Elle insiste particulièrement sur ce point : il est vrai que cette modification du droit de Justinien était déjà dictée par la législation innovatrice relative aux droits des époux quant aux biens (§ 11) ; mais l'Ecloga qui, en général, montre une plus grande pénétration et des vues plus nettes lorsqu'il s'agit de veiller à l'intérêt de la famille, devait considérer comme inadmissible le système du droit de Justinien, d'après lequel les enfants sont appelés concurremment avec les père et mère.

Dans la *troisième* classe, l'Ecloga place les autres ascendants, suivant la proximité du degré, et les frères et sœurs germains.

Dans la *quatrième* se trouvent les frères et sœurs consanguins ou utérins. Il n'est dit nulle part que les enfants des frères et sœurs peuvent se mettre au lieu et place de leur auteur prédécédé, et succéder dans ces deux classes[1].

Dans la *cinquième* classe, on appelle tous les autres parents, suivant la proximité du degré.

Dans la *sixième*, à défaut d'autres parents, la femme succède au mari, mais seulement pour moitié ; l'autre moitié est attribuée au fisc. Chose digne de remarque, l'Ecloga ne dit pas que le mari succède à sa femme dans la même mesure[2].

[1] L'*Ecloga privata aucta*, qui naturellement se rapproche de nouveau davantage du droit de Justinien, admet à la représentation les enfants des frères et sœurs. Tit. VII, c. 3.

[2] Par contre l'*Ecloga privata aucta*, VII, 1, l'enseigne : Εἰ δὲ οὐδεὶς τῶν τοιούτων συγγενῶν περίεστι τῷ τελευτήσαντι, τοτὲ ὁ ἀνὴρ τὴν γυναῖκα καὶ ἡ γυνὴ τὸν ἄνδρα ἐν τελευταίᾳ διαδοχῇ ἐξ ἀδιαθέτου κατὰ τὸ ἥμισυ ἀλλήλους κληρονομείτωσαν, κτλ. Du même l'*Ecloga ad Prochiron mutata*, VIII, 7, dit : Ὁμοίως καὶ ὁ ἀνὴρ ἀπὸ τῆς περιουσίας τῆς γυναικὸς κατὰ τὸ ἥμισυ κληρονομείτω. — L'*Ecloga privata aucta*, I, 15, contient, en outre, les dispositions particulières que voici : Εἰ δὲ τοῦ ἀνδρογύνου περιόντος παίδων ὑπαρχόντων προτελευτήσωσιν οἱ ἐγκάτεροι (ἐγγύτεροι? ἑκατέρου?) καὶ μένοντος τοῦ ἀνδρογύνου δεήσει ἕνα τῶν συζύγων λύσεως ἄνευ προτελευτῆσαι συγγενῶν ὑπόντων, εἰς δεύτερον συνοικέσιον τούτου μὴ ἐρχομένου, τὸ ἥμισυ μέρος τῆς τοῦ προτελευτήσαντος ὑποστάσεως ἐπανέρχεσθαι εἰς τὸν συμμένοντα, καὶ τὸ ἕτερον ἥμισυ μέρος εἰς τοὺς πλησιάζοντας συγγενεῖς· ἐὰν δὲ οὐχ ὕπεισιν αὐτῷ συγγενεῖς, τὸ αὐτῶν ἥμισυ μέρος εἰς τὸν δημόσιον ἐπανατρέχειν λόγον· εἰ δὲ ἐνδιαθήκως τελευτήσει, τὴν γενομένην παρ' αὐτοῦ διαθήκην φυλάττεσθαι ἀπαράτρωτον· εἰ δὲ μὴ φυλάξῃ τὸν πρῶτον γάμον, ἀλλ' εἰς ἕτερον περιέλθῃ συνοικέσιον, πρὸς τῇ προικὶ αὐτῆς καὶ ἐξ ἀπαιδίας ὀνόματι κάσσου τέταρτον μέρος ἐκ τῆς ἀνδρῴας ὑποστάσεως λαμβάνειν.

Enfin, en *septième* lieu, lorsque le défunt n'a ni parents, ni conjoint survivants, la succession est dévolue au fisc.

D'une part (dans les quatre premières classes) l'Ecloga aboutit par conséquent, dans une certaine mesure, à une démarcation plus profonde de la famille ; mais, d'autre part, elle laisse arriver le fisc dans la sixième classe, quoique ce fût précisément le cas où il y eût le moins lieu de modifier le droit de Justinien, en raison des rapports de communauté qu'elle avait établis entre les époux.

La succession *ab intestat* de l'Ecloga est encore indiquée comme formant le droit usuel dans une novelle de l'an 776-780[1] ; mais elle cessa d'être en vigueur vers la fin du neuvième siècle, lors de la restauration du droit de Justinien.

§ 30. — Droit postérieur.

Le Prochiron[2], l'Epanagoge[3] et les Basiliques[4] ont de nouveau sanctionné le droit pur de Justinien.

Plus tard on ne modifia la succession *ab intestat* que dans des points de peu d'importance[5].

L'empereur Léon le Sage statua[6] que la succession d'une personne morte en captivité, sans testament, était dévolue en premier lieu à ses descendants et ascendants, et, à leur défaut, au fisc. Les collatéraux, en ce cas, paraissent avoir été totalement exclus de la succession.

[1] Coll. I, nov. 26. Comp. l'édition de l'auteur, p. 51, note 18.

[2] *Proch.*, XXX, 2-10, 19.

[3] *Epanag.*, XXXIII. Ce sont surtout les scolies de ce titre qui sont remarquables ; dans ce qui précède, nous y avons déjà souvent recouru.

[4] *Basil.*, lib. XLV. Ce livre réunit les livres XXXVIII, 6-17, D ; — VI, 18, 55-62, C ; — nov., 118 (avec interpolations tirées de la novelle 127) ; — et des extraits des novelles 21, 30, 117, 161. On y a laissé de côté tout ce qui est tombé en désuétude.

[5] Si, dans Πεῖρα LIV, 6, il y a un autre ordre de succession, on y donne ce motif que le défunt était un ἐθνικός (c'est-à-dire βαρβαρικοῦ γένους) : on semble donc avoir pris son statut *personnel* pour norme. — Que, dans le Μικρὸν K, 20, les frères et sœurs et leurs enfants passent avant les ascendants, c'est là une inadvertance de l'auteur qui suit pas à pas pour le surplus *Michel Attalensis*.

[6] Coll. II, nov. 40.

Jean Comnène le Grand[1] déclare qu'il existe une vieille coutume (remontant sans doute à l'Ecloga[2]) suivant laquelle des filles mariées et dotées ne succèdent pas à leur père décédé intestat, conjointement avec leurs frères et sœurs[3].

Plus importante encore est la modification suivante, contenue presque textuellement[4] dans cette proposition que les parents[5], qui n'appartiennent pas au cercle le plus étroit de la famille, n'ont, à vrai dire, aucun droit fondé à la succession du défunt. Malgré cela, il est étonnant de voir qu'au lieu de songer à faire appréhender cette succession par l'État, on l'avait remise à l'Église, afin que, de cette manière, les biens fussent employés au salut de l'âme du défunt. Ce changement est lié à l'usage de solennités religieuses (μνημόσυνα)[6], telles que la distribution

[1] Coll. IV, nov. 50, Comp., § 40.

[2] Comp., note 4, p. 4.

[3] Il convient de mentionner aussi une novelle d'Alexis Comnène (Coll. IV, nov. 20, c. 2), d'après laquelle celui qui dénonce une succession vacante, en obtient le dixième à titre de récompense; mais il faut, dans ce cas, que la succession soit inventoriée et mise à la disposition de l'empereur.

[4] Comp., Coll. II, nov. 40; Coll. III, nov. 12. Avec cela concorde la proposition suivant laquelle on semble n'avoir réservé un droit successoral aux parents collatéraux que jusqu'au sixième degré. — Coll. III, nov. 8, c. 2; nov. 13, c. 4.

[5] L'auteur désigne ces personnes sous le nom de « *Lachende Erben*, » locution familière pour laquelle il n'existe pas de terme correspondant en français, et sous laquelle on comprend ceux qui, à raison de l'éloignement du degré de parenté et du faible espoir qu'ils avaient de succéder à leur parent, recueillent inopinément et *gaiement* son hérédité.

(*Note du traducteur.*)

[6] Comp. Ducange, v[is] Τρίτα, Ἔννατα, Τεσσαρακοστά. Mittermaier, *Krit. Zeitschr. f. R. W. des Auslandes*, XII, p. 430. — Πεῖρα, XLI, 10; LXVII, 1. — Pour plus de clarté de ce qui précède, nous citerons encore quelques passages du *Nomokanon* de Manuel Malaxus : Κεφ. ρπή. Περὶ διατὶ μετὰ τὸν θάνατον τοῦ ἀνθρώπου κάμνουν μνημόσυνα εἰς τὰς γ' καὶ θ' καὶ μ'. Νικηφόρου τοῦ Ξανθοπούλου. Ὅταν ἀποθάνῃ ὁ ἄνθρωπος καὶ ταφῇ εἰς τὴν μητέρα τοῦ γῆν ἐξ ἧς ἐπλάσθη, τῇ τρίτῃ ἡμέρᾳ ἀρχίζει ἡ ὄψις του νὰ διαλύεται καὶ νὰ γίνεται ἀραχνιασμένη καὶ ἀκαλλώπιστος· διὰ τοῦτο ποιοῦμεν τῇ τρίτῃ ἡμέρᾳ λειτουργίαν δι' αὐτοῦ· τῇ δὲ ἐννάτῃ ἡμέρᾳ ἀρχίζει νὰ χωρίζεται ἡ πλάσις τοῦ σώματος· μόνον ἡ καρδία μένει σῶα· διὰ τοῦτο καὶ ἐν τῇ ἐννάτῃ ἡμέρᾳ γίνεται λειτουργία. εἰς δὲ τὰς τεσσαράκοντα ἡμέρας καὶ αὐτὴ ἡ καρδία λύεται· διὰ τοῦτο γίνεται καὶ αὐτῇ τῇ ἡμέρᾳ λειτουργία. Καὶ ἡ γέννησις τοῦ ἀνθρώπου οὕτως γίνεται· ἐν τῇ

d'aumônes et les fondations pour le salut de l'âme des personnes défuntes. Depuis longtemps déjà on considérait comme une obligation morale et religieuse de l'héritier l'usage de célébrer la mémoire du défunt par les prières de l'Église et d'autres cérémonies de ce genre. Cette obligation ou charge de l'héritier fut transformée par la loi en un droit de succession attribué aux églises et couvents pour un tiers des biens, destiné soit à couvrir les frais du service funèbre ou de la distribution d'aumônes, soit même à enrichir purement et simplement l'établissement religieux.

La première trace d'une semblable disposition se trouve dans une Novelle de l'empereur Léon le Sage[1] : lorsque le fisc succède à un individu mort en captivité, le tiers de sa succession est mis à part, εἰς τὴν ὑπὲρ ψυχῆς διανομήν. Mais déjà Constantin Porphyrogénète statue d'une manière générale[2] que, dans le cas où quelqu'un meurt sans testament et sans enfants, le tiers de sa succession doit revenir τῷ Θεῷ ὑπὲρ τῆς τοῦ τελευτῶντος ψυχῆς,

κοιλίᾳ τῆς μητρὸς αὐτοῦ τῇ τρίτῃ ἡμέρᾳ ζωγραφεῖται ἡ καρδία, εἰς δὲ τὰς ἐννέα πήγνυται ἡ σάρξ, καὶ εἰς τὰς τεσσαράκοντα διατυποῦται τὸ βρέφος εἰς τελείαν ὄψιν. — Κεφ. ρ΄. Περὶ ποίας ἡμέρας τοῦ χρόνου δὲν γίνονται μνημόσυνα. Νικηφόρου Κωνσταντινουπόλεως. Ἠξεύρε περὶ τῶν μνημοσύνων ποτὲ ἀργοῦσι καὶ δὲν γίνονται· τὸ δωδεκαήμερον, τὴν πρώτην ἑβδομάδα τῆς ἁγίας καὶ μεγάλης τεσσαρακοστῆς, τὴν μεγάλην ἑβδομάδα τῆς διακαινησίμου, τὰς κυριακάς, καὶ τὰς δεσποτικὰς ἑορτὰς μνημόσυνα δὲν γίνονται, ἤτοι κόλυβα καὶ τρισάγια, τὰ ὁποῖα γίνονται παῤῥησίᾳ διὰ τοὺς ἀποθαμένους· τὸν δὲ ἐπίλοιπον χρόνον μνημονεύονται οἱ χριστιανοί· τὸ δὲ νὰ μνημονεύωνται μυστικῶς οἱ κεκοιμημένοι, οὐδὲ τὴν λαμπρὰν δὲν ἐμποδίζει ὁ κανών. — Τοῦ αὐτοῦ Νικηφόρου κανὼν ι. Δεῖ δὲ ἀπὸ τοῦ ἀντιπάσχα ἐπιτελεῖν τὰ τεσσαρακοστὰ τῶν κεκοιμημένων, καὶ ἕως τριῶν ἀνθρώπων ὁμοῦ τελεῖν τὰ τεσσαρακοστά, καὶ μίαν προσκομίζειν προσφοράν, καὶ οὐκ ἔστιν ἁμαρτία.

[1] Coll. II, nov. 40. — Voir cependant Coll. I, nov. 26, c. 1, 2, où l'on trouve déjà une attribution d'une quote part de l'hérédité aux pauvres.

[2] Coll. III, nov. 12. Le contenu de cette novelle est indiqué par *Michel Psellus* (dans le supplément que Witte a publié dans Heimbach's Ἀνέκδοτα, II. p. 264) et par *Balsamon ad* c. 81 *syn. Carth.* (Éd. Rhalli et Potli, III, p. 507). Dans Coll. III, nov. 13. c. 5, on ne laisse échoir un tiers ὑπὲρ λύτρου τῶν ἁμαρτιῶν aux ἐν χριστῷ ἀδελφοῖς, que lorsque le fisc succède en l'absence de tous autres héritiers. Comp. l'édition de l'auteur, p. 280, note 1.

et les deux autres tiers seulement aux parents ou, à leur défaut, au fisc.

C'est ainsi que la Πεῖρα[1] admet aussi cet abandon du tiers εἰς ψυχικόν, lorsque des parents collatéraux viennent à l'hérédité, quoiqu'elle invoque la coutume et non pas la Novelle précitée. C'est aussi de la Πεῖρα qu'Harménopule l'a tiré[2].

Cette succession des églises et des couvents pour cause de μνημόσυνα est de nouveau mentionnée dans la décision (également célèbre sous d'autres rapports) d'un synode tenu en 1305, sous le patriarche Athanase, décision qui fut érigée en loi dans le courant de l'année suivante par l'empereur Andronic Paléologue[3]. Cette décision est ainsi conçue (c. 1er) :

« Dans le cas où un mari ou une femme meurt sans enfants, le survivant ne doit pas être dépouillé de toute la succession, pour la prestation d'ἀβιωτίκιον[4], soit par les agents du fisc, soit par les églises ou couvents dont le défunt était paroissien[5]; mais le tiers de la succession doit être donné τῇ δεσποτείᾳ, c'est-à-dire au seigneur de la terre du paroissien, l'autre tiers τῷ ἀπελθόντι, c'est-à-dire pour le salut de l'âme du défunt; enfin le dernier tiers au conjoint survivant. Dans le cas où celui-ci est décédé à son tour[6], cette dernière portion doit être attribuée au père ou à la mère, ou au frère[7], ou enfin à toute autre personne ayant un droit légitime à faire valoir sur la succession. Dans le cas enfin où le défunt ne laisse aucun héritier de la catégorie de ceux que nous venons d'indiquer, la moitié de l'hérédité revient

[1] Πεῖρα, XIV, 6; XLVIII, 1, 11; LIV, 10. Ce dernier passage renvoie à ce qui a trait aux dispositions de dernière volonté usuelles en pareille matière.

[2] Harm. I, 13, 23; V, 8, 78.

[3] Coll. V, nov. 20. Heimbach, dans son édition d'Harménopule, p. XXI et suiv., a publié un épitomé ou περίληψις de cette décision synodale, qui se trouve dans un grand nombre de manuscrits.

[4] Le texte porte : .... ἀβίωτον, ὡς ἔστι καὶ ἁρμοζόντως κεκανονισμένον. — L'Épitomé dit : καθὰ καὶ ἀβιωτίκιον ἁρμόζοντως ἐκάλεσαν. L'ἀβιωτίκιον est mentionné parmi les charges du paroissien. — Coll. V, nov. 44.

[5] L'Épitomé dit : τὸ παρὰ τῶν εἰς παροικίαν ἐχόντων αὐτοὺς ἢ καὶ ἐκκλησιῶν καὶ μονῶν.

[6] Dans Blastarès et Harménopule, il est dit : « Lorsque le survivant décède. » Tandis que nous interprétons le texte ainsi : lorsque, lors de la mort du mari ou de la femme, il n'existe pas de conjoint survivant.

[7] Dans le texte, on trouve ὁμαίμων, dans l'Épitomé ἀδελφῷ.

au seigneur de la terre[1] et l'autre moitié est employée pour μνημόσυνα du défunt. »

Il est dit ensuite (c. 4) :

« Cette loi doit cesser d'avoir son effet, dans le cas où le mari ou la femme meurt à la survivance d'un enfant, et où ce dernier décède également[2]. Dans ce cas, le survivant recueille toute la succession paternelle ou maternelle de l'enfant, et les parents du défunt mari ou de la défunte femme sont spoliés injustement des biens de leur enfant en même temps qu'affligés de sa perte : aussi le premier tiers de ses biens doit être employé à des μνημόσυνα, le second tiers doit être donné aux parents et le reste au conjoint survivant. »

Ces deux décisions — dont la première concerne la succession spéciale des biens d'un paroissien[3], la seconde, le droit de succession en général, confirmées toutes deux par décision impériale — ont acquis force de loi et sont, pour ce motif, rapportées en extrait par Blastarès, Harménopule et Malaxus[4].

§ 31. — Dernier état de la législation.

En ce qui touche le droit des successions *ab intestat* actuel, dans les pays de droit grec, le Code moldave[5] est presque entièrement conforme au droit byzantin que nous avons exposé plus haut. Il appelle à l'hérédité les parents d'après les quatre classes admises par Justinien, ensuite le mari et la femme, puis, en place du fisc, « τοὺς κοινοὺς οἴκους, ἤτοι τὰ Σχολεῖα, τὰ Νοσοκομεῖα, τὰ Ὀρφανοτροφεῖα, τὸ Κουτίον τῶν ἐλεῶν καὶ τὰ λοιπὰ κοινωφελῆ ἔργα. » Il impose tout particulièrement aux héritiers

[1] Suivant l'Épitomé τῇ δεσποτείᾳ, suivant le texte τῷ δημοσίῳ.

[2] Selon le Code moldave, § 941 : « Avant l'âge de quatorze ou de douze ans. »

[3] Il est évident que la première décision ne se rapporte qu'à l'ἀβιωτίκιον réclamé par le seigneur de la terre, au moment du décès d'un paroissien. Chez Malaxus, cet enchaînement d'idées est quelque peu effacé ; les seigneurs de la terre y sont désignés comme οἱ τὰ δημόσια διενεργοῦντες ou ἐκεῖνοι ὅπου τοὺς ἔχουν εἰς τὰς ἐπαρχίας αὐτῶν.

[4] Matth. Blast. K. 12 ; Harm., V, 8, 9, 93 ; Malax., c. 205 (Θέμις, VII, p. 219 et suiv.).

[5] § 912-961.

l'obligation de faire des μνημόσυνα pour le défunt[1]; il fixe à cet effet une certaine quotité de biens, soit le quart, soit le tiers[2], et rappelle, avec de légères modifications, les dispositions du c. 4 de la Novelle d'Andronic Paléologue[3].

Les dispositions du Code valaque[4] en cette matière sont également fondées, en général, sur le droit byzantin et notamment sur la Novelle précitée[5]. Elles offrent néanmoins plusieurs particularités remarquables[6], qui paraissent dériver, en partie, du droit coutumier valaque ; une autre partie rappelle le droit de l'Ecloga ; le reste vient du droit byzantin mal compris. Les parents ne sont appelés à l'hérédité que jusqu'au huitième degré[7]; la descendance masculine a la préférence sur les héritiers du sexe féminin[8], surtout relativement au Καλίνι, c'est-à-dire au domaine d'où la famille a tiré son nom patronymique. Pour le surplus, la succession est dévolue d'après sept classes : Au premier rang sont placés les descendants. — Dans la seconde classe figurent les ascendants en général. — Dans la troisième, les frères et sœurs germains et leurs enfants. — Dans la quatrième, les frères et sœurs consanguins ou utérins et leurs enfants. — Dans la cinquième, les autres collatéraux. — Dans la sixième, le conjoint survivant. — Enfin dans la dernière, τὸ κοινὸν τῶν ἐλεῶν. Quand, en cette matière, le Code valaque, à l'exemple du Code moldave, attribue la succession, à défaut d'autres héritiers, non pas au fisc, mais à des institutions pieuses, ce n'est

[1] § 964.
[2] § 915, 962.
[3] § 911.
[4] Τμ. δ' κεφ. γ', § 11-21.
[5] Comp., Τμ. δ' κεφ. γ' § 17, 14 et § 18, γ'.
[6] Comp., Mittermaier, *Krit. Zeitschr.*, f. d. R. W. *des Ausl.*, XII, p. 430.
[7] L'idée d'une restriction des successions collatérales semble avoir été quelquefois entrevue par les jurisconsultes byzantins : Comp., plus haut, note 4, p. 7. — La Πεῖρα, XLVIII, 6 ; XLIX, 30 ; LIV, 9 (et Harm., V, 8, 17 qui en est extrait), fait en conséquence ressortir qu'un collatéral au huitième degré peut aussi succéder. Il reste à savoir si les rédacteurs du Code valaque ont eu cette idée en vue, en présence de la disposition ci-dessus rapportée, ou si peut-être ils ont songé à la prohibition de mariage pour cause de parenté μέχρι τοῦ η' βαθμοῦ.
[8] Les filles dotées ne sont pas appelées à la succession, non plus que celles qui ne le sont pas encore ; mais celles-ci sont ensuite dotées par leurs frères.

que la conséquence d'une idée dont nous avons déjà indiqué plus haut les origines, à savoir que les *vacantia bona* doivent être employés pour le salut de l'âme du défunt, comme s'ils n'avaient pas cessé de lui appartenir.

Enfin, en ce qui concerne le royaume de Grèce, on y observe comme droit commun ce que dit Harménopule sur la succession *ab intestat*[1]. Plusieurs ἔθιμα sont observés comme droits particuliers[2]; ils dérivent au fond de sources byzantines, et on était dans l'erreur quand on cherchait à les faire découler soit de lois turques, soit de statuts vénitiens ou de coutumes françaises[3]. Ce n'est qu'exceptionnellement que certains droits locaux portent le cachet d'une origine occidentale; aussi seront-ils sans influence sur le développement ultérieur du droit grec.

TITRE II. — DÉLATION DE L'HÉRÉDITÉ EN VERTU D'UN TESTAMENT[4].

§ 32. — Introduction.

D'après le point de vue du droit romain primitif, suivant le-

[1] Harm., V, 8. Comp., le remarquable *Traité du droit romain en vigueur en Grèce*, par Καλλιγᾶς, t. V, p. 128 et suiv. Au surplus, lorsqu'on ne consent pas à considérer, comme source du droit commun en vigueur en Grèce, la novelle reproduite par Harménopule, et communément appelée la novelle d'Athanase, en prétextant qu'elle est une décision synodale et non pas une loi de l'empereur, et qu'Harménopule n'a été confirmé comme source du droit commun qu'en tant qu'il renferme les lois des empereurs byzantins, cette argumentation demeure sans portée, en présence de la confirmation donnée à cette novelle par l'empereur Andronic Paléologue.

[2] Comp. à ce sujet, *Geib*, *Darstellung des Rechtszustandes in Griechenland*, p. 51 et suiv. — *Maurer*. *das griech. Volk.*, I, p. 143 et suiv. — *Sgouta*, Παράρτ. τῆς Θέμιδος, III, p. 282 et suiv.

[3] Le contraire est déjà démontré par les points de contact qu'ils ont avec le droit valaque. Parfois Manuel Malaxus a été la cause d'erreurs dans le nouveau droit byzantin, en reproduisant dans son *Nomocanon*, c. 207 (*Sgouta Themis*, VII, p. 221), le droit successoral *ab intestat* de l'*Ecloga*, quoiqu'il l'indique comme venant d'Harménopule. Il faut remarquer enfin que, dans une note du Πηδάλιον, p. 326 et suiv., le droit successoral en vigueur est exposé en peu de mots : on cite la novelle du P. Athanase ou de l'empereur Andronic, puis on indique et on condamne les coutumes qui y dérogent.

[4] L'expression grecque usitée pour désigner le testament est διαθήκη. Toutefois, il existe encore d'autres expressions qui sont quelquefois em-

quel le patrimoine d'une personne forme en quelque sorte un bien *familial* et revient nécessairement, lors du décès de cette personne, à la famille, il était logique de reconnaître au chef de famille la libre disposition de ses biens, à titre de libéralités entre vifs; mais on ne comprend pas que l'on ait attribué à tout possesseur d'un patrimoine le droit d'en disposer à cause de mort, c'est-à-dire pour le temps où sa puissance sur la famille aura cessé d'exister.

A la vérité, dans l'ancien droit romain on ne trouve rien d'où l'on puisse induire qu'il fût possible, soit de régler sa succession par contrat, soit de disposer librement des biens qu'elle doit comprendre, au moyen d'un testament. Tout au contraire, il n'était permis d'apporter de dérogation à l'ordre légal des successions que par une loi spéciale : car c'est une loi, lorsque, *calatis comitiis*, ou bien *in procinctu*, on fait un testament. De là, le fait de tester est encore désigné — dans la loi des Douze Tables[1] — sous le nom de *legare*, c'est-à-dire faire une loi; de là encore la *detestatio sacrorum* et l'*exheredatio*[2]; de là tant de restrictions de la *testamenti factio;* de là enfin le style (essentiellement propre aux lois) que l'on rencontre dans les testaments romains.

Lorsqu'il n'était pas possible de *legare* ainsi, on employa plus tard un détour. On reconnut à toute personne qui, sans être soumise à une puissance étrangère, possédait un patrimoine et était en droit d'en disposer librement, le droit de transférer la *familia*, par la mancipation, à un ami[3], aux fins de la faire partager après son décès. C'est ainsi que prit nais-

ployées, par ex. : τελευταία βούλησις, ou διατύπωσις, ou διαταγή, ou διάταξις. C'est ainsi que par διάταξις τοῦ πατρικίου, dans Πεῖρα, II, 6 et XLIII, 11, on désigne le testament d'un patricien.

[1] Ulp., XI, 14 : *Uti legassit super pecunia tutelave suæ rei, ita jus esto.*

[2] Gellius, VI, 12; XV, 27. Il était indispensable que l'on supprimât formellement l'ancien lien de famille existant, pour exclure la succession légitime et la remplacer par une succession spéciale. C'est, sans doute, à cela qu'a trait la règle : « *Nemo pro parte testatus, pro parte intestatus decedere potest.* » Chaque testament renfermant la dissolution du lien de la famille, on ne pouvait plus succéder *ab intestato* à raison de ce même lien.

[3] Celui-ci était *heredis loco*, suivant Gaius, II, 103, 105; selon Théophile, II, 10, 1, διάδεχε ou κληρονόμησε.

sance le *testamentum per æs et libram*, appelé *testamentum* à cause de la *testatio* qui avait lieu au moment de la mancipation. Sans doute, la validité d'un semblable testament a dû être exposée dans les premiers temps à de grands doutes, et il serait possible que ces doutes aient été pour quelque chose dans la naissance de l'*inofficiosi querela*.

Quoi qu'il en soit, tout ce qui s'était ainsi introduit par l'usage paraît avoir été sanctionné plus tard par une *lex publica*[1], à quelques modifications près. Dans cette forme modifiée du *testamentum per æs et libram*, la mancipation au *familiæ emptor* n'était plus qu'une simple formalité, tandis que la déclaration verbale du testateur, ou les *tabulæ* montrées au *familiæ emptor*, au *libripens* et aux cinq témoins, et scellées par eux, contenaient l'institution d'héritier proprement dite et l'expression complète de la dernière volonté du *de cujus*.

En dernier lieu, le préteur promit de donner la *bonorum possessio secundum tabulas*, lorsque le testament était *septem signis testium signatum*, même à défaut de toutes autres formalités.

C'est de la sorte que ce qui était l'exception, dans l'ancien droit, devint la règle, bien que certaines dispositions particulières de cet ancien droit, malgré la contradiction qui existait parfois entre elles et les principes nouveaux, aient conservé pendant longtemps encore toute leur force. La règle était que chacun pouvait disposer par testament de ses biens, à la condition qu'il employât certaines formes spéciales, jugées nécessaires afin d'empêcher toute incertitude ou falsification[2].

On comprend aisément que le droit romain ait dû arriver à cette règle, du moment où disparut la notion de l'unité de la famille pour faire place à l'indépendance absolue de la personne; et cela d'autant plus que le droit de succession *ab intestat* fut fondé peu à peu, non pas sur un principe solide, mais sur les considérations vacillantes d'une équité naturelle et générale, si bien qu'un bon père de famille pouvait considérer comme un

[1] Gaius, II, 104 : « *Secundum legem publicam.* » Cic. in Verr., I, 43 : « *Non minus multis signis, quam e lege oporteat.* »

[2] *Théophil.*, II, 10, 4 : Πᾶσα δὲ ἡ τοιαύτη παραφυλακὴ διὰ τὸ κακουργίας πάσης ἀπηλλάχθαι τὴν τῶν διαθηκῶν ποίησιν καὶ παντὸς αὐτὰς καθαρεύειν δόλου. Cf. *Proch.*, XXI, 1 ; *Epan.*, XXIX, 4 ; *Harménop.*, V, 1, 4.

devoir le soin de régler par testament le partage de son patrimoine après sa mort.

Tout principe tend à produire pleinement ses conséquences. La règle que nous venons de rappeler devait donc conduire à une liberté de plus en plus grande des dispositions par acte de dernière volonté. On se tromperait cependant si l'on voulait conclure de là que le droit byzantin, dans son développement progressif, aurait dû aboutir à la reconnaissance des pactes héréditaires; car précisément la liberté absolue de l'individu, qui conduisait à favoriser les testaments, s'opposait à l'admission des pactes héréditaires, par lesquels on se lie pour l'avenir[1]. On remarque au contraire dans le droit byzantin une certaine faveur pour les dispositions de dernière volonté, faveur qui se révèle soit dans l'extension de la *testamenti factio*, soit dans la simplification des formalités prescrites.

§ 33. — Du droit de tester.

L'*Ecloga privata aucta*[2] renferme un passage d'après lequel la personne qui dispose de ses biens en faveur d'un tiers et non d'un parent, ne peut lui donner par testament que la moitié, l'autre moitié étant attribuée au fisc. On ne sait pas d'où cette disposition est tirée, ni pour quelle province elle a été édictée. Dans tous les cas, on n'en trouve nulle trace dans le reste du droit byzantin[3].

Bien plus, on rencontre ici la tendance à accorder le droit de tester à certaines personnes auxquelles la législation de Justinien ne le reconnaissait pas.

[1] Peut-être est-ce là, au fond, le motif pour lequel le droit romain qui, dans le testament primitif par mancipation, avait effleuré de si près une *successio pactitia*, considérait comme contraire aux bonnes mœurs (!) une *stipulatio de futura successione*. Le droit byzantin reste fidèle à cette manière de voir. *Basil*, XXIX, 5, 35. Comp., *Basil*, XI, 1, 80, 91 (sc. Théod.); XLIII, c. 4; *Epan.*, XXXIII, 23; Harm., I, 9, 14 (sc.), 19, 20, 21. — Dans la novelle 19, Léon admettait une exception unique (*contrà*, l. 15, C. *De pactis*; *Basil*, XI, 1, 76). Une interprétation de cette novelle est donnée par la *Scolie* 2 *in Basil*, édition Heimbach, I, p. 638; elle a été rendue d'une manière tout à fait inintelligible dans la Πεῖρα, XLV, 11.

[2] Tit. VII. c. 1; Comp. l'édition de l'*Ecloga*, par l'auteur, p. 6.

[3] Le passage de l'*Ecloga* dont il s'agit n'a été reproduit que par l'*Ecloga ad Proch. mutata*, VIII, 8.

C'est ainsi que nous avons déjà fait remarquer, au paragraphe 20, qu'il semble que les us et coutumes aient reconnu, par extension, aux ὑπεξουσίοις, un droit de tester[1]. L'Epanagoge[2] admet même que l'ὑπεξούσιος, avec le consentement de son père, peut tester, et que le testament est valable, si le père n'a pas changé de volonté jusqu'au jour de la mort de l'enfant.

C'est ainsi que l'Épanagoge[3] dit encore que celui qui a été déclaré judiciairement prodigue (ἄσωτος), peut tester valablement, en tant qu'il veut faire quelque disposition pour le salut de son âme, à l'approche de la mort. L'empereur Léon le Sage, dans la Novelle 39, a décidé d'une manière plus générale que l'ἄσωτος est autorisé à disposer par acte de dernière volonté en faveur des siens, ou des pauvres, ou des esclaves affranchis. Enfin, dans la Novelle 40[4], non-seulement il reconnait aux prisonniers de guerre le droit de tester, en général, mais encore il leur permet de le faire avec des formalités moins rigoureuses[5].

CHAPITRE I.

DE LA FORME DES TESTAMENTS.

§ 34. — Forme ordinaire.

La forme ordinaire du testament consistait, d'après le droit de Justinien, en ceci : Le testateur, par un acte unique, déclarait oralement sa dernière volonté en présence de sept témoins, ou

[1] C'est ainsi que l'*Ecl. priv. auct.*, tit. VI, *in f.*, dit aussi : « Οἱ δὲ ὑπεξούσιοι ἐπὶ τοῖς ἀπὸ κληρονομίας ἀδελφοῦ περιαχθεῖσιν εἰς αὐτοὺς πράγμασι διατίθεσθαι δύνανται. » Comp. *Ecl.*, XVI, 5, note 75; *Basil.*, XXXV, 1, 7 sc.; Πεῖρα, I, 7; Harm., V, 2, 7; Malaxus, C. 218, (Θέμις VII, p. 228.)

[2] *Epan.* XXX, 1.

[3] *Epan.* XXX, 3. Ce passage se retrouve dans une scolie sur Harm., V, 1, 15. Le Code moldave, § 726, se prononce dans le même sens.

[4] Un scoliaste fait observer au sujet de cette novelle qu'elle est ἄπρακτος, mais elle est indiquée par Harm. V, 1, 19, comme étant en vigueur.

[5] L'esclave, affranchi par testament par son maître, peut tester valablement, selon la novelle 37 de Léon, bien qu'il ignore et le testament et la mort de son maître (*contrà*, l. 14, 15. D., *De testam.*; *Basil*, XXXV. 1, 16; Harm., V, 1, 13). — Voir d'autres développements donnés à la *testamenti factio* dans Coll. II, nov. 5, 38.

produisait devant les sept témoins un écrit comme étant son testament, le signait en leur présence, et le faisait signer et sceller par eux. Lorsque le testateur ne sait pas écrire, il est tenu de s'adjoindre un *subscriptor*[1].

Tandis que les plus anciennes formes du testament romain étaient forcément données par le mode de leur origine, la forme du testament sous Justinien ne reposait que sur une base historique et non sur une base logique. Aussi, l'on comprend sans peine que tantôt par la loi, tantôt par l'usage, certains changements aient été apportés aux formalités exigées.

En ce qui concerne la formalité de l'unité de l'opération[2], quant au lieu et au temps, on l'a constamment maintenue. Mais quant au nombre des témoins, on semble avoir de bonne heure cédé à la συνήθεια[3], et n'avoir exigé que cinq témoins. L'Ecloga[4] déclare que cinq témoins suffisent dans le cas où l'on ne peut pas en réunir sept. De même, le Prochiron[5] estime que cinq et non sept témoins suffisent en général pour la validité du testament. Enfin, dans les Basiliques[6], le nombre cinq est partout substitué au nombre sept, et l'empereur Léon confirme ce changement dans la Novelle 41. Ces dispositions se trouvent reproduites dans les livres de droit plus récents[7].

Le droit byzantin postérieur[8] exige également la signature et

[1] Les souscripteurs pour d'autres que le testateur s'appellent χειρόχρησται, *Ecl.*, V, 2; Coll. I, nov. 27, c. 2.

[2] Comp. *Ecl.*, V, 2 : « Ἐν ἑνὶ καὶ τῷ αὐτῷ καιρῷ »; *Proch.*, XXI, 4 : « Μιᾷ ὁρμῇ συναπτῶς »; *Epan.*, XXIX, 4; *Harm.*, V, 1, 4; Πεῖρα, XIV, 24, — Comp. *Basil*, XXXV, 2, 7 sur l'exception admise en cas de peste.

[3] Comp., *Enantiophanes ad Basil.*, XLV, 1, 3. Les jurisconsultes se basent sur l. 9, 31 C. *De testamentis*, pour soutenir qu'il y a lieu de reconnaître une semblable συνήθεια. Comp., *Basil*, édition Heimb., III, p. 515, 519. — Voir l'édition de l'auteur, p. 69, sur le passage des ῥητοί. Au surplus, il est aussi question de cinq témoins dans la glosse de Turin sur les Institutes. — Savigny, *Gesch. des R. Rechts im mittelalter*, II, p. 448.

[4] *Ecl.*, V, 4. Lorsque l'*Ecloga* déclare que la présence de trois témoins est suffisante, elle a en vue les habitants de la campagne. Comp., § 35. Au surplus, une novelle d'Irène (coll. I, nov. 27) considère le système de l'*Ecloga* comme ayant force de loi.

[5] *Proch.*, XXI, 15 (*Epanag.*, XXIX, 8, 16).

[6] Comp., *Basil*, XXXV, 1, 24; 2.22.

[7] Par ex., Harm. V, 1, 35.

[8] *Ecl.*, V, 2; *Proch.*, XXI, 4 et suiv.; *Epan.*, XXIX, 4 et suiv.; *Basil*, XXXV, 1, *passim*; *Harm.* V, 1, 4.

les sceaux des témoins, pour un testament écrit. Toutefois, tandis que, suivant Justinien, dans le cas où un testament écrit avait été projeté, ce testament était nul à défaut de signatures et de sceaux, l'empereur Léon le Sage a statué, dans la Novelle 42[1] qu'il est valable, pourvu que les témoins déclarent que l'acte dont il s'agissait, était le testament du défunt[2].

Justinien avait ordonné, dans la l. 29 C. *de testamentis* que, dans le testament écrit, le nom des héritiers fût écrit de la propre main du testateur, ou qu'il fût dicté aux témoins et annoté par ceux-ci, lors de la *subscriptio*. Plus tard, dans la Novelle 119, cette modification fut elle-même abrogée. Mais ni l'Ecloga, ni le Prochiron et l'Epanagoge[3] ne tiennent compte de cette abrogation : l'Ecloga semble même avoir interprété la Novelle précitée en ce sens, que le testateur a aussi la faculté de faire écrire le nom des héritiers par un χειρόχρηστος[4]. Le Prochiron reproduit le texte de la loi 29. C. *cit.* d'après la citation incomplète de Théophile[5], et les livres de droit postérieurs reproduisent pour la plupart le passage du Prochiron[6].

§ 35. — Formes particulières.

A côté de la forme ordinaire du testament, il y a encore, dans le droit de Justinien, des formes exceptionnelles. Parmi ces dernières, il convient de ranger :

1° Le *testamentum principi vel judici oblatum*, l. 19, C. *De*

[1] Cette novelle avait sans doute une certaine affinité avec ce que le scoliaste de l'*Epanagoge* (tit. XXXII, sc. f.) a indiqué.

[2] Harm. V, 1, 6.

[3] *Ecl.*, V, 2; *Proch.*, XXI, 4; *Epan.*, XXIX, 4; on ignore quel est sur ce point le droit des Basiliques; Comp., *Basil.*, édition Heimb., III, p. 518, note w.

[4] Comp., note 1, p. 17.

[5] Théoph., II, 10, 4. — Comp. aussi *Proch.*, XXV, 5.

[6] Ainsi, par ex. : Harm. V, 1, 4. — Comparez, en ce qui concerne les testaments mystiques (dont le contenu était inconnu aux témoins), et la théorie qui s'y rattache sur les testaments des femmes, des personnes illettrées et des aveugles : *Ecl.*, V, 2; *Proch.*, XXI, 9, 15; *Epan.*, XXIX, 10, 16, *Basil.*, XXXV, 2, 16; 3, 8; Coll. II, nov. 69; *Harm.*, V, 1, 20-22, 35. *Mich. Attal.*, tit. XXIII (*Leunclavio*, 32); Μικρὸν, N. 33.

testamentis[1]. Ce passage est inséré dans les Basiliques[2], mais comme le texte original est perdu, il est tout au moins douteux[3], d'après la teneur de l'extrait fourni par *Tipucitus*, que le testament judiciaire soit resté en vigueur. Dans l'Ecloga, le Prochiron et l'Epanagoge, il s'en trouve aussi peu de traces que dans la Πεῖρα, Harménopule et les autres livres de droit ; et quand on a cru trouver une confirmation de ce testament dans une Novelle[4] de Léon, on a oublié de remarquer que celle-ci se rapporte plutôt à l'ouverture des testaments.

2° Le *testamentum militis*. — Il n'est pas davantage fait mention des testaments des soldats dans les trois recueils impériaux[5]. Mais dans les Basiliques, le livre xxxv, titre XXI, en parle, et *Psellus* et *Harménopule* y font allusion[6]. Les priviléges des soldats avaient été, par analogie, accordés à ceux qui, sans être militaires, se trouvaient passagèrement sur le champ de bataille et y perdaient la vie[7]. Dans l'Ecloga[8], cette extension est confirmée, sauf quelques modifications qui y furent apportées. Suivant elle, ὁ ἐν πολέμῳ πληγείς, c'est-à-dire celui qui est blessé pendant la guerre (et qui n'est pas soldat) et ὁ ἐν ὁδῷ[9] περιπα-

[1] Comp. les Ἀνέκδοτα de l'auteur, p. 181 : Les Grecs interprètent la loi 18, C., *ibid.*, plus sainement en l'appliquant non à la confection, mais à l'ouverture d'un testament.

[2] *Basil.*, XXXV, 2, 15.

[3] Il est d'autant moins douteux que l'on considérait comme constamment valable le cas d'un *testamentum principi oblatum*, que les empereurs, dans leur omnipotence, ont même confirmé des actes de dernière volonté imparfaits. Coll. IV, nov. 17, 19.

[4] Coll. II, nov. 41. Comp. § 87, Coll. II, nov. 41. On indique, au commencement de cette dernière, qu'à cette époque les testaments faits hors la présence de témoins, tels que les testaments judiciaires, étaient inconnus. Il convient de mentionner un passage de l'*Epitome ad Proch. mut.*, XXII, 23 : Ὅτι καὶ οἱ ἄρχοντες καὶ οἱ στρατηγοὶ χρησιμεύωσι τοὺς κατὰ χώραν μάρτυρας καὶ σφραγιστὰς παραλήμψιν τοῖς μέλλουσι διατίθεσθαι.

[5] Sans doute, par la raison que ces recueils étaient principalement destinés à reproduire le droit commun dans ses dispositions les plus générales. Voir cependant *Ecl.*, XVI, 1.

[6] *Psellus.*, V, 210 ; *Harm.* V, 1, 37, 38.

[7] L. 44, D. *De test. mil.* « Si in hostico deprehendantur, et illic decedant. »

[8] *Ecl.*, V, 8.

[9] P. Faber a voulu changer ces mots en ceux de : ἐν ἑστίᾳ : Comp., Ὁ πρόχ. νόμος, p. 128, note 45. Les manuscrits sont tous contraires à cette

τῶν, c'est-à-dire celui qui se trouve en voyage, peuvent, lorsqu'ils sentent leur fin approcher, tester devant trois ou deux témoins dignes de foi. Cette disposition a ensuite passé dans le Prochiron[1], et de là, dans les Basiliques[2], et se trouve dans la plupart des livres de droit[3].

3° Le *testamentum ruri conditum*. — Pour venir en aide à ceux qui résident à la campagne, et qui veulent y faire leur testament, Justinien, dans la loi 31, C. *De testamentis*[4], avait réduit le nombre des témoins, en cas de besoin, à cinq, et lorsque ceux-ci ne savaient pas écrire, il n'avait pas exigé leur signature pour un testament écrit; le testateur, dans ce cas, devait seulement donner aux témoins connaissance du contenu de ses dernières volontés. Mais après que l'on eut réduit de sept à cinq le nombre des témoins pour tous les testaments (§ 34), le droit coutumier semble aussi avoir réduit proportionnellement de deux celui des témoins nécessaires pour le testament fait à la campagne. L'Ecloga[5] confirme ce point en ce qu'elle n'exige que trois témoins, et cette règle est reconnue dans une Novelle d'Irène[6]. Dans les Basiliques, on a, malgré cela, inséré la loi 31, C. cit., avec l'obligation de cinq témoins, et il s'éleva à ce sujet la question de savoir si, et jusqu'à quel point les ἄγροικοι étaient encore privilégiés[7]. Cet état de choses détermina Léon le Sage[8]

correction. Suivant Coll. II, nov. 41, le droit des Basiliques, et aussi le Prochiron, exigeait, pour les testaments ἐν ὁδοιπορίαις, la présence de cinq témoins, d'où il semble résulter que, dans le *Prochiron*, XXI, 10, les mots ἐν ὁδῷ περιπατῶν n'ont pas pu se trouver.

[1] *Proch.*, XXI, 16 (Comp., *eod. loc.*, note 67). *Epan.*, XXIX, 17.

[2] *Basil.*, XXXV, 3, 13. Les Basiliques reproduisent, en outre, aussi la loi 43, *D. cit.*, dans lib. XXXV, tit. xxi, c. 37.

[3] Ainsi encore dans Harm. V, 1, 30.

[4] Comp., Ἀνέκδ. de l'auteur, p. 182.

[5] *Ecl.*, V, 4. L'*Ecloga*, IV, 1. semble en général prendre pour point de départ le principe suivant lequel εἰς τόπους ἐρήμους καὶ μὴ εὑρισκομένου τοῦ μέτρου τῶν ζ, trois témoins sont suffisants pour tous les actes écrits.

[6] Coll. I, nov. 27.

[7] *Basil.*, éd. Heimb., III, p. 549. Léon fait aussi allusion à ce point douteux dans Coll, II, nov. 41 pr. Dans l'*Epan.*, XXIX, 16, il est de nouveau dit que trois témoins suffisent. Et l'*Epit. ad Proch. mut.*, XXI, 34, interpole le passage des Basiliques, ainsi qu'il suit : Αἱ διαθῆκαι αἱ ἐν πάσαις πόλεσι ῥωμαϊκαῖς καὶ ἐγγράφως καὶ ἀγράφως γινόμεναι τὴν τοῦ τόπου συνήθειαν ἀντὶ νόμου δεχέσθωσαν· ἐπεὶ οἱ μάρτυρες ἀρκοῦσιν ἢ γ'.

[8] Coll. II, nov. 41. Dans la nov. 43, l'empereur revient sur le même

à statuer que, dans les villes, la présence de cinq témoins était indispensable, mais qu'en voyage, à la campagne et dans les localités peu peuplées, trois témoins suffisaient. Il est vrai que la Πεῖρα[1] et Harménopule n'ont pas connaissance de cette disposition, mais Michel Attalensis la mentionne, et après lui le Μικρὸν[2].

§ 36. — Codicilles.

Indépendamment des testaments[3], la législation justinienne reconnaît encore les codicilles dans lesquels il est permis d'insérer toutes les dispositions de dernière volonté, à l'exception de l'institution d'héritier et de l'exhérédation. Pour la confection des codicilles, on n'exige que des formalités plus simples : la présence simultanée de cinq témoins; et de plus, pour ceux qui sont écrits, la signature (et non pas le sceau) du testateur et des témoins.

Ces codicilles sont inconnus à l'Ecloga[4]; mais le Prochiron en parle dans le titre XXIX, sans toutefois en indiquer la forme. L'Epanagoge (tit. XXIX, c. XIX-XXIX) reconnaît la validité des substitutions[5] insérées dans les codicilles, et exige pour ceux-ci qu'ils soient écrits et signés par cinq témoins[6]. Michel Attalensis,

sujet. Dans la novelle 40, on avait déjà reconnu à l'αἰχμάλωτος le droit de tester en présence de trois témoins.

[1] Comp., Πεῖρα, XIV, 6, 23.

[2] *Mich. Attal.*, XXIII; Μικρὸν M., 33, 31.

[3] Concernant le *Fideicommissum heredi præsenti injunctum* (l. ult. c., *De fideicomm.*), comp. *Ecl*, VI, 12; *Epit. ad Proch. mut.*, XXX, 5 : Ἐάν τις τῷ ἰδίῳ κληρονόμῳ ἰδικῶς ἐπιτρέψῃ μαρτύρων μὴ παρόντων ἀποκαταστῆσαι τινι ἐκ τῆς ἰδίας περιουσίας ἢ δώσει πράγματα, καὶ ἀπαιτούμενος ὁ κληρονόμος ἀρνεῖται, ὀμνύτω ὁ κληρονόμος, ὡς οὐκ ἐπετράπη παρὰ τοῦ τελευτήσαντος ἐκ τῆς ὑποστάσεως ἀποκαταστῆσαι τι τῷ ζητοῦντι, πρότερον τοῦ ζητοῦντος καταθεμένου τὸν πρὸ (l. περὶ) ἐπηρείας λόγον.

[4] Il en est de même pour Coll. I, nov. 27.

[5] Suivant la nov. 159 de Justinien. Comp. *Theod. Breviar.*, nov. 159, c. 2; l'*Epit ad Proch. mut.*, XXIX, 12, dit aussi : Καὶ ἐν κωδικέλλῳ δίδεται ὑποκατάστασις.

[6] Les Basiliques traitent des codicilles dans le livre XXXV. Malheureusement ce livre n'a pas été conservé d'une manière complète, ni avec des scolies. Une intéressante ἐρωταπόκρισις de Théodore se trouve dans Ἀνεκδ., p. XXXVI, de l'auteur.

le Μικρὸν κατὰ στοιχεῖον, Blastares[1] et Harménopule mentionnent de même les codicilles et les cinq témoins qui doivent entendre en même temps la dernière manifestation de la volonté du testateur. La jurisprudence byzantine ne semble pas avoir bien clairement reconnu que l'obligation de faire le codicille devant cinq témoins n'avait, à proprement parler, plus de sens et devenait une prescription inutile, en présence des décisions que Léon avait promulguées dans les Novelles 41 et 42 sur la forme des testaments (§ 34, 35).

§ 37. — Ouverture du testament.

Lorsque la loi Julia *de vicesima hereditatum* créa l'impôt sur les hérédités et les legs, elle statua en même temps, dans l'intérêt du fisc, que chaque testament, peu de temps après la mort du testateur, devait être insinué devant le magistrat et ouvert par lui. Après l'abolition de la *vicesima*, on maintint l'ouverture des dispositions de dernière volonté par les fonctionnaires (à Constantinople, par le *magister census*[2]) ; et ce qui avait été prescrit jadis dans l'intérêt de l'État, le fut alors dans celui de la succession testamentaire en général[3]. Mais la compétence du *magister census*, du moment que l'ouverture du testament n'avait plus rien de commun avec la perception de l'impôt, était devenue une anomalie. Après Justinien, elle fut attribuée au questeur[4]. L'empereur Léon le Sage statua plus tard, dans la Novelle 44 : Τὴν... νῦν... ἐπισημαινομένην... τοῦ κοιαίστωρος σφραγῖδα μηδὲ ταύτην μόνον ἐπισφραγίζειν τὰ διατετυπωμένα, ἀλλὰ καὶ τοὺς... μαγίστρους καὶ πατρικίους καὶ τὸν τῆς πόλεως ἔπαρχον καὶ

[1] *Mich. Att.*, tit. XXIV (dans *Leunclav.*, tit. XXXV) ; Μικρὸν Κ., 15-18 ; *Blast.*, K., 88 ; *Harm.* V, 7.

[2] L. 40, C., *De episc. et cler.* ; l. 18, 23, C., *De testam.*

[3] Les mots : « δημοσίᾳ συμφέρει, » (l. 5, D., *Test. quemadm. aperiantur* ; *Basil*, XXXV, 6, 5) présentent un double sens. Bien que l'*Ecloga* ne parle pas de l'ouverture judiciaire des testaments, il semble cependant, d'après Coll. II, nov. 44, que celle-ci se pratiquait constamment.

[4] Peut-être parce qu'il avait à connaître des πλαστογραφίαι (nov. *Justiniani*, 80, c. 7). Comp. sur ce changement de la compétence, Coll. II, nov. 44 ; Coll. III, nov. 7, c. 2 ; Πεῖρα, XIV, 11. — C'est pour cette raison que les textes du Code mentionnés dans la note 2 n'ont pas été insérés dans les Basiliques.

τοὺς ἄλλους, οἳ ἐπὶ τῶν κρίσεων καθεστήκασι, τοῖς ἑαυτῶν σφραγίσμασι τὰς διατυπώσεις τῇ ἀξιοπιστίᾳ σεμνύνειν· ἀλλ' ἐν μὲν τῇ προκαθημένῃ τῶν πόλεων οὗτοι, ἐν δὲ ταῖς ἄλλαις χώραις καὶ πόλεσιν, οἵ τε στρατηγοὶ καὶ οἱ καθ' ἑκάστην ἐπαρχίαν κριταὶ τοῦτο ἰστώσαν καὶ ποιείτωσαν.

Quant à la procédure qui devait être suivie par le magistrat lors de l'ouverture (ἄνοιξις, ἀνασφραγισμός), — procédure qui était principalement destinée à constater l'authenticité du testament ou la preuve de son existence (βεβαίωσις), — les sources[1] ne contiennent que des indications incomplètes, et qui ne se rapportent qu'à des testaments écrits privés (cependant il semble que, pour les testaments oraux, il était aussi procédé à une constatation judiciaire de leur existence et de leur contenu[2]). Le peu que les livres de droit et les codes postérieurs contiennent à ce sujet se trouve dans Coll. II, Nov. 82[3], Coll. III, Nov. 7, c. II, et dans la Πεῖρα, XIV, 3, 5, 7, 11, 15, 21.

§ 35. — Droit moderne.

Nous avons déjà fait remarquer plus haut (§ 34) que, dans le droit romain primitif, la forme du testament était une chose essentielle : le testament constituait une exception à la règle générale, et la possibilité d'une semblable exception reposait uniquement sur la forme employée pour manifester la dernière volonté. Il en est autrement dans le droit postérieur, qui consacre le principe que chacun peut tester librement, et qui favorise les testaments sous tous les rapports. Par suite, l'exigence

[1] Dig., XXIX, 3; Cod., VI, 32; Basil., XXXV, 6 (*Restitut.*); Coll. I, nov. 27; Basil., ed. Heimb., I. p. 613, sc. 8 b. — L'*Epit. ad Proch. mut.*, tit. XXII, contient en outre les passages suivants qu'il faut restituer dans les Basiliques : Κ'. Ἐὰν ἄπεστι μάρτυς, πέμπεται ἡ διαθήκη, ὅπου διάγει, εἰς τὸ ἐπιγνῶναι τὴν σφραγῖδα, τὸ μὲν αὐτῆς ἄγεται. Ἄδικον γάρ ἐστι, ἐπιζήμιόν τινι γενέσθαι τὸ ἴδιον ὀφφίκιον. — Κα'. Ἐὰν ἀπολιμπάνωνται οἱ μάρτυρες, ἀναγκαῖόν ἐστιν αὐτὴν [ἀνοιγῆναι], ὁ ἄρχων παρασκευάσει παρόντων ἀνδρῶν εὐυπολήπτων ἀνοιγῆναι, καὶ μετὰ τὸ γραφῆναι καὶ ἀναγνωσθῆναι πάλιν ἀνασφραγίζεται διὰ τοῦ ἄρχοντος, καὶ πέμπεται ὅπου εἰσὶ οἱ μάρτυρες εἰς τὸ ἐπιγνῶναι τὰς ἰδίας σφραγῖδας.

[2] Harm. V, 1, 7.

[3] Coll. II, nov. 42 : ἢ διὰ τῆς ἀγράφου (sc. κυρώσεως) ἐν τῷ ε' μάρτυρας συνομολογῆσαι κτλ.

d'une forme nécessaire et indispensable était, par le fait, un non-sens, car elle produisait les mêmes effets qu'une restriction de la liberté du testateur. On n'aurait plus dû, désormais, considérer une forme quelconque (quelque simplifiée qu'elle fût) comme *constitutive* du testament ; on n'avait plus qu'à demander si, après la mort du testateur, il existait une preuve suffisante pour établir, soit par écrit, soit par témoins, soit par le serment des parties, quelle était réellement la dernière volonté du défunt. La forme n'aurait dû être envisagée que comme un moyen en vue de la preuve à fournir ultérieurement. C'est là tout ce que l'on peut conclure du motif d'utilité [1] que l'on invoque pour justifier soit le maintien, soit l'établissement des formes testamentaires.

Cette idée que, d'après le principe nouveau, il s'agit surtout de la preuve et non pas de la forme du testament, est au fond des dispositions de l'empereur Léon le Sage (Nov. 41, 43) ; mais elle n'a pas été poussée par lui jusqu'à ses dernières conséquences, ni nettement aperçue par les jurisconsultes ultérieurs. C'est ainsi que le droit byzantin se traîna, sans qu'une idée ait présidé à son développement, jusqu'à la chute de l'empire.

Sous la domination turque, autant qu'il est possible d'en juger par quelques traces isolées [2], la législation byzantine est abandonnée ou pratiquée sans intelligence, bien loin de fleurir [3]. Si, dans certaines localités, un testament fait devant le confesseur et deux témoins paraît avoir été en usage, il n'est pas permis de considérer cet usage comme une coutume grecque qui se forme spontanément et par sa propre force. Ce n'est autre chose que le *testamentum coram parocho et duobus testibus* du droit canonique de l'Église romaine, et il ne paraît être arrivé à une application partielle que là où se rencontre l'influence d'une domination latine et d'une population catholique romaine [4]. Du moins dans le Πηδάλιον qui, dans le supplément [5] contient un

[1] § 32, note 2, p. 14.

[2] *Malaxus*, c. 217 (*in Sgoula Themis*, VII, p. 227).

[3] Parfois, on semble même avoir considéré comme valable le testament olographe (autographe). *Maurer. d. griech. Volk.*, I, p. 151 ; II, p. 463 ; *Gesch. Darstellung*, p. 57.

[4] Comp., *Maurer*, l. c., Εὑρετήριον, III, p. 314, 322 ; IV, p. 380.

[5] P. 526 et suiv.

formulaire des testaments, et indique, dans une note extraite d'Harménopule, les règles les plus nécessaires en fait de testaments, il n'est nullement question d'un testament fait devant le confesseur.

En ce qui concerne le dernier état du droit :

1° Le Code moldave[1] traite de la forme ordinaire du testament, § 738-750. Il indique comme étant valables : le *testament olographe*, le *testament écrit* devant trois témoins au moins, le *testament oral* devant cinq témoins[2], le *testament devant le juge*. Pour le *testament fait à bord*[3] ou *en temps de peste*, deux témoins suffisent (§ 755, 756) : mais il perd sa validité six mois après le voyage ou la fin de la peste (§ 757). Pour les codicilles, la même forme est admise que pour les testaments (§ 744, 759) : il n'y a donc pas de différence juridique à établir entre les uns et les autres;

2° Le Code valaque[4] reconnaît le *testament olographe* comme valable, de même que *tout autre testament signé* par le *testateur* ou par l'*ecclésiastique* du lieu, ou par *le juge* ou par *trois témoins*. Les codicilles[5] ne peuvent être faits que dans les mêmes formes.

3° Dans le royaume de Grèce, une loi du 11 février 1830 est en vigueur : elle a encore moins d'affinité avec le droit byzantin que le Code valaque, elle est plutôt rédigée d'après des modèles d'origine italienne. Elle admet le testament *public* reçu par un notaire et trois témoins; le testament *mystique* écrit par le testateur, ou tout au moins signé par lui, et remis à la garde du notaire; le testament *olographe* trouvé dans les papiers du défunt; le testament *oral* qui cependant ne peut être fait que sur le lit de mort devant cinq témoins; enfin, des modes spéciaux de tester pour les soldats, en cas de peste et de voyage sur mer[6].

[1] La capacité de tester est fixée par ce code à vingt ou dix-huit ans, suivant le sexe (§ 727). Le § 752 est aussi digne de remarque : Ἐμποδίζονται νὰ μαρτυρήσωσιν εἰς διαθήκην χριστιανοῦ οἱ ἑτερόθρησκοι.

[2] On paraît n'avoir appliqué la nov. 42, coll. II, qui se contente de trois témoins, qu'aux testaments écrits.

[3] On rencontre ici, dans une forme modifiée, le testament de l'ἐν ὁδῷ περιπατῶν.

[4] Τμ. δʹ κεφ. γʹ, § 26. La capacité de tester commence à la vingtième année, d'après le paragraphe 27.

[5] § 33. On les désigne ici sous le nom de παράγραμμα.

[6] *Maurer. das griech. Volk*, I, p. 582; III, p. 170 et suiv. Il se trouve

CHAPITRE II.

CONTENU DU TESTAMENT.

§ 30. — Institution d'héritier et exécuteurs testamentaires.

D'après le droit romain primitif, l'institution d'héritier était la partie essentielle du testament : sans institution d'héritier valable et efficace, le testament était nul [1]. Peu à peu les codicilles qui n'en contenaient pas, furent aussi reconnus à titre de dispositions de dernière volonté valables, soit comme complément d'un testament, soit comme emportant obligation pour les héritiers *ab intestat*. Toute distinction, quant à la forme entre ces codicilles et les testaments, ayant disparu dans le droit byzantin postérieur (§ 36), il fut dès lors impossible de considérer l'institution d'héritier (ἔνστασις) comme constituant l'objet essentiel d'un acte de dernière volonté [2].

Indépendamment de ce qui précède, la forme du testament a perdu de son importance sous d'autres rapports.

Suivant le droit romain, c'était pour l'héritier une obligation stricte d'accomplir dans son entier la volonté du testateur. Il pouvait y être contraint par ses cohéritiers, légataires et autres. Les dispositions à ce sujet sont réunies et renforcées par Justinien dans la Novelle 1, et sont encore rappelées dans l'Ecloga [3] avec certaines modifications.

Par contre, on remarque dans le droit byzantin postérieur, comme usage dominant, que le testateur institue des exécuteurs spéciaux de ses dernières volontés. On les désigne de préférence [4]

un exposé fidèle et une excellente critique de la législation relative aux testaments dans Καλλιγᾶς Ῥωμ. Δικ., V, p. 103 et suiv. Cette loi ne reconnaît pas les codicilles. Comp., Καλλιγᾶς, V, p. 202.

[1] Parce que : « *Nemo pro parte testatus, pro parte intestatus decedere potest.* » Comp., § 32. (Il convient de ne pas oublier que, pour le *testamentum per æs et libram*, dans sa forme primitive, il n'était pas indispensable que le testament lui-même contint l'institution d'héritier.)

[2] Des exemples d'un testament sans institution d'héritier se rencontrent dans Πεῖρα, XIV, 10 ; XXXVIII, 11.

[3] *Ecl.*, V, 7. — Voir, plus bas, § 46.

[4] L'expression ἐπίτροπος pour désigner le *tutor* semble être tombée presque entièrement en désuétude dans la langue usuelle, vers une époque plus

sous le nom de ἐπίτροποι, et ils se distinguent des héritiers ou légataires sur qui pèse la charge de restituer la succession à des tiers, ou celle d'accomplir d'autres obligations, en ce qu'ils ne sont pas autorisés à déduire la falcidie pour leur compte.

On rencontre déjà des traces de semblables exécuteurs testamentaires, sous des formes diverses, dans le droit romain primitif[1]. Mais ce n'est que sous les empereurs chrétiens que se généralisa l'usage de destiner à des œuvres pies tout ou partie des biens, et de confier à des exécuteurs testamentaires le soin de les distribuer[2]. (On semble ne pas avoir eu assez de confiance en l'héritier, pour espérer que le salut de l'âme du testateur lui tint beaucoup à cœur.) Plus tard même, on eut coutume de charger ces exécuteurs testamentaires du soin de payer d'autres legs, et même de partager la succession entre les ayants droit. C'est avec cette extension que les ἐπίτροποι figurent dans le droit byzantin postérieur, bien que le souvenir de l'origine de leur institution soit encore partout visible[3].

Les dispositions contenues dans les sources sur ces ἐπίτροποι, sont les suivantes :

1° On nomme un ou plusieurs ἐπίτροποι[4]. Ils sont institués

rapprochée. L'*Ecloga*, tit. VII, préfère déjà généralement le mot κουράτωρ. Voir cependant tit. II, c. 11. Le scoliaste de l'*Epanag.*, tit. IX, sc. a, distingue la πρώην ἐπιτροπή (la *tutela*) de la νῦν λεγομένη ἐπιτροπή (Comp. aussi Coll. II, nov. 68). De là, chez les jurisconsultes byzantins, l'application, souvent fondée sur un malentendu, des dispositions en vigueur pour les tuteurs, à ces nouveaux ἐπίτροποι. Comp. Πεῖρα, XVI, 5, 9 ; XXII, 3, *in f.*

[1] L. 17, *pr.*; l. 88 § 1. D., *De legatis*; l. 78, § 1. D., Ad *Sc. Trebell*; l. 12, *in f.* et l. 13, D., *Mandati*.

[2] L. 28, 48, C., *De episc. et cler.*; nov. 131, c. 11. Nous avons déjà fait remarquer au paragraphe 30, que l'usage de pourvoir aux ψυχικά, même pour le cas où une personne mourait *intestat*, exerça une certaine influence.

[3] *Epanag.*, tit. IX, sc. a : « Ἐπιτροπῆς.... ὡς ἐπὶ τὸ πλεῖστον τῆς τοῦ τελευτήσαντος περιουσίας εἰς εὐσεβεῖς αἰτίας διανομῆς. » Coll. IV, nov. 66, C. 7 : « Ἐπιτροπικαὶ τοιαῦται διοικήσεις καὶ εἰς εὐσεβεῖς αἰτίας διανομαί. » L'empereur Léon le Sage, dans Coll. II, nov. 68, donne une définition plus large : « Ἐπιτρόπους... ὅσοις οἱ τὸν βίον ἀπολιμπάνοντες, χρηστὰς περὶ αὐτῶν ὑπολήψεις ἐπὶ τοῦτο προτρεπόμενοι, διατάξεις, αἱ περὶ τῶν ὑπόντων ἤρεσαν πραγμάτων, ἐγχειρίζουσι καὶ τὴν μετὰ τὴν ἐκδημίαν πιστεύουσι τὴν διοίκησιν. » Comp. *Mich. Attal.* in J. G. R., II, p. 32.

[4] Πεῖρα, XVI, 5.

tantôt pour remplir certaines obligations, tantôt pour administrer et partager l'hérédité du *De cujus*[1]. Il est loisible d'appeler à une semblable ἐπιτροπή des moines ou des prêtres, bien que l'acceptation d'une tutelle leur soit interdite[2].

2° L'institution d'une ἐπιτροπή ne diminue pas les droits de l'héritier nécessaire[3]. Mais, du reste, l'établissement par testament d'un ἐπίτροπος exclut les héritiers *ab intestat*[4].

3° L'obligation de faire l'inventaire de la succession, en présence des héritiers, légataires et autres ayants droit, incombe à l'ἐπίτροπος[5].

4° Quand l'administration et la disposition de parties déterminées de la succession sont seules confiées à l'ἐπίτροπος, ce dernier n'a aucun pouvoir sur le surplus, les héritiers seuls en disposent[6].

5° Quand l'ἐπίτροπος décède avant l'accomplissement de la mission dont il a été chargé, l'ἐπιτροπή se transmet aux συνεπιτρόποι, à ses héritiers ou aux personnes par lui désignées[7].

6° L'ἐπίτροπος se contente d'administrer la succession pendant quelque temps, afin que les créanciers qui pourraient se présenter soient désintéressés, et alors seulement — mais au plus tard après quatre ans — il a le droit de l'employer aux destinations indiquées[8]. Si, après les diverses affectations, il y a un excédant actif, il ne peut pas être réclamé à l'ἐπίτροπος[9].

7° En ce qui concerne les actions que l'ἐπίτροπος est dans l'obligation d'intenter ou de repousser, relativement à l'hérédité[10], l'empereur Manuel Comnène a prescrit une marche sommaire à suivre. Il a statué, en outre, que l'ἐπίτροπος infidèle doit être

[1] Πεῖρα, XVI, 9.

[2] *Epanag.*, tit. IX, sc. a.; coll. II, nov. 68; *Balsamon ad Phot.*, VIII, 13, *et ad syn. Carthag.*, c. 3; *Aristenus*, ibid.; *Harm.*, V, 12, 23.

[3] Πεῖρα, XLI, 9; LXVII, 3; voir néanmoins aussi XLIII, 8.

[4] Πεῖρα, LIV, 10.

[5] Coll. novell. de l'auteur, p. 226; *Harm.*, V, 12, 21; *Mich. Attal.*, XXIV, 4.

[6] Πεῖρα, XIV, 1, 4; LIV, 10.

[7] Πεῖρα, XVI, 5.

[8] Πεῖρα, XVI, 12. *Harm.* V, 12, 23.

[9] Πεῖρα, XVI, 11. Pour l'étendue de la responsabilité de l'ἐπίτροπος, comp. encore Πεῖρα, XLIII, 8.

[10] En tant, du moins, qu'elle se rapporte aux εἰς εὐσεβεῖς αἰτίας διανομαί.

destitué, et que l'empereur doit en nommer un autre à sa place, avec mission de remplir les dernières volontés du défunt[1].

Par ce qui précède on reconnaît aisément que, si répandu qu'ait été l'usage de l'ἐπιτροπή, cette institution n'est cependant pas arrivée à complète maturité; on était sur la bonne voie pour aboutir à une organisation semblable à celle des *trustees*, *executors* ou *administrators* anglais, mais on s'arrêta à moitié chemin. Aussi ne faut-il pas s'étonner de ne rencontrer que peu de traces de cette institution dans le droit moderne[2].

§ 40. — Héritiers nécessaires[3]. — Introduction.

D'après le droit romain, il faut que certaines personnes soient prises en considération formellement ou matériellement par le testateur dans son testament : on a l'habitude de désigner ces personnes sous le nom d'héritiers nécessaires (— les jurisconsultes byzantins[4] emploient aussi l'expression κληρονόμος ἀναγκαῖος —), et on les distingue en héritiers nécessaires formels ou matériels.

Selon les Institutes, le Digeste et le Code[5], les principes suivants étaient appliqués en cette matière.

[1] Coll. IV, nov. 68, c. 6. Suivant la législation de Justinien, l'évêque devait intervenir en pareil cas : la novelle de Manuel ne reconnaît de coparticipation au patriarche et à l'économe de l'église de Sainte-Sophie, avec le préfet de la ville, qu'en cas d'absence de l'empereur.

[2] Le Code valaque l'omet entièrement; le Code moldave, §§ 793, 843, ne reproduit que la législation de Justinien.

[3] Dans le texte allemand, ce paragraphe est intitulé : *Notherben*, que nous traduisons par les mots *héritiers nécessaires*. Toutefois, nous croyons devoir faire remarquer qu'il ne faut pas confondre ceux-ci avec l'*heres necessarius*, qui est tenu d'accepter bon gré, mal gré, la succession de son maître.

On donne au mot *Notherb* une signification tout autre dans les ouvrages de droit allemands. Les auteurs désignent par là l'héritier qui ne peut pas être prétérit dans le testament du chef de famille. C'est aussi, dans ce sens, que M. Zachariæ a employé cette expression. (*Note du traducteur.*)

[4] Par ex. : Theodorus, *Brev.*, nov. I, c. 1.

[5] Les Inst., II, 13, *De exheredatione liberorum*; Dig., XXVIII, 2, *De liberis et postumis heredibus instituendis vel exheredandis*; XXXVII, 4, *De bonorum possessione contra tabulas*; Cod., VI, 12; *De bonorum possessione contra tabulas quam Prætor liberis pollicetur*; VI, 28, *De liberis præteritis vel exheredatis*; VI, 29, *De postumis heredibus instituendis vel exheredandis vel*

I. Les *héritiers nécessaires formels* étaient, d'après le droit civil[1], les *sui*, d'après le droit prétorien les *liberi* (*sui* et *emancipati*) : il faut qu'ils soient ou bien institués héritiers — quelque faible que soit leur lot — ou bien exhérédés *nominatim*[2]. Lorsqu'ils sont omis par le père, le testament est nul et non valable, d'après le droit civil, pour cause de prétérition d'un *suus* (ἀνυπόστατος, ἄκυρος, ἀτελὴς διαθήκη) ; ou bien, il est rompu dans son ensemble (ἐῤῥηγνυμένη διαθήκη), de sorte qu'il y a lieu de déférer la succession *ab intestat* pure et simple. Mais le préteur accorde, pour cause de prétérition des *liberi*, la *contra tabulas bonorum possessio* (ἐναντίωσις τῆς διαθήκης), qui, tout en attribuant aux *liberi* la part qu'ils auraient eue *ab intestato*, ne détruit pas en entier le testament, mais le laisse subsister dans une proportion plus ou moins grande.

L'origine de ces dispositions s'explique par la nature des testaments du droit romain primitif (§ 32). Elles se conservèrent même après que leur raison d'être eût disparu dans le cours des temps ; elles furent même étendues par le préteur, par suite de l'assimilation des *emancipati* avec les *sui*, et elles reçurent la forme qui vient d'être exposée, d'une constitution de Justinien dans la *l. ult.* C. *De liberis prœteritis*[3].

II. Les *héritiers nécessaires matériels*[4] sont les descendants, ascendants, frères et sœurs du côté paternel (— ces derniers

prœteritis, traitent particulièrement des héritiers nécessaires formels. — Les Inst., II, 18 ; Dig., V, 2 ; Cod., III, 28, *De inofficioso testamento*, traitent des héritiers nécessaires matériels.

[1] L'héritier nécessaire *formel* est celui qui peut être exhérédé sous la seule condition que la forme légale de l'exhérédation ait été observée. Il n'est pas besoin à cet égard que le testateur indique le motif de sa détermination. (*Note du traducteur.*)

[2] Les expressions grecques usitées sont : κληρονόμον γράφειν, ἀπὸ κληρονόμων γράφειν, ou ἀπόκληρον ποιεῖν — σιωπῇ παρατρέχειν, ou ἀμνημόνευτον ἐᾶσαι.

[3] Ce texte n'existe pas dans les Basiliques. Nous en indiquerons la raison plus bas (note 2, p. 41). Nous voyons comment les jurisconsultes du temps de Justinien l'ont compris, par Théophil., II, 13, 5, et une scolie de Thalelæus sur κατὰ πόδας de l. 1, C., *Comm. de manum.* dans *Basil.*, édition Heimb., IV, p. 768.

[4] L'héritier nécessaire *matériel* est celui que l'on ne peut exhéréder que pour une juste cause, c'est-à-dire pour une cause expressément écrite dans la loi. (*Note du traducteur.*)

cependant dans le seul cas où *scripti heredes infamiæ vel turpitudinis vel levis notæ macula adspergantur*[1] —), en tant qu'ils se trouvent être les plus proches parents *ab intestat* du défunt. Il faut qu'ils obtiennent, dans tous les cas, la légitime, c'est-à-dire le *quart* de la portion héréditaire leur revenant *ab intestat*, lorsqu'ils n'en ont pas été judiciairement déclarés indignes. En l'absence de l'une ou de l'autre de ces hypothèses, ils ont pendant cinq ans la *inofficiosi querela*[2] contre les héritiers institués, pour la rescision du testament (μέμψις τῆς διαθήκης[3]), lequel est rescindé en tant que de besoin, pour faire produire son effet au droit héréditaire du demandeur. Lorsque le réservataire n'a pas reçu sa portion légitime entière, il n'a d'action que pour le surplus[4]; lorsque la légitime a été amoindrie par suite de donations entre-vifs excessives faites par le *De cujus*, il obtient une *querela inofficiosæ donationis* ou *dotis*[5].

Ces dispositions prenaient leur source dans les doutes élevés sur la validité du testament primitif *per æs et libram*[6]. L'ancien tribunal des Centumvirs maintint longtemps encore le droit d'attaquer le testament privé; mais la coutume restreignit ce droit aux parents sus-nommés[7], et n'admit leur action que dans le cas où ils ne recevraient pas du testateur la part attribuée à chaque héritier d'après la loi *Falcidia*[8]. De là aussi, le nom de

[1] L. 27, C., *De inoff. test.* Comp., *Basil.*, XXXIX, 1, 52.

[2] Une *hereditatis intestati petitio ex causa inofficiosi*. Voir *Stephanus*, *ad l.* 1, D., *De inoff.* dans *Basil.*, édition Heimb., IV, p. 2.

comme l'appelle *Calocyrus*. *Basil.*, édition Heimb., IV, p. 41.

[3] Ou encore περὶ ἀκαθηκούσης διαθήκης ἀγωγή, ou περὶ φαλκιδίου ἀγωγή,

[4] L. 30, C., *De inoff.* Ce passage n'existe pas dans les Basiliques; il était inutile en présence de la nov. 115, c. 5.

[5] Cod., III, 29, *De inofficiosis donationibus*, et III, 30, *De inofficiosis dotibus*.

[6] Comp., p. 108. La *color insaniæ* est une fiction des jurisconsultes apparemment inventée après coup, et tout à fait insuffisante pour expliquer les particularités de la *querela*. Il est plus que probable qu'il n'existait pas de *querela* contre un testament *calatis comitiis*, ou *in procinctu*. C'est pourquoi elle n'a pas non plus été admise, dans le droit moderne, contre le testament des soldats, issu du *testamentum in procinctu*.

[7] Ulpien, *in l.* 1, D., *De inoff.*: « *Cognati, qui sunt ultra fratrem, melius facerent, si se sumtibus inanibus non vexarent, quum obtinendi spem non habent.* »

[8] Plin., V, 1.

legitima portio (chez les Grecs νόμιμος μοῖρα, νόμιμον τεταρτημόριον, plus tard simplement et de préférence φαλκίδιος [1].

Les Novelles de Justinien ont finalement modifié les principes qui viennent d'être exposés, en ce que :

1° Par la Novelle 18, c. 1, Justinien ordonne que la légitime des enfants, lorsqu'ils sont au nombre de quatre, soit du tiers; lorsqu'ils sont au nombre de cinq ou plus, de la moitié de l'hérédité (ou de la portion *ab intestat*). Les jurisconsultes de l'époque de Justinien étaient indécis sur le point de savoir si, d'après la phrase finale, cette élévation de la légitime s'étendait ou non à la légitime des ascendants et frères et sœurs [2].

2° Par la Novelle 115, c. 3-5, on décide que les ascendants ne sont admis à exhéréder ou à omettre leurs descendants, que dans le cas où l'une des causes énumérées dans les Novelles (ἀχαριστίας αἰτίαι) est expressément indiquée dans le testament, et qu'elle est susceptible d'être prouvée par l'héritier institué; à défaut d'une cause de ce genre, il faut qu'ils les instituent héritiers. De même, les descendants ne peuvent omettre ou en général priver de leur succession leurs ascendants que pour certaines causes énumérées dans la Novelle, causes qui doivent être indiquées nominativement dans le testament et prouvées par l'héritier institué. Lorsque ces prescriptions ne sont pas observées, l'institution d'héritier n'est pas valable, l'hérédité est dévolue d'après la loi, et il n'y a que les legs et autres clauses du testament [3] qui soient maintenues [4]. Mais le testament est

[1] Comp., *Athanas.*, IX, 7; *Stephan.*, *in sc.*, 18, *Ad Basil.*, édition Heimb., IV, p. 14 *passim*; *Julian. Const.*, 85. — *Calocyrus* désigne la légitime d'une manière encore plus précise, comme τὸ ἀπὸ τοῦ φαλκιδίου νόμου ἐποφειλόμενον, *Basil.*, édition Heimb., IV, p. 12.

[2] La novelle 18 était inconnue à Théophile et, à ce qu'il paraît, à Thalelæus. Il n'est pas possible d'apprécier l'opinion de Stephanus, d'après *Basil.*, édition Heimb., IV, p. 12; *Athanasius*, IX, 2; le premier résout avec timidité la question dans le sens de l'affirmative, tandis que Julianus, *Const.*, XXXIV, cap. CXIV, semble n'appliquer la novelle qu'aux seuls descendants. De même Théodorus, *Breviar.*, nov. 18, § 1, et nov. 117, §§ 1, 2, ne parle que d'une augmentation de la légitime des descendants, tandis qu'ailleurs il désigne la légitime comme équivalant au quart (comp. aussi les passages du Code de Théodore dans *Basil.*, édition Heimb. IV, p. 33, 157, ainsi que la manière dont il s'exprime dans nov. 1, § 1).

[3] En est-il de même pour les ψυχικά? Voir là-dessus Πεῖρα, v, 10; LXVII, 1.

[4] Ce qu'on appelle la *clausula derogatoria* s'y rattache dans le chap. 4:

valable, lorsque les descendants ou ascendants ont été institués, ne serait-ce que *in re certa :* et ceux-ci n'ont qu'une action aux fins d'obtenir le complément de la légitime, dans le cas où les dispositions faites en leur faveur sont inférieures au taux légal.

Autant ces prescriptions sont claires, autant il est difficile de résoudre la question de savoir jusqu'à quel point et dans quelle mesure la législation primitive concernant les héritiers nécessaires a été changée par là. Autant qu'il est possible de démêler la manière de voir des jurisconsultes contemporains de Justinien [1], il semble que ces derniers n'ont considéré la Novelle 115 que comme une loi *correctrice.* C'est au moins dans ce sens qu'elle a été envisagée par Athanase et Théodore dans leurs travaux sur les Novelles [2].

Ceux-ci ne prennent même pas le soin de faire ressortir la *clausula derogatoria,* et n'approfondissent pas la question indiquée plus haut. Par contre, quelques remarques plus précises se trouvent dans certains passages de *Stephanus* sur le titre du Digeste *De inofficioso testamento,* passages qui nous ont été conservés dans les scolies sur Basil. XXXIX. I [3]. Il en résulte principalement que, suivant *Stephanus,* l'ancienne *querela inofficiosi,*

Εἰ τι δὲ ἢ περὶ ληγάτου ἢ φιδεϊκομμίσσου ἢ ἐλευθεριῶν ἢ ἄλλων οἱωνδήποτε κεφαλαίων ἐν ἄλλοις νόμοις εὑρεθείη ταύτῃ τῇ διατάξει ἐναντίον, τοῦτο κρατεῖν κατ' οὐδένα βουλόμεθα τρόπον.

[1] Pour l'intelligence des extraits des jurisconsultes contemporains de Justinien contenus dans les Basiliques, il convient de remarquer que la novelle 115 — abstraction faite des interpolations — est citée par *Dorotheus* comme ἡ περὶ ἀχαριστῶν παίδων νεαρά, par *Stephanus* comme νεαρὰ τοῦ δεσπότου ριδ' τυγχάνουσα τῶν μετὰ τὸν κώδικα διατάξεων, par *Anonymus* comme περὶ ἐξηρεδατίονος ριδ' νεαρά.

[2] *Athanas.*, VII, 7; *Théod.*, nov. 115, § 3-11. Tous deux aussi, à propos de la publication de la novelle 129, postérieure à la novelle 115, font remarquer, sans autres commentaires, que, d'après ce texte, les légitimaires dont la part a été réduite peuvent intenter la *querela inofficiosi.*

[3] Ce sont les passages suivants, — dans l'édition Heimb., t. III, p. 2. — t. IV, lin. 10, *A fine textus*; p. 4, lin. 1; p. 7, sc. 4, *in fine*; p. 12, sc. 12, *in fine*; sc. 13, *in fine*; p. 16, lin. 15; p. 25, sc. 1, *Ad.* c. 21; p. 26, sc. 1, *Ad.* c. 22; p. 27, sc. 1 et 2, *Ad.* c. 24; p. 191, sc. 3, 6. Il est vrai qu'on n'indique qu'une fois Stephanus comme source, mais il n'en est pas moins certain que les autres extraits cités sont aussi tirés du Commentaire de ce dernier sur le Digeste. Dans *Basil.*, édition Heimb., celui-ci paraît même avoir considéré la c. *4. B. P.*, comme étant encore en vigueur.

avec toutes ses particularités, a continué à subsister en faveur des descendants ou des ascendants, en tant qu'elle n'a pas été modifiée par la Novelle 115. *Dorotheus* semble, de son côté, admettre comme valable une *exheredatio bona mente*, d'après la Novelle 115 [1]. *Julianus* enfin fait ressortir la *clausula derogatoria ;* et, si toutefois il est bien la même personne que l'*Anonymus* et l'*Enantiophanes* des scolies des Basiliques, il paraît avoir considéré la *contra tabulas bonorum possessio* comme abrogée par la Novelle 115, et avoir admis que, d'après la même Novelle, l'exhérédation ou la prétérition d'un *postumus* n'était pas possible, et que, dans le cas où le testament était rompu par la naissance d'un posthume, l'institution d'héritier seule devenait nulle [2].

§ 41. — Héritiers nécessaires. — Système de l'*Ecloga*.

Si l'on examine sans parti pris les dispositions de la législation de Justinien relatives aux héritiers nécessaires, on aperçoit tout d'abord que cet empereur s'est encore attaché à la formalité de l'institution et de l'exhédération, quoiqu'il n'y eût plus aucun motif sérieux de la maintenir. En outre, la tentative qu'il fit de déterminer légalement, une fois pour toutes, les ἀχαριστίας αἰτίαι, fut un essai malheureux, par la raison que la multiplicité des causes pour lesquelles les parents peuvent à bon droit avoir des griefs contre leurs enfants, n'est pas de nature à être restreinte à certains cas déterminés, sans préjudice pour l'autorité paternelle. Il en eût été autrement si l'on avait fixé les espèces dans lesquelles les enfants, en vertu de la loi et non pas en vertu de l'expression de la volonté paternelle, devaient perdre leur part héréditaire pour cause d'indignité. Si l'on eût suivi dans ses conséquences cette idée que certains délits des enfants leur font perdre tout droit à être pourvus par leurs parents, on eût été conduit forcément à octroyer aux parents le droit d'exhérédation en pareil cas, et même à exclure, de par la loi, les enfants coupables, de la succession *ab intestat*. Enfin on est saisi d'un senti-

[1] Comp. la sc. dont il est évidemment l'auteur, sur la l. 16, D., *De curat. fur.*, dans *Basil*, édition Heimb., III, p. 773.

[2] Julian. *Const.*, 107, c. 372-375 ; Enantioph. dans *Basil.*, édition Heimb., IV, p. 43, 49 ; enfin deux scolies (§ 43) sur *Basil.*, XL, 3, 1, et 7, 1, qui appartiennent indubitablement à *Anonymus*.

ment pénible, quand on voit que Justinien essaie aussi de déterminer les cas dans lesquels on doit admettre, à l'encontre des parents, qu'ils se sont rendus indignes vis-à-vis de leurs enfants, — ce qui n'est pas de nature à consolider l'autorité paternelle, base de toute vie de famille. — En présence de ces diverses tendances, une réforme de la législation de Justinien sur les héritiers nécessaires devenait indispensable, et la seule idée digne d'être maintenue était celle sur laquelle reposait l'institution de la légitime, l'idée d'un droit appartenant à la famille sur le patrimoine du défunt et ne pouvant lui être enlevé.

Les empereurs Léon et Constantin qui, d'une part, n'étaient pas asservis au même point que Justinien par les traditions du droit romain primitif, et qui, d'autre part, ainsi que nous l'avons fait remarquer à diverses reprises dans le droit des personnes, étaient doués d'un grand tact, et surtout animés d'un sentiment profond pour l'unité et la pureté du lien de famille, nous ont laissé dans l'Ecloga les bases d'une législation revisée concernant les héritiers nécessaires, législation qui était sans doute destinée à satisfaire, dans les points essentiels, le besoin qui vient d'être indiqué.

L'Ecloga[1] émet le principe fondamental qu'il faut que les parents laissent au moins à leurs enfants le tiers de leurs biens, à titre de νόμιμος μοῖρα[2], et même la moitié, dans le cas où il y a plus de quatre enfants. Quant à la forme suivant laquelle s'opère la dévolution, il n'en est rien dit nulle part.

Lorsqu'un enfant a été omis dans le testament de son père ou de sa mère, à savoir :

1° Un *postumus*, celui-ci hérite avec ses frères et sœurs institués, le testament restant valable pour le surplus. — (Si, au lieu de frères ou sœurs, c'est un étranger qui est institué, dans ce cas, les legs et autres dispositions sont maintenues, et le *postumus* prend le lieu et place de l'*extraneus* institué.)

2° Un enfant vivant lors de la confection du testament, les juges ont à rechercher si l'enfant s'est rendu indigne vis-à-vis de

[1] Les textes sur la comparaison et l'interprétation desquels se fonde ce qui suit, se trouvent dans V, 5, 7; XVI, 1, 4.

[2] Νόμιμος μοῖρα est synonyme de τρίτη μοῖρα. *Ecl.*, XVI, 4 : « τὴν νόμιμον ἤγουν τὴν γ' μοῖραν. » L'*Eclog.*, XVI, 1, contient l'exception pour le testament des militaires.

ses parents [1], et, le cas échéant, le testament est valable. — (Mais qu'arrive-t-il dans l'hypothèse inverse? Il est évident qu'ici, de même que pour le posthume, il peut en résulter un renversement total ou partiel de l'institution d'héritier, sans préjudice du surplus des dispositions renfermées dans le testament [2].)

L'Ecloga garde le silence sur le cas où l'on n'a pas laissé à l'enfant sa légitime entière : il n'y avait lieu, dans cette hypothèse, qu'à lui accorder le complément.

L'Ecloga admet aussi une légitime des père et mère, s'élevant au tiers de la fortune de l'enfant [3] : mais ce n'est que pour le cas où le testament émane d'un ὑπεξουσίου; au surplus, elle ne fait aucune remarque sur ce qui arrive lorsqu'aucun legs n'a été fait aux parents. On ignore si cet oubli est dû à une lacune du texte qui nous est parvenu [4], ou s'il convient de lui attribuer une signification plus profonde [5]. L'Ecloga passe sous silence la légitime des frères et sœurs.

Ce que l'Ecloga [6] a décidé à propos des causes d'exhérédation admises par Justinien, est digne de remarque, et nous al-

[1] L'*Ecl.*, V, 6, contient un cas spécial.

[2] L'*Ecloga privata aucta.*, V, 4, le dit clairement : « Εἰ δὲ παρεφθῇ τι ἐν τῇ ποιήσει τῶν εἰρημένων διαθηκῶν, ἄκυρον εἶναι τὴν τοιαύτην διαθήκην· εἰ δὲ καὶ ἐντελῶς γενομένων τῶν διαθηκῶν οἱ γονεῖς τὰ γνήσια τέκνα ἢ ἓν αὐτῶν ἐνδιαθήκως ἀμνημόνευτον ἐάσωσιν, ἢ καὶ μετέπειτα ζώντων τῶν γονέων μετὰ τὴν ποίησιν τῆς διαθήκης ἐπιγεννηθῇ αὐτοῖς βρέφος ἢ καταλειφθῇ ἐγκυμονούμενος καὶ εἰς φῶς προέλθῃ, τὰ μὲν λεγάτα καὶ ἐλευθερίαι κατὰ τὴν διαθήκην κρατείτωσαν, τὰς δὲ τῆς κληρονομίας ἐνστάσεις ἀκυροῦσθαι, καὶ τοὺς μὴ μνημονευθέντας παῖδας ἢ καὶ παῖδα μετὰ τῶν λοιπῶν αὐτῶν συγγενῶν ὡς ἐξ ἀδιαθέτου εἰς διαδοχὴν τῶν τοιούτων γονέων εἰσέρχεσθαι· εἰ γὰρ ξένοι κληρονόμοι ἐγγράφησαν ἐν τῇ τοιαύτῃ διαθήκῃ, αὐτοὶ μὲν ἐξωθείτωσαν, οἱ δὲ παροφθέντες γνήσιοι παῖδες κληρονομείτωσαν.

[3] *Ecl.*, XVI, 4. L'augmentation de la légitime dans la novelle 18, s'étend aussi aux ascendants. Comp., la note 2, p. 32.

[4] Peut-être faut-il le rattacher à la théorie (quelque peu obscure) de l'*Ecloga* touchant l'ὑπεξουσιότης et l'αὐτεξουσιότης. Comp., § 19, 49. Mais alors il y aurait aussi lieu de restreindre le droit à la légitime aux ὑπεξούσιοι, dans l'esprit de l'*Ecloga*.

[5] Comp. l'édition de l'Ecloga de l'auteur, p. 25, note 46. L'*Ecloga priv. aucta*, V, 5, ajoute au passage cité dans la note 458, ce qui suit : Κατὰ τὸν ὅμοιον δὲ τρόπον καὶ ἐπὶ παιδὸς διατιθεμένου καὶ παντελῶς μὴ μνημονεύοντος τῶν οἰκείων γονέων γίνεσθαι.

[6] *Ecl.*, VI, 13.

lons l'indiquer, quoiqu'il n'y ait plus de lien étroit entre cette doctrine et la législation sur les héritiers nécessaires.

L'Ecloga n'admet plus que les causes d'exclusion des enfants, et cela non plus à titre de causes qui autorisent le père ou la mère à exhéréder leur enfant, mais à titre de causes pour lesquelles les enfants doivent être légalement exclus de l'hérédité de leurs parents, c'est-à-dire de l'hérédité *ab intestat*[1]. L'Ecloga ne reconnaît aucune cause d'exclusion des père et mère[2]. Elle a en conséquence modifié la Novelle 115 de Justinien, modification nécessaire à un double point de vue, ainsi que nous l'avons montré.

§ 12. — Héritiers nécessaires. — Le *Prochiron* et l'*Epanagoge*.

D'après la marche que l'histoire du droit a suivie en général, dans l'empire byzantin, il est aisé de supposer que les réformes

[1] « Ἐκπίπτουσι τῆς νομίμου κληρονομίας. » C'est pour ce motif aussi que la disposition y relative ne se trouve pas dans le tit. V (des testaments) mais dans le tit. VI (de l'hérédité *ab intestat*).

[2] Dans l'*Ecl.*, VI, 13, la plupart des manuscrits portent : Ἐκπίπτουσι τῆς νομίμου κληρονομίας οἱ μὲν παῖδες, κτλ. En suite de quoi, on s'attend à trouver : Οἱ δὲ γονεῖς, κτλ., et l'on est disposé à attribuer l'absence de ces mots à une lacune des manuscrits. A la vérité, l'*Ecloga privata aucta* (VII, 7), outre qu'elle ajoute aux termes de ce paragraphe plusieurs causes d'exhérédation qui ne figurent pas dans l'Ecloga primitive, continue ainsi qu'il suit : Ἐκπίπτουσι δὲ καὶ οἱ γονεῖς ἐκ τῆς τῶν παίδων νομίμου διαδοχῆς διὰ τὰς προειρημένας αἰτίας, πρὸς γε δὲ καὶ εἰ κωλύσωσι τοὺς παῖδας αὐτεξουσίους ὄντας διαθέσθαι· τὰς δὲ τοιαύτας ἀχαριστίας πολλὰς ἢ καὶ μίαν ἐξ αὐτῶν ὑπὸ τοῦ διατιθεμένου πάντως ἐν τῇ αὐτοῦ βουλήσει ἐγγράφεσθαι καὶ διὰ τῶν κληρονόμων αὐτοῦ ἐγγυμνάζεσθαι καὶ ἀποδείκνυσθαι· εἰ γὰρ μὴ ἐγγράψηται ὁ διατιθέμενος ἢ καὶ ἐγγραψαμένου αὐτοῦ οἱ κληρονόμοι αὐτοῦ μὴ ἀποδείξωσιν, ἀντ' οὐδένος εἶναι τὴν τοιαύτην ἀχαριστίαν, καὶ ὑπεισέρχεσθαι εἰς διαδοχὴν τὸν ἀλόγως ἀχαριστίαν αἰτιολογηθέντα. Mais, de même qu'on remarque déjà un retour au droit de Justinien dans l'Appendice de l'*Ecloga*, de même on en a la preuve plus manifeste encore dans le texte de l'*Ecloga privata aucta*, et particulièrement dans le passage précité. L'*Ecloga ad Prochiron mutata*, tit. VIII, ne contient pas ce passage ; elle s'est contentée d'ajouter le texte du *Proch.*, XXXIII, 18. Dans ces circonstances, et d'après l'ensemble de l'esprit dans lequel est conçue l'*Ecloga*, on devrait bien plutôt effacer le mot μὲν dans le passage οἱ μὲν παῖδες, et reconnaître qu'il y avait eu dans l'esprit des rédacteurs l'intention d'omettre les causes d'exhérédation des parents.

de l'Ecloga n'ont pas dû résister à la renaissance de la législation de Justinien, au neuvième siècle. En effet, on en rencontre tout au plus quelques traces dans les recueils de droit privés. Les livres de droit officiels des empereurs macédoniens, au contraire, se fondent de nouveau en entier sur le droit successoral de Justinien, et, depuis cette époque, la législation byzantine, en cette matière, n'a pas adopté d'autres principes [1].

Pour ce qui a trait à la restauration du droit de Justinien, il semble, d'après les passages du Prochiron, que ses rédacteurs ne se sont pas eux-mêmes bien rendu compte de la théorie de l'hérédité nécessaire [2]. On sait [3], par l'histoire du Prochiron, que la grande compilation des Basiliques n'était pas encore terminée au moment où celui-ci fut publié, et surtout que ses auteurs n'étaient pas en mesure d'utiliser cet ouvrage, à partir du titre XXII. De cette manière, ces auteurs sont tombés au titre XXV (dans lequel on expose les principes de la nullité ou de l'invalidité partielles ou totales du testament) sur un ancien compendium d'Institutes, inconnu d'ailleurs, qui, pour partie, contient même du droit anté-Justinien [4] ; et ils en ont extrait des passages qui sont en contradiction formelle non-seulement avec la Novelle 115 de Justinien, mais encore avec les Institutes et avec le Code. Ils y ont ajouté, dans le titre XXXII, 1, les dispositions de la Novelle 18 sur la légitime des enfants, et, dans le titre XXXIII, 1-29, la Novelle 115, c. 3-5 pr. [5].

[1] Si néanmoins l'exposé que nous nous proposons d'en présenter est quelque peu développé, la cause en est aux jurisconsultes occidentaux, qui se réfèrent si fréquemment aux Basiliques, sans les avoir bien comprises ; et à cette autre circonstance que l'excellent ouvrage de Καλλιγᾶς, V, § 65, sur le droit romain en vigueur dans le royaume de Grèce, aurait besoin d'un supplément de ce genre.

[2] Une confusion semblable à celle qu'il y a dans *Proch.*, tit. XXV, règne dans la sc. d'un [illegible] s. que donne Labbæus, *Obss. in syn.*, p. 125. Comp., *Basil.*, édition Heimb., IV, p. 43, note 4.

[3] Comp., l'édition du *Proch.*, p. xc, de l'auteur.

[4] Comp., les annotations sur Harm., V, 5, 1-4, dans l'édition de *Reitz*.

[5] Avec quelques légères modifications. Comp., l'édition de l'auteur, p. 173, note 11 ; p. 174, note 28 (à la fin de laquelle, il faut ajouter : « tit. IV, c. 24, note 39. ») L'*Ecloga*, V, 6, a peut-être été l'occasion de la première interpolation. Sur le dernier passage, comp. encore *Epan.*, XXXIV, 4, sc. d. — Les rédacteurs du *Prochiron* ne semblent pas avoir été bien d'accord sur la différence à établir entre l'exhérédation et la perte

Les rédacteurs de l'Epanagoge ont, à leur tour, suivi l'exemple du Prochiron : le titre XXXII de l'Epanagoge s'accorde en tous points avec le titre XXV du Prochiron ; le titre XXXIV, 1, de l'Épanagoge est pareil au titre XXXII, 1, du Prochiron ; et dans le c. 4, jusqu'à la fin, l'Epanagoge reproduit la Novelle 115, c. 3-5 pr.

L'ancien scoliaste de l'Epanagoge a déjà remarqué les erreurs et les contradictions dans lesquels l'Epanagoge et le Prochiron sont tombés. Après avoir fait observer en passant[1] que la légitime est due aussi aux ascendants (et cela jusqu'à concurrence du tiers), il fait ressortir en particulier[2] que Οὗτος ὁ τίτλος (Proch., tit. XXV, et Epan., tit. XXXII) ἐν πολλοῖς διασφάλλεται, et que les nullités qui y sont indiquées pour cause de non-exécution des prescriptions de la législation sur les héritiers nécessaires formels « ἑνὶ λόγῳ τῷ τῆς μὴ νεαρᾶς κανόνι ἐμπίπτουσι, » c'est-à-dire que, dans ces cas, suivant la Novelle 115, l'institution d'héritier est renversée d'une manière absolue, et que le testament ne produit ses effets que pour le surplus.

§ 13. — Héritiers nécessaires. — Système des Basiliques.

Si nous passons maintenant à la manière dont les Basiliques ont reproduit la théorie du droit de succession nécessaire, nous voyons que les rédacteurs de ce recueil, en essayant de combiner les sources du droit de Justinien, devaient rencontrer les questions controversées relatives au point de savoir quel était le rapport des Novelles 18 et 115 avec l'ancien droit. La solution était évidemment d'autant plus difficile pour eux qu'ils devaient se borner, d'après leur plan, à choisir parmi les sources et à juxtaposer les textes, en y mêlant quelques interpolations et gloses très-brèves. Il n'est pas aisé de décider s'ils se sont bien rendu compte de la difficulté de leur projet, ni s'ils l'ont exécuté,

du droit héréditaire pour cause d'indignité. C'est pour cette raison que l'on a introduit νεαρῶς (circonstance que nous pouvons indiquer dès à présent), à la fin du titre sur l'exhérédation, trois nouvelles causes particulières d'indignité. *Proch.*, XXXIII, 30-32.

[1] *Epan.*, XXXIII, sc. c.

[2] *Epan.*, XXXII, sc. a. f.

d'autant que le livre XXXV des Basiliques ne nous est pas parvenu avec des scolies ni dans sa forme primitive.

Les Basiliques traitent des héritiers nécessaires formels, d'après le droit civil, dans le livre XXXV, tit. VIII; de la *inofficiosi querela* (περὶ μέμψεως διαθήκης) dans le livre XXXIX, tit. I; de la *contra tabulas bonorum possessio* (περὶ ἀγαθῶν διακατοχῆς ἐναντιώσεως διαθήκης), dans le livre XL, tit. III.

On possède une ancienne [1] scolie qui se rapporte à ce dernier titre et qui porte ce qui suit [2] : Ὁ παρὼν τίτλος κατὰ τὸ κρατοῦν περιττός ἐστι· τῆς γὰρ μετὰ τὸν κώδικα νεαρᾶς ῥητὰς αἰτίας ἀπαριθμουμένης παρ' ἃς εἴ τις ἐξνερεδατεύσει ἢ πραιτεριτεύσει τὸν ἑαυτοῦ παῖδα, ἀκυροῦται μὲν ἡ ἔνστασις, δίδονται δὲ πάντα τὰ ληγάτα, χώραν οὐκ ἔχει ὁ παρὼν οὔτε ὁ ἑπόμενος τίτλος· ἀνάγνωθι αὐτοὺς διὰ τὰ ἐν αὐτοῖς κείμενα παράτιτλα. Ainsi, en thèse générale, on y considère la *bonorum possessio contra tabulas* comme supprimée : toutefois, le titre qui en traite doit néanmoins contenir des dispositions (παράτιτλα) importantes sous d'autres rapports.

A la vérité, c'est aussi dans ce sens seulement que le titre du Digeste *de B. P. c. t.* a été inséré et arrangé dans les Basiliques; une série des passages les plus essentiels y ont été omis : par exemple, l. 4, § 2, D. *l. c.* que la *bonorum possessio* n'est pas donnée contre le testament d'une femme : ou, l. 8, pr, *eod.*, qu'elle n'appartient pas aux exhérédés, et que ces derniers ne peuvent invoquer que l'*inofficiosi querela*, et d'autres passages semblables [3]. De même les scolies des anciennes sources n'ont été ajoutées à ce titre, en tant qu'elles concernaient des παράτιτλα, que par extraits.

De même que la *bonorum possessio contra tabulas*, le droit civil des héritiers nécessaires formels est considéré dans les Basiliques comme abrogé dans son ensemble par la Novelle 115. Les rédacteurs des Basiliques ont, il est vrai, inséré dans le livre XXXV, titre VIII, les titres correspondants du Digeste et du Code [4], mais seulement à cause des παράτιτλα : la

[1] Comp., § 40, p. 29.

[2] *Basil.*, édition Heimb., IV, p. 60. L'auteur (*Anonymus*) renvoie à ce passage, p. 163, sc. 2.

[3] Le titre XII tout entier du livre VI. C., *De B. P. c. t.*, n'est pas reproduit.

[4] On ne saurait préciser si cette insertion a été intégrale ou si elle n'a

Novelle 115 est placée à la fin, comme reproduisant le dernier état du droit. On fait, en outre, ressortir d'une manière spéciale dans le livre XXXIX, 2, 5, des Basiliques, au moyen d'une interpolation dans le texte [1], la circonstance que la rupture du testament par l'arrivée d'un *postumus*, est restreinte dans ses effets à l'annulation de l'institution d'héritier.

On peut se faire, il est vrai, cette question : Doit-on considérer comme παράτιτλα les passages du Digeste et du Code insérés dans les Basiliques, et relatifs à l'ancien droit formel des successions nécessaires, civil et prétorien, et jusqu'à quel point doivent-ils être suivis dans la pratique? Ce que Michel Psellus dit en général des Basiliques : Ἀλλ' ἐστὶ δυσερμήνευτον, ἀλλ' ἀσαφὲς ἐσχάτως, s'applique tout particulièrement à cette question [2]. — Par exemple, faut-il encore se préoccuper de la forme de l'exhérédation (désignation spéciale s'appliquant à tous les degrés, etc.), à l'égard des *liberi*, lorsque leur omission est accompagnée de l'indication d'une cause légale dont la preuve peut être fournie? Dans les *Basiliques* [3], on reproduit les anciennes dispositions sur la forme et le mode de l'exhérédation : mais il n'est pas dit si c'est à titre de règle pratique ou de souvenir historique, quoique l'omission de la loi *ultima* C. *De liberis præteritis* [4] semble indiquer que les rédacteurs des Basiliques ont jugé à propos de faire disparaître toutes espèces de formalités. — De même il y a lieu de se deman-

été faite que moyennant certains retranchements ou interpolations; en effet, le livre XXXV est un de ceux qui ont été restitués.

[1] Un scoliaste plus récent critique à la vérité cette interpolation, en ce qu'elle jette de la confusion dans l'interprétation historique; mais, au fond, il n'en conteste pas l'exactitude. *Basil.*, édition Heimb., IV, p. 44; comp. aussi Πεῖρα, XIV, 2; LXVII, 1.

[2] Les jurisconsultes byzantins étaient même indécis sur le choix des règles d'interprétations à suivre pour résoudre de semblables questions. Suivant Πεῖρα, LI, 6, un juge admettait que des passages isolés insérés dans les Basiliques, quand ils étaient, par exemple, extraits du Digeste, fussent considérés comme abrogés par d'autres passages extraits du Code. Le scoliaste, indiqué dans la note 2, p. 32, paraît considérer une semblable interprétation comme nécessaire et justifiée. Par contre, *Magister Eustathius Romanus* soutenait que οὐδὲν τῶν κειμένων ἐν τοῖς βασιλικοῖς εἶναι τῶν ἀνῃρημένων, ἀλλὰ ... κρατεῖν κατὰ τοὺς οἰκείους καιροὺς καὶ τὰς ὑποθέσεις.

[3] *Basil.*, XXXV, 8, 1, 3. — Comp., en outre, Πεῖρα, LIV, 3; LXVII, 3; Harm., V, 5, 0; 9, 6

[4] Comp., plus haut, § 40, note 3, p. 30.

der si la *exheredatio bona mente* est rappelée dans les Basiliques[1] comme droit historique ou pratique. Sous ce rapport et d'autres semblables, les Basiliques fournissent, sans contredit, un vaste champ à l'interprétation.

Si, du moins, l'on peut tenir pour certain que, selon les Basiliques, les *sui* prétérits ou exhérédés *non rite* ne peuvent pas invoquer l'ancienne *hereditatis intestati petitio* (celle qu'on appelle la *querela nullitatis ex jure antiquo*), et que les *liberi* prétérits, ou exhérédés *non rite*, ne peuvent pas invoquer la *bonorum possessio contra tabulas*, il reste encore à rechercher quel moyen de droit on leur accorde, dans leur intérêt, en cas de non-observation des prescriptions de la Novelle 115. On comprend que c'est nécessairement le même moyen de droit que celui qui appartient au descendant d'une femme ou aux ascendants, lorsque les dispositions de ladite Novelle ont été méconnues à leur encontre. Mais quel est-il ?

On n'ignore pas que certains jurisconsultes de l'Occident ont admis une *querela nullitatis ex jure novo*. On rencontre aussi parfois, chez les jurisconsultes byzantins, des expressions générales et incertaines qui seraient susceptibles d'être interprétées dans ce sens. Mais on n'en trouve aucune trace positive dans les Basiliques[2]. Bien plus, l'ancienne *inofficiosi querela* (μέμψις τῆς διαθήκης) y apparaît[3] partout comme constituant une voie de recours unique et généralement usitée : et, si elle a été dans une certaine mesure transformée ou modifiée par la Novelle 115, c'est uniquement en ce qui concerne ses conditions d'exercice et ses effets. Pour l'exercer, il ne suffit plus de prétendre que c'est à tort qu'on a été omis, il faut soutenir que l'on n'a rien obtenu ἐν ἐνστάσει, et que le défunt n'a eu aucun motif légal et probable pour la prétérition. L'action n'a plus pour objet la rescision du testament dans son entier, mais seulement celle de l'institution d'héritier. Toutes les autres règles de la *inofficiosi querela*, qui ne sont

[1] *Basil.*, XXXV, 8, 16 ; XLIX, 4, 9. Comp. la scolie (de Dorotheus) dans *Basil.*, édition Heimb., III, p. 773.

[2] Dans Πεῖρα, XXV, 75, il est, par exemple, question d'un κατὰ τῆς διαθήκης ῥῆξις, que les ascendants omis ont le droit de faire valoir. Mais, au fond, ce n'est que l'*inofficiosi querela* que l'on a en vue.

[3] *Basil.*, XXXIX, 1. — Comp. aussi la nouvelle scolie dans *Basil.*, édition Heimb., I, p. 633.

pas en opposition avec cette innovation de la Novelle 115, par exemple la prescription de cinq ans[1], continuent à subsister.

D'après ce que nous avons fait remarquer au § 40 sur les vues des jurisconsultes du temps de Justinien, ces vues paraissent avoir été, sous tous les rapports, communes aux rédacteurs des Basiliques. C'est d'ailleurs avec une certaine habileté que les rédacteurs des Basiliques ont procédé à la compilation du titre, περὶ μέμψεως διαθήκης : ils ont intentionnellement transporté plusieurs passages du Digeste *de bonorum possessione contra tabulas* dans le titre des Basiliques, traitant de la μέμψις usitée[2]. En outre, ils ont sciemment laissé de côté une série de passages du titre du Digeste et du Code *de inofficioso testamento*, comme n'ayant plus d'application pratique, depuis la Novelle 115, et en tant que ne l'ayant plus[3]. Enfin, il faut aussi faire observer qu'ils ont choisi pour rubrique du titre, non pas celle du Digeste et du Code *de inofficioso testamento*, c'est-à-dire περὶ ἀκαθηκούσης διαθήκης, mais celle qui désignait la voie de recours : περὶ μέμψεως διαθήκης.

En résumant rapidement ce qui précède, nous pouvons définir le système des Basiliques comme suit : le droit de succession nécessaire, tant formel que matériel, est fondu en un seul par la Novelle 115, et le second, modifié par les Novelles 18 et 115, conserve seul une valeur pratique. Il n'y a plus de ἐναντιώσεως τῆς διαθήκης[4], mais seulement la μέμψις τῆς διαθήκης, modifiée par la Novelle 115.

Il eût été conforme à l'esprit de ce système de supprimer complétement la légitime des frères et sœurs (§ 40), suivant l'exemple donné par l'Ecloga et le Prochiron. Mais, comme on attachait à la Novelle 115 le caractère d'une loi corrective, on hésita à laisser de côté, dans la compilation des Basiliques, les passages qui traitaient de la légitime des frères et sœurs, sans avoir reçu sur ce

[1] *Basil.*, XXXIX, 1, 56, 58. — Voir aussi la scolie précitée, et Harm., V, 6, 5 ; 9, 20.

[2] *Basil.*, XXXIX, 1, 80 et suiv.

[3] Par exemple, l. 17, § 1 ; D., *h. t.* (*Basil.*, édition Heimb., IV, p. 7, sc. 4). Comp., en général, *Basil.*, édition Heimb., IV, p. 17, 20, 21, 32, 33 et suiv., où l'on peut se faire facilement une idée générale des passages qu'on a omis, au moyen des notes marginales.

[4] Comp., § 40, et § 44, note 3, p. 45.

point un ordre formel de l'empereur. On a, au contraire, donné à tous les frères et sœurs la légitime, en effaçant dans les passages y relatifs la restriction écrite en faveur des *germani* et des *consanguinei* seuls, et cela, en considération de ce que Justinien avait, du reste, placé les *uterini* sur la même ligne que les *consanguinei*[1]. Mais il faut aussi considérer comme modifiée sous les autres rapports la légitime des frères et sœurs, en ce que la μέμψις τῆς διαθήκης qui leur est accordée, ne produit plus que l'annulation de l'institution d'héritier. Ceci n'est pas dit textuellement dans les Basiliques. Mais on indique d'une manière générale l'annulation de l'institution d'héritier comme étant, d'après le droit nouveau, l'effet que produit la *querela*, et l'on a omis à dessein, dans les Basiliques, ceux des passages du Digeste et du Code qui, suivant l'ancien droit, attribuent à la *querela* des effets plus étendus[2]. D'où il suit que, selon la législation des Basiliques, la *querela* des frères et sœurs peut renverser l'institution d'héritiers sujets à reproche, mais que, pour le surplus, elle laisse subsister le testament.

Remarquons, en terminant, que l'élévation de la légitime dans la Novelle 18 de Justinien[3], a été admise dans les Basiliques, ainsi que dans l'Ecloga, et qu'elle a été étendue à la légitime des ascendants et frères et sœurs[4]. C'est pourquoi les passages dans lesquels il était question de la *légitima* comme comprenant une *quarta* ont tous été interpolés; au lieu de *quarta* on a mis τρίτον ou τετραούγκιον[5]. Dans la législation antérieure à la Novelle 18, toutes les fois que la loi attribuait à quelqu'un une portion de biens, c'était de la *quarta* qu'il s'agissait, par analogie de la *lex falcidia*. Désormais la *quarta* se trouve partout remplacée par le τρίτον, comme νόμιμος μοῖρα[6], si bien que

[1] *Basil.*, XXXIX, 1, 48, 52; comp. les novelles de l'auteur, p. 226; *Psellus*, V, 281, 558 et suiv.; 1066 et suiv.

[2] Voir note 488, et les passages qu'on y cite.

[3] Elle se trouve dans *Basil.*, XLI, 4, 2.

[4] *Basil.*, édition Helmb., IV, p. 149, sc. 4.

[5] *Basil.*, XXXIX, 1, c. 8, th. 7, 10; c. 21, 38, 41, 51 (où dans l'édition Helmb., on a encore traduit par erreur le mot τετραούγκιον par celui de *quadrans*), 53, *passim*.

[6] Nous indiquerons, plus bas (§ 51), que ce système a été étendu à la *quarta* que, selon la *loi falcidia*, l'héritier peut retenir à l'encontre du légataire. — Pour plus de détails, Comp. *Basil.*, édition Helmb., IV, p. 53, sc. *Calocyri*.

la *quarta D. Pii* qui appartenait au mineur adrogé, fut changée en un τρίτον[1]. On aurait dû élever de même au tiers la légitime de la veuve pauvre et non dotée : mais il n'en a pas été ainsi, malgré l'inconséquence[2].

§ 44. — Héritiers nécessaires. — Droit postérieur et droit moderne.

La succession nécessaire ou droit à la légitime telle qu'elle a été organisée par la Novelle 115 de Justinien, et formulée dans les Basiliques, n'a été changée par aucune loi postérieure.

Mais comme le Prochiron en donnait une exposition incomplète, pleine de contradictions et en partie surannée (§ 42), et qu'il était toujours suivi dans la pratique, à côté des Basiliques, comme présentant un résumé officiel de la législation en vigueur, il devait forcément résulter de là une grave perturbation dans la pratique et la théorie. Il paraît, il est vrai, suivant la Πεῖρα[3], que le droit des Basiliques a été appliqué dans les Cours souveraines de Constantinople, qu'un extrait en a été fait avec

[1] *Basil.*, XXXIII, 1, 18 ; XXXIX, 1, 8 th. 16, et sc. 29 ; XLII, 3, 2 th. 2 ; XLIX, 6, 13; *Psellus*, V, 259, 478.

[2] *Basil.*, édition Heimb., III, p. 315. On donnait, sans doute, pour raison que la novelle 18 avait, il est vrai, modifié l'*ancien* droit, mais qu'elle ne concernait pas les prescriptions *plus récentes* de la novelle 53, c. 6, et de la novelle 117, c. 5. — Nous croyons devoir faire observer, en outre, que les byzantins calculent la légitime, non pas comme une *pars portionis ab intestato*, mais, conformément au texte de la novelle 18, comme un tiers (soit, le cas échéant, une moitié) de l'hérédité. Comp., *Epanag.*, XXXIV, sc. a. (Ici on serait porté à lire : ἐκ τοῦ τρίτου τῆς ὑπ., au lieu de ἐκ ταύτης τῆς ὑποστ.) Πεῖρα, XLI, 3 (où nous lisons, p. 167, ligne 6 : ἕκτῳ, au lieu de ε ἕτῳ, i. e. πέμπτῳ, et ligne 9 : τρίτον, au lieu de : ϛ τον, c'est-à-dire, ἕκτον), 4, 8, 18, 22 ; *Psellus*, V, 786-799. Au surplus, cette manière de calculer fait comprendre l'observation du scoliaste de l'*Epanagoge*, tit. XXXIII, sc. c.

[3] Il ne faut pas oublier de remarquer qu'une nouvelle terminologie semble avoir pris naissance. On distingua avec raison l'action au moyen de laquelle l'héritier nécessaire prétérit ou exhérédé *non rite* renverse l'institution d'héritier, et l'action à fin de parfaire la légitime, dans le cas où le réservataire a été institué pour une portion moindre. On nommait la première ἐναντίωσις, la seconde μέμψις (Πεῖρα, LXVII, 2, sc. in *Basil.*, édition Heimb., III, p. 623). Il est évident, dès lors, que les plus grands malentendus naissaient, quand on confondait l'une avec l'ancienne ἐναντίωσις, c'est-à-dire la *bonorum possessio contra tabulas*, et l'autre avec l'ancienne μέμψις, c'est-à-dire avec la *querela inofficiosi*.

assez d'intelligence dans la *Synopsis*, et qu'il a passé de là dans plusieurs livres de droit [1]; mais on trouve néanmoins plus d'une preuve [2] d'erreurs répandues dans cette doctrine; et en même temps les ouvrages de droit, qui ont été plus tard en usage, montrent jusqu'à l'évidence la confusion qui s'était élevée à ce sujet. L'*Epanagoge aucta*, l'*Epitome ad Prochiron mutata*, le *Prochiron auctum*, reproduisent l'un à côté de l'autre les titres correspondants ou les passages du Prochiron et de l'Epanagoge (en partie avec les anciennes scolies de celle-ci), ainsi que des extraits d'autres sources, le tout d'une manière souverainement confuse et contradictoire.

Harménopulo [3], tout particulièrement, a si bien confondu le droit usuel et le droit abrogé, dans les extraits qu'il a faits, que l'on essayerait en vain de constituer un système complet de la succession nécessaire, d'après l'ensemble des titres consacrés à ce sujet.

Dans ces circonstances, il n'y a pas lieu de s'étonner que, sous la domination turque, l'intelligence et la connaissance du droit successoral légitime aient disparu presque complétement [4], et qu'à leur place aient surgi des usages indéterminés, locaux [5], n'ayant de commun qu'un seul principe, à savoir, l'existence d'un droit appartenant aux plus proches parents sur le patrimoine du défunt.

Dans le royaume de Grèce actuel, le manuel d'Harménopule

[1] Ainsi, par exemple, dans le πόνημα de *Michael Attalensis*, dans le Μικρὸν Δ, 43, 46, 47; Φ, 1; Χ, 17. — *Blastares*, Κ, 12, et Φ, 1, on se borne à un extrait des novelles 18 et 115.

[2] Comp. la collection de novelles, de l'auteur, p. 226, et une scolie de la *Synopsis* qui se trouve dans *Basil.*, édition Heimb., III, p. 565.

[3] Comp., lib., V, tit. v, vi, ix, x.

[4] *Manuel Malaxus* (Θέμις, VII, p. 224 et suiv.), indique les causes d'exhérédation des enfants selon le *Prochiron*, et cela de manière que, à défaut de l'une de ces causes, ils ne peuvent pas enlever à leurs enfants τὸ δίκαιον τῶν μερτικῶν αὐτῶν. Dans c. 214, il est question de la *Falcidia*, comme d'une *quarta*, qui doit rester à l'héritier. (Toutefois ce chapitre ne se trouve pas dans d'autres manuscrits.) Le Πηδάλιον, p. 327, contient une exposition erronée, empruntée à Harménopule, dans laquelle on condamne certaines coutumes contraires, suivies dans les îles.

[5] *Geib.*, p. 56; *Maurer*, I, p. 138; II, 464; Εὑρετήριον, III, p. 801. — Là où les filles dotées sont exclues de la succession ab *intestat* (§ 81), il est évident qu'elles ne sont pas non plus réservataires.

a provisoirement obtenu force de loi ; mais, d'après ce que nous venons de dire, il s'en faut qu'on ait fait disparaître, par ce moyen, l'incertitude dans la doctrine sur la succession nécessaire ou la légitime. Toutes les fois que la jurisprudence néo-grecque a eu à s'en occuper, elle a été forcée de s'affranchir d'Harménopule et de revenir au droit de Justinien ou des Basiliques[1].

L'incertitude du droit byzantin postérieur paraît aussi avoir exercé une influence fâcheuse sur le Code valaque[2]. En principe, celui-ci n'invalide l'institution d'héritier que dans le cas où un légitimaire a été omis; mais quand, dans un testament, on a institué une personne autre que le légitimaire, et qu'il survient un *postumus*, le testament doit être annulé dans son ensemble. Le taux de la légitime[3] est fixé autrement que dans le droit byzantin : le légitimaire obtient la moitié, les deux tiers, les trois quarts, et ainsi de suite du patrimoine du défunt. L'exhérédation des enfants seule est admise, et seulement pour les causes suivantes qu'il faut indiquer dans le testament : 1° lorsque l'enfant a outragé ses parents ; 2° lorsqu'il ne les a pas secourus dans leur maladie ou leur détresse ; 3° lorsqu'il ne les a pas rachetés de l'esclavage ; 4° lorsqu'il a attenté à leurs jours.

Enfin, en ce qui concerne le Code moldave[4], il donne, à quelques légères modifications près[5], une exposition très-claire et complète du droit de succession nécessaire, tel qu'il est réglé dans les Basiliques. Le Code moldave se distingue ici, de même qu'en d'autres points, par une codification simple et fidèle de la législation byzantine. C'eût été sans contredit un bonheur pour le royaume de Grèce, si l'on avait connu et provisoirement adopté ce Code, au lieu de confirmer provisoirement α πολιτικοὶ

[1] Voir, par exemple, l'excellente étude qui se trouve dans l'ouvrage sur le droit romain en vigueur dans le royaume de Grèce, de Καλλιγᾶς, contre laquelle il n'y a qu'une critique à faire, c'est qu'elle ne s'est pas suffisamment rattachée aux Basiliques.

[2] Τμῆμα δ' κεφ. γ', §§ 33, 34, 36, 37, 40, 41.

[3] La légitime a, au surplus, dans le Code valaque, de même que dans plusieurs coutumes grecques, le caractère d'une quotité indisponible, — une *réserve* en opposition avec la *partie disponible*.

[4] §§ 963-1005.

[5] Par exemple, l'exclusion de la fille dotée. Voir, plus bas, § 50.

νόμοι τῶν Βυζαντινῶν Αὐτοκρατόρων, οἱ περιεχόμενοι εἰς τὴν ἑξάβιβλον τοῦ Ἀρμενοπούλου. » Et, en ce moment même, la commission chargée du soin de préparer un projet de Code civil, au lieu de prendre le Code Napoléon pour base de son travail, aurait mieux fait de se proposer pour modèle le Code moldave.

TITRE III. — ACQUISITION DE L'HÉRÉDITÉ.

CHAPITRE I.

DE L'ACQUISITION DE L'HEREDITAS ET DE LA BONORUM POSSESSIO.

§ 45. — Droit de Justinien.

Comme le préteur n'avait pas le pouvoir de faire réellement héritiers ceux qui n'étaient pas déjà héritiers d'après le droit civil, il avait dû se borner, dans les réformes dont nous avons déjà parlé (*corrigendi* et *supplendi juris civilis causa*), à accorder dans son édit la possession des biens laissés par le défunt, et, au besoin, comme moyen d'acquérir cette possession, une voie de recours (*interdictum quorum bonorum*[1]). Pour l'obtention de cette *bonorum possessio*, il avait fixé certains délais et un ordre de succession (*successorium edictum*) dans lequel il accordait aussi aux héritiers du droit civil (*adjuvandi juris civilis causa*) la *bonorum possessio*, à la place où il consentait à reconnaître leur droit héréditaire. Est-ce la rigueur et la dureté du droit civil, ou bien la pensée de hâter, dans l'intérêt des créanciers, une acquisition et par suite une régularisation de la succession, qui ont poussé le préteur à insérer dans son édit les premières dispositions de ce genre? il importe peu. Quoiqu'il en soit, on vit se développer peu à peu à côté du système de l'*hereditas* du droit civil, un système complet

[1] Une scolie à moitié illisible du manuscrit du Code conservé à Vérone, semble vouloir dire que cet interdit s'appliquait spécialement aux choses héréditaires corporelles, et se distinguait par là de l'*hereditatis petitio* (voir *Zeitschr. f. gesch. R. W.*, XV, 126). Peut-être faut-il y lire : σημ. ἁρμόζει τούτῳ καὶ *hereditatis petition* ἐστὶ διαφορὰ τοῦ *interdictov* καὶ τῆς εἰρημένης ἀγωγῆς, ὅτι — — σωματικῶν νομὴ — ἀσωμάτων δὲ νομὴ οὐ. Comp. aussi *Glossæ nomicæ*, vº Ἰντέρδικτον κόρουμ βονόρουμ.

de la *bonorum possessio* : l'un et l'autre, bien qu'il y eût de nombreux points de contact, se sont cependant développés d'une manière indépendante, et sont restés distincts l'un de l'autre, non-seulement au point de vue de la vocation à l'hérédité, mais encore par rapport à l'acquisition du droit héréditaire et aux effets de cette acquisition. C'est ainsi qu'au temps des jurisconsultes romains classiques, les deux systèmes étaient encore en présence, distincts et séparés l'un de l'autre, et ce n'est que peu à peu qu'ils furent rapprochés de plus en plus, soit par la pratique, soit par diverses constitutions impériales.

C'est pourquoi nous trouvons encore partout les mots *hereditas* et *bonorum possessio* juxtaposés dans les Institutes, le Digeste et le Code de Justinien qui, en somme, ne sont que des compilations d'ouvrages antérieurs. Il est difficile d'y mettre à part ce qui n'a plus qu'une signification purement historique, et de déterminer jusqu'à quel point l'*hereditas* s'est confondue avec la *bonorum possessio* en un seul tout, alors surtout que Justinien, dans les lois plus récentes et principalement dans les Novelles, n'ajoute plus aucune importance à cette distinction.

Parmi les divers *ordines*, d'après lesquels l'édit du préteur déférait la succession des biens d'un homme libre[1], la *bonorum possessio contra tabulas* était entièrement écartée par la Novelle 115[2], et la *bonorum possessio intestati* pour la plus grande partie[3] par la Novelle 118 : comme *necessariæ* (c'est-à-dire celles au moyen desquelles on arrivait à la succession à défaut de vocation du droit civil), il n'y avait plus que la *bonorum possessio secundum tabulas* (pour une série de cas particuliers où le testa-

[1] *Stephanus*, dans son Commentaire I des *Basil.*, XXXIX, 1, 6, expose très-bien le système des *bonorum possessiones*.

[2] Comp., § 10, *in fine*.

[3] Ceux que la novelle 118 appelait à la succession, pouvaient-ils tous invoquer la *B. P. unde legitimi*, et par conséquent cette clause est-elle encore *utilis?* Il n'est pas bien facile de préciser la manière de voir des jurisconsultes de l'époque de Justinien sur ce point. Il faudrait résoudre affirmativement la question par analogie du paragraphe 4, J., *De bon. poss.* : « *sufficit eis... unde legitimi* ». Et, à la vérité, *Enantiophanes* semble le faire dans sc. *in Basil.*, XLV, 1, 9. Le même dit toutefois, dans *Basil.*, édition Heimb., I, p. 82, que le délai d'agnition ne court plus pour les ascendants et les descendants.

ment était invalidé d'après la rigueur du droit civil [1]), et la *bonorum possessio unde vir et uxor*.

Lorsqu'on obtient une *bonorum possessio*, il n'existe plus aucune différence entre elle et une *hereditas*. Que maintenant il soit douteux que l'*interdictum quorum bonorum*, d'après le droit de Justinien, ait appartenu à l'*heres* aussi bien qu'au *bonorum possessor*, cela est indifférent, puisque, après l'abolition de toute différence de procédure entre l'*interdictum* et l'*actio*, toute distinction pratique entre cet interdit et la *petitio hereditatis* avait disparu [2].

Mais, pour ce qui regarde l'acquisition même, la législation de Justinien [3] contient d'autres règles pour l'*hereditas* que pour la *bonorum possessio*. Le *suus et necessarius heres* acquiert l'hérédité purement et simplement et de plein droit [4], l'*extraneus* l'acquiert au moyen d'une *aditio* (extrajudiciaire) ou d'une *pro herede gestio*, sans être astreint à aucun délai déterminé. — La *bonorum possessio*, au contraire, est acquise par une déclaration devant justice [5], déclaration pour laquelle on a fixé des délais spéciaux. Les jurisconsultes contemporains de Justinien n'ont jamais songé à considérer comme effacée cette différence entre l'*hereditas* et la *bonorum possessio* [6], et elle subsiste encore

[1] Comparez surtout, pour ces cas, le Commentaire de *Kobidas* sur *Basil.*, XXXIX, 2, 12.

[2] C'est pourquoi les deux actions sont désignées dans les Basiliques par les mots de ἡ ἐκδίκησις τῆς κληρονομίας. *Basil.*, XL, 9 ; XLII, 1. Comp. aussi sc. *Theodori* sur *Basil.*, XL, 9, 3.

[3] Inst., II, 19; III, 9, § 4 à 7.

[4] Les jurisconsultes contemporains de Justinien se servent des expressions ἀναφαίνεσθαι, δίκαιον ἀναφάνσεως.

[5] Suivant l'ancien droit, au moyen d'une *petitio* spéciale (αἴτησις), devan le magistrat compétent : — suivant le nouveau droit (l. 8, 9, C., *Qui admitti*), au moyen d'une simple *agnitio* (ἐπίγνωσις) devant un magistrat quelconque.

[6] C'est ce que *Leist* a essayé de prouver par les scolies des Basiliques (*Bonorum possessio*, II, § 155). Mais *Thalelæus* (*Basil.*, XL, 1, c. 24, sc. 2, et c. 25, sc. 1), *Stephanus* (*Basil.*, XXXIX, 1, 6, sc. 6), *Anonymus* (*Basil.*, XL, 1, 3, sc. 13), *Théodorus* (*Basil.*, XL, 1, 24, sc. 1, et *Breviar. Nov.*, nov. 68, c. 1), font ressortir la nécessité de l'agnition ; ils font seulement observer que l'αἴτησις devant le magistrat n'était plus nécessaire, et qu'une ἐπίγνωσις devant un juge quelconque (τὸ διαμαρτύρασθαι παρὰ οἱῳδήποτε δικαστῇ — πράξεως ὑπομνημάτων μέντοι συνισταμένης —), faite dans les délais prescrits, était suffisante. Quand *Théophile* (Inst., III, 9, 10) et *Théodore* dans sc. 1, *Bas.*, XL, 9, 3, semblent ne pas exiger l'agnition judiciaire,

distinctement dans le dernier état de la législation justinienne.

Sans doute, il est étonnant que cette différence, dont la raison d'être avait disparu par suite de la fusion générale de l'*hereditas* et de la *bonorum possessio* dans la législation la plus récente, n'ait pas été également abolie par Justinien, comme l'avaient été d'autres différences qui existaient entre le droit civil et le droit prétorien, et que cet empereur avait effacées en fondant les deux droits en un seul ; mais cette omission s'explique dans une certaine mesure : Justinien semble avoir pensé qu'en donnant la faculté d'accepter *cum beneficio inventarii* et en réduisant le délai de la *deliberatio* dans la loi 22 C. *De jure deliberandi*[1], il avait assez fait pour ôter à cette différence toute portée pratique.

§ 46. — L'*Ecloga*.

Si, dans la législation de Justinien, la distinction entre l'*hereditas* et la *bonorum possessio* n'a conservé tout au plus qu'un caractère historique, il est à peine besoin de dire que, dans un exposé du droit usuel aussi succinct que l'Ecloga, il ne s'en trouve aucune trace. L'expression usitée pour désigner la *bonorum possessio* διακατοχή, s'y montre[2], il est vrai, mais seulement avec la signification plus générale de *succession*.

le premier ne fait que se conformer aux expressions de Justinien, qui renvoie aux lois 8, 9, C., *Qui admitti* ; le second, au contraire, en renvoyant à des explications précédentes, indique en quel sens il veut qu'on entende ses observations. (Il faut, en effet, lire précisément dans le passage auquel il renvoie : *σήμερον τὸ χρεία αἰτήσεως διακατοχῆς*). — Les ῥοπαί, XVI, 1 ; XXIV, 16, ne nous apprennent rien de précis ; dans ce dernier texte, le délai d'agnition paraît être devenu un délai général pour accepter. La *Glose de Turin* sur les Institutes (Savigny, *Gesch. des R. R. im Mitt.*, II, p. 459, 461), note 318, dit bien qu'il n'y a aucune différence, en ce qui concerne l'acquisition de l'hérédité, entre l'*heres* et le *bonorum possessor*, mais elle rappelle néanmoins (note 320) le *statutum tempus*.

[1] Il est regrettable que les Commentaires de *Thalelæus* et de *Theodorus* sur cette constitution n'aient pas été entièrement conservés. On trouve des fragments du Commentaire du premier dans le *Tractatus de debitis* (Heidelb., *Jahrb.*, 1811, p. 551), et dans la Πεῖρα, XVI, 13. Il y a d'autres fragments qui peuvent servir à l'intelligence de la l. 22, C., *cit.*, dans Schneider, *Krit. Jahrb.*, 1846, p. 840. Comp. aussi αἱ ῥοπαί, XI, 10 ; XV, 2, 3 : *Basil.*, édition Heimb., III, p. 619, et § 46, note 1, p. 512.

[2] *Ecl.*, V, 7. L'*Ecloga privata aucta* porte, au surplus, διαδοχῆς, au lieu de διακατοχῆς. Comp. la note suivante.

En ce qui concerne plus particulièrement les règles de l'acquisition de l'hérédité, l'Ecloga renferme les principes suivants :

Il est nécessaire qu'une succession soit appréhendée. Il le faut pour que les dernières volontés du défunt soient accomplies, et aussi dans l'intérêt des créanciers. Au premier point de vue, l'Ecloga statue, dans le titre V, DES TESTAMENTS [1], que si, dans l'espace d'une année, l'héritier n'a pas accompli les charges à lui imposées par le testateur, il perd la succession, sauf la légitime à laquelle il peut avoir droit [2]. En conséquence, on accorde un délai d'une année à l'héritier testamentaire pour faire l'adition. Quant aux créanciers du défunt, l'Ecloga, dans le titre VI, DE LA SUCCESSION AB INTESTAT, statue de la manière suivante :

§ 8. « Lorsque l'héritier a pris connaissance de la valeur des biens délaissés, et qu'il sait qu'il y a des dettes, il doit faire in-

[1] *Ecl.*, V, 7. Le même passage est reproduit dans l'*Epitome ad Proch. mutata*, tit. XXXII, sous la rubrique : Ἐκ τοῦ συντόμου κεφ. ί. (Comp. Ἀνεκδ., p. 212 de l'auteur). Dans l'*Ecloga privata aucta*, V, 6, ce passage est conçu ainsi qu'il suit : Πᾶς δὲ κληρονόμος [εἴτε ἐξ ἐγγράφου] εἴτε ἐξ ἀγράφου βουλήσεως μὴ πληρῶν τὰ κατὰ νόμους βεβουλευμένα τῷ διατιθεμένῳ μεθ' ὑπόμνησιν καὶ δικαστικὴν ψῆφον καὶ ἐνιαυτοῦ τῆς ἐπὶ τούτῳ καταδίκης παραδρομήν, εἰ μὲν ἐκ τῶν συγγενῶν ἐστιν ὁ τὰ διατεταγμένα μὴ πληρῶν, τὴν ὑποφειλομένην αὐτῷ ἐξ ἀδιαθέτου νόμιμον μοῖραν κομιζόμενος καὶ μόνον ἐκ τῆς λοιπῆς τοῦ διατιθεμένου περιουσίας ἐκπιπτέτω, καὶ ταύτην περιέρχεσθαι εἰς τοὺς ἐαθέντας συγκληρονόμους αὐτοῦ ἢ λεγαταρίους ἢ εἰς τοὺς ἑτέρους συγγενεῖς πρὸς διαδοχὴν ἐξ ἀδιαθέτου καλουμένους· εἰ δὲ ξένοι κληρονόμοι εἰσὶν [οἱ] τὰ βεβουλευμένα μὴ πληροῦντες, ἐκπιπτέτωσαν τελείως τῆς ὅλης διαδοχῆς.

[2] Il n'est pas douteux que cette disposition n'ait été copiée de la novelle 1 de Justinien, ainsi que le prouve plus clairement encore la manière dont elle est conçue dans l'*Ecloga privata aucta*. Seulement tandis que, dans la novelle précitée, on doit compter l'année à partir de la sommation judiciaire qui a eu lieu après l'appréhension de la succession, il n'est pas question d'un point de départ semblable dans l'*Ecloga*. C'est ce qui est établi d'une manière précise dans un texte remarquable que l'*Epitome ad Proch. mut.*, XXXII, 13, a conservé : Δεῖ σημειώσασθαι τὸν ἀναγινώσκοντα τοῦτο τὸ κεφάλαιον τὸν προσδιορισμὸν τούτου τοῦ χρόνου τοῦ παρασυρμοῦ τοῦ πληροῦντος κληρονόμου τὴν διατύπωσιν τοῦ τελευτήσαντος, ὡς ἐνιαύσιον αὐτὸν ὁρίζει ὁ νόμος, ἀλλ' οὐχὶ μετὰ τὴν τελευτὴν τοῦ διατιθέμενου ἀπαριθμεῖ τοὺς ιβ' μῆνας, ἀλλὰ καὶ μετὰ τὸ ἐγκληθῆναι αὐτὸν ὑπὸ τοῦ νομοθέτου (?) καὶ κριθῆναι πληρῶσαι τὰ διατεταγμένα. Ἡμεῖς δὲ κελεύομεν, ἀπὸ τῆς τελευτῆς τοῦ διατιθέμενου τὸν ἐνιαύσιον χρόνον τηρεῖσθαι. (Comp. aussi la Coll. Novell., p. 226, de l'auteur.

ventorier la succession en présence de témoins dignes de foi, et en faire connaître publiquement la consistance; les créanciers doivent être désintéressés d'abord, l'héritier prend ensuite ce qui reste. »

§ 9. « Lorsque, au contraire, c'est témérairement et au hasard qu'il accepte la succession, et qu'il paye certaines dettes, il est aussi tenu de payer les autres, parce qu'il ne s'est pas rendu compte des forces de la succession au moyen d'un inventaire régulier. »

§ 10. « Mais lorsque les dettes se révèlent au dernier moment, et que l'héritier les ignorait, il est admis à prouver, par témoins ou par serment, la consistance de la succession et de ce qu'il a recueilli, et il doit satisfaire les créanciers dans la mesure de cette consistance, sans que ceux-ci aient rien à prétendre au delà[1]. »

Ainsi donc, il n'est question ni de délais spéciaux pour l'acquisition de la succession *ab intestat*, ni de la nécessité d'une déclaration devant justice. Mais ces prescriptions renferment-elles un système complet, ou bien plutôt les prescriptions de détail n'ont-elles pas été omises dans l'Ecloga? Voilà ce qu'il faudrait savoir.

[1] S'il m'est permis d'avancer une supposition, ces trois paragraphes ne sont pas copiés d'après la loi 22, C., *De jure deliberandi*, elle-même, mais bien plutôt d'après ces constitutions, non reçues dans le Code et aujourd'hui perdues, que Justinien mentionne dans la loi 22, C., *cit.* Ainsi que nous l'avons déjà fait observer plus haut (§ 42), on trouve dans les livres de droit byzantins, diverses traces d'un vieux compendium d'Institutes qui ne contient pas le dernier état du droit sous Justinien (voir aussi sur ce point Ἀνεκδ., p. 184, note 1, de l'auteur). Peut-être a-t-on aussi utilisé ce compendium pour l'*Ecloga*, et en a-t-on extrait les sommaires de ces constitutions perdues. — L'*Ecloga privata aucta* incline aussi en cette matière vers le droit de Justinien : au titre VII, elle fait suivre les paragraphes susrelatés du texte que voici : Ἐὰν εἰδὼς τὴν ὕπαρξιν τοῦ διατιθεμένου ἐμμίξῃ αὐτῇ ὁ κληρονόμος καὶ ὑπεισέλθῃ τῇ κληρονομίᾳ, καὶ μερικῶς χρέη ἢ λεγάτα τοῦ βουλευσαμένου ἀποδώσῃ, μὴ πεποιηκὼς τῶν καταλειφθέντων ἁπάντων πραγμάτων τε καὶ δικαίων δημοσίαν ἀναγραφήν, ἐπὶ πᾶσι τοῖς ἀναφυομένοις χρέεσί τε καὶ λεγάτοις ὑποκείσθω· καὶ εἰ μὲν [ἐν] τῷ ἰδίῳ οἴκῳ ὁ βουλευσάμενος ἐτελεύτησεν, [εἰ] εἴσω τριμηνιαίου καιροῦ τὴν τούτων δημοσίαν ἀναγραφὴν ἐποιήσατο, ἢ καί, [εἰ ἐν] ἑτέρᾳ ἐπαρχίᾳ ἐντὸς ἐνιαυτοῦ, [μὴ] ὑποκεῖσθαι αὐτὸν περαιτέρω τῆς ἐν ἀληθείᾳ καταλειφθείσης καὶ ἀναγραφείσης ὑποστάσεως.

§ 47. — Les Basiliques et le droit postérieur.

Comme il y eut un retour général aux sources du droit de Justinien, vers la fin du neuvième siècle, on peut conjecturer à l'avance que, dans cette matière, les Basiliques ont aussi reproduit cette législation. A la vérité on n'y rencontre rien moins qu'une fusion complète entre l'*hereditas* et la *bonorum possessio*[1]. Au contraire, elles reproduisent en entier les titres du Digeste et du Code, relatifs à ces deux institutions. Quelques passages seulement ont été omis, à savoir ceux qui étaient en contradiction ouverte avec les lois les plus récentes de Justinien[2]; d'autres ont été adaptées au droit nouveau, au moyen d'interpolations, et ont été expliquées aux Grecs par la traduction des expressions latines qui s'y rencontraient[3]. On voit par là que les rédacteurs des Basiliques ont eu l'intention manifeste de formuler ici des principes de droit pratiques. Et lorsque, à côté des règles générales sur l'acquisition de l'*hérédité*[4], ils exposent les prescriptions spéciales sur l'acquisition de la *bonorum possessio*, dans des délais déterminés[5], ils ont dû considérer ces dernières comme ayant aussi un intérêt pratique.

Toutefois, le défaut d'exactitude et de précision qu'offre la traduction des termes techniques latins — inconvénient qui ne se présente nulle part dans les Basiliques d'une manière aussi sensible qu'en cette matière[6], fait supposer avec beaucoup de vrai-

[1] *Leist* prétend à tort le contraire. Voir la *bonorum possessio* de cet auteur, II, 2, p. 256.

[2] Les l. 1, D., *Unde legitimi*; — l. 10, D., *Unde cognati*; — l. 3, C., *Unde liberi*; — l. 1-3, C., *Unde legitimi*; — l. 2, C., *De successorio edicto*, manquent entièrement. On n'a extrait que quelques fragments encore applicables d'autres passages, par ex. : de la l. 5, C., *Unde legitimi* dans Basil., XL, 8-4.

[3] Voir, par exemple : *Basil.*, XL, 7, 3 (la *bonorum possessio litis ordinandæ gratia* a été simplement remplacée par la προκάταρξις. *Basil.*, XXXIX, 1, 8, th. 2.

[4] *Basil*, XXXV, 11.

[5] Par ex. : *Basil.*, XL, 1, 9, 18, 20, 21, 25; XL, 2, 25.

[6] Par ex. : on a traduit *bonorum possessio*,, tantôt par ἀγαθῶν, tantôt par τῶν ὑπαρχόντων, tantôt par τῶν πραγμάτων διακατοχή, au lieu de διακατοχή tout court, ainsi que s'exprimaient les jurisconsultes du temps de Justinien. Plus loin : Ἀπὸ τῆς διαθήκης τῆς βοηθείας et ἐκ τῆς ἀγράφου ἐκφωνηθείσης;

semblance que, jusqu'à cette époque, on avait entièrement ignoré dans la pratique les successions particulières d'après le droit prétorien, ainsi que les règles spéciales de les acquérir; règles qui avaient déjà disparu dans le droit de l'Ecloga, et que l'Épanagoge et le Prochiron ne mentionnent pas davantage. Il ne reste plus qu'à savoir si, par la publication des Basiliques, ces règles spéciales ont été remises en vigueur.

La *Synopsis* [1] dit : Διακατοχή ἐστι δίκαιον τοῦ ἐξεῖναι κρατεῖν τὴν οὐσίαν ἢ τὰ πράγματα τοῦ τελευτήσαντος· κινεῖται δὲ παρὰ μὲν τῶν [ἐκ] πλαγίου συγγενῶν ἐντὸς ρ' ἡμερῶν, παρὰ δὲ τῶν κατιόντων [καὶ ἀνιόντων] ἐντὸς ἐνιαυτοῦ. L'*Epitome ad Prochiron mutata* ajoute au titre XXIII (περὶ διαθήκης ἀπελευθέρων) un supplément περὶ διακατοχῆς, qui est un extrait du titre VI, 9, *Qui admitti* du Code (Basil. XL, 1, 17 et suiv.), et qui est terminé par cette observation de Théodore que la demande de la διακατοχή n'est plus obligatoire [2]. Un scoliaste plus récent des Basiliques XL, 1. 2, th. 4, n'admet aucune différence entre l'agnition judiciaire et la *pro herede gestio*. *Psellus* (v. 304 et suiv.) mentionne les délais de l'agnition. La Πεῖρα, titre LII, parle de la διακατοχή, sans se rendre compte de sa nature, et indique les délais de l'agnition d'une manière inexacte. — Le Μικρὸν Δ, 49 et K, 68 reproduit le passage de la *Synopsis*. Enfin Harménopule I, 3, 31 (avec la scolie) et V, 6, 7, suit également la *Synopsis* et en partie la Πεῖρα. C'est là tout ce qu'on trouve dans la littérature juridique du temps sur la *bonorum possessio*, et la manière de l'acquérir d'après les Basiliques. Il n'y a partout que des notions vagues, souvent incomplètes ou erronées, et il ne faut pas penser à les trouver sainement appliquées dans la pratique.

Ces observations nous fournissent la réponse à la question posée plus haut : La restauration de la législation de Justinien par les Basiliques dans l'empire byzantin, eut le même effet que la réception de cette législation dans l'Occident : le droit des suc-

μνήμης λεγομένη διακατοχή pour désigner la *b. p. secundum tabulas* ou *secundum nuncupationem*. Enfin, ἀγωγή, ἣν ὁ νόμος (*sic*) τοῖς συγγενέσι δίδωσιν et ἀγωγή, δι' ἧς ὁ ἀνὴρ ἢ γυνὴ συγγενῶν μὴ ὄντων κληρονομοῦσιν (*sic*) ἀλλήλους, pour désigner la *b. p. unde cognati* et *unde vir et uxor*. — La *missio legatorum servandorum causa* est même traduite par διακατοχή, *Basil.*, XLIV, 31.

[1] Dans l'édition de *Leunclajus*, p. 370.

[2] Voir *suprà*, § 45, p. 50, note 6.

cessions fut envisagé dans la pratique comme un droit unique, et, en conséquence, on perdit de vue les prescriptions spéciales concernant l'agnition de la *bonorum possessio* et les délais dans lesquels elle devait être faite. L'usage devenu constant de nommer des ἐπίτροποι (§ 39), en présence desquels il ne pouvait plus être question de l'acquisition de l'hérédité, avait peut-être fourni aux byzantins une raison de plus pour agir de la sorte. Dans le cas où il n'y avait pas d'ἐπίτροποι, l'appelé pouvait acquérir l'hérédité par une manifestation explicite ou implicite de sa volonté [1]. Il n'était lié, dans ce cas, par aucun délai. L'avidité des agents du fisc, qui aimaient de préférence à appréhender [2] les successions vacantes, était suffisante pour activer le zèle des ayants droit, et les pousser à ne pas différer trop longtemps leur déclaration; d'autre part, l'appelé pouvait être forcé judiciairement à se prononcer sur la poursuite de toute personne intéressée. C'est pour ce motif qu'on lui accordait, pendant un certain laps de temps, le *beneficium inventarii* qui le garantissait du danger d'accepter une succession obérée [3]. Il pouvait, en outre, se faire accorder par le juge un délai pour délibérer [4]. Enfin la prescription de la Novelle 1 de Justinien, d'après laquelle l'héritier ou le gratifié sont tenus d'accomplir les charges qui leur incombent dans l'espace d'un an, sous peine de perdre leur droit successoral, semble avoir été communément comprise [5] en ce sens, qu'il y avait lieu à leur faire une sommation judiciaire préalable d'exécuter ces charges, mais que cette sommation ne supposait pas nécessairement que l'héritier eût réellement accepté la succession.

Enfin, pour ce qui concerne le droit moderne, les principes exposés en dernier lieu, ont été exposés dans la même forme par

[1] *Harm.*, V, 8, 18.

[2] Comp., § 29, p. 4, note 2, et § 30, p. 7, note 3.

[3] *Mich. Attal.*, XXIV (*Leuncl.*, 35); Μικρὸν Α, 31; Κ, 20; *Harm.*, V, 9, 23; 12, 21.

[4] *Harm.*, V, 8, 8. D'après le Code moldave, § 1035, on n'accorde qu'un délai de cent jours; d'après le Code valaque, Τμ. δ' Κεφ. γ', § 6, on accorde un délai de six mois, et dans l'intervalle on nomme un *curator hereditatis*.

[5] *Basil.*, XLI, 4, 1; — *Syn. ed. Leuncl.*, p. 336; — *Harm.*, V, 8, 51. — dans les paragraphes 846, 847, le Code moldave reproduit de nouveau les prescriptions de la novelle 1.

le Code moldave[1]. Le Code valaque[2] renferme des règles pareilles; toutefois le *beneficium inventarii* y a été très-restreint et les prescriptions de la Novelle 1 n'y figurent pas. Dans le royaume de Grèce, il n'est plus question, d'après le Code de procédure civile[3], de l'obtention d'un délai pour délibérer, et l'acceptation sous bénéfice d'inventaire a été soumise à des règles nouvelles[4].

CHAPITRE II.

DU RAPPORT.

§ 18. — Introduction.

Lorsque le préteur appela les *liberi* à la *bonorum possessio*, soit *contra tabulas*, soit *unde liberi*, sans distinguer s'ils étaient héritiers suivant le droit civil ou s'ils ne l'étaient pas, il rattacha cette vocation à la condition que l'émancipé, en venant à la succession en concours avec un *suus*, rapportât à celui-ci la portion de biens qu'il eût acquise pour le *parens*, en vertu de la *patria potestas*, s'il était resté sous la puissance de ce dernier jusqu'à sa mort, et qui, de la sorte, eût accru à l'hérédité paternelle (*collatio bonorum*). — De même, le préteur statua que la *filiafamilias* mariée et dotée qui, à la mort du père, est seule investie du droit d'exercer la répétition de la dot constituée, devait rapporter ce droit de répétition, ou, en d'autres termes, sa dot aux autres enfants venant avec elle à la succession (*collatio dotis*).

Ces dispositions, qui reposent sur le principe de l'égalité de tous les enfants appelés à la succession, sont tombées en désuétude, principalement par suite de l'abrogation de la *possessio bonorum contra tabulas* et *unde liberi*[5]. La législation impériale a, tout au contraire, donné une autre forme à l'obligation du rapport (συνεισφορὰ), tout en se fondant sur le même principe, de telle sorte que, d'après le droit de Justinien :

1° Tous les descendants sont tenus de rapporter la *dos* ou

[1] § 1020-1053.

[2] Τμ. δ' κεφ. γ', §§ 6-11.

[3] Πολιτικὴ δικονομία, §§ 560, 1074-1079.

[4] Καλλιγᾶ σύστημα, V, p. 399 et suiv. Comp., Εὑρετήριον, III, p. 361 et suiv.

[5] Comp., *Basil.*, XLI, 7, 1, sc. 2 (d'*Anonymus*).

propter nuptias donatio octroyée par l'ascendant *de cujus*, de même que d'autres biens déterminés, comme par exemple une *militia*[1];

2° En particulier, les descendants émancipés sont tenus de rapporter[2] aux *sui* tout ce qu'ils ont acquis *ex re patris;*

3° Enfin ce rapport a lieu tant en cas de succession *ab intestato*, qu'en cas de succession *ex testamento*[3].

§ 49. — Système de l'*Ecloga*.

Si nous nous demandons comment est formulée la théorie du rapport dans l'Ecloga, il faut, avant tout, constater comment celle-ci définit les rapports de droit et les relations pécuniaires entre parents et enfants. En principe, on admet que les enfants vivent dans une communauté de biens avec leurs parents, et qu'ils sont tous ὑπεξούσιοι. Ce n'est que dans des cas spéciaux, que nous avons mentionnés au § 11, qu'il arrive que la communauté est dissoute et que tous les enfants deviennent αὐτεξούσιοι. Par là, on exclut la possibilité d'un rapport à faire par l'émancipé, par la raison que les descendants qui sont héritiers, sont tous ou ὑπεξούσιοι ou αὐτεξούσιοι. Seulement, lors de la dévolution de la succession des père et mère aux enfants, il peut arriver que l'un de ces derniers a acquis un établissement (*militia*) des deniers de ses parents et, que par ce moyen, il s'est créé une for-

[1] L. 17, 19, 20, C., *De collat.* (*Basil.*, XLI, 7, 32, 34, 35). D'après la novelle 97 de Justinien, *Théodore* (*Breviar. nov.* 18, § 8, et nov. 97, § 9), admet que la dot qu'on a reçue d'un tiers doit être également rapportée (comp. aussi *Basil.*, XLI, 7, 20, sc. 1). *Athanase*, X, 6, reproduit avec prudence, sans les examiner de plus près, les passages de la novelle mal comprise par Théodore. *Julien* en a donné une interprétation exacte, c. 345 (comp., en outre, sc. 1, *Basil.*, XLI, 7, 12).

[2] L. 17, *fine*, et l. 21, C. *De colla'* — *Stephanus* (*Basil.*, XXXIX, 1, 21, sc. 1, *in fine*, où il faut lire : « *Ex re patris*, » au lieu du mot : ἐξνιρεδάτων, mot dépourvu de sens) réduit ce rapport aux choses que l'émancipé a acquises *ex re patris*. *Thaleloeus*, au contraire (à qui est emprunté *Basil.*, XLI, 7, 36), et *Theodorus* (*Basil.*, XLI, 7, 19, sc. 1) veulent aussi faire rapporter l'ἐδοσούφρουκτον τῶν λοιπῶν πραγμάτων. Comp. aussi *Harm.*, V, 8, 25.

[3] *Nov. Justiniani*, 18, c. 6. Voir dans *Basil.*, XLI, 7, 20, *sc. ult.*, une singulière interprétation de Théodore. Elle a passé dans l'*Ecloga ad Proch. mutata*, tit. VI et dans *Harm.*, V, 8, 29. Comp. aussi *Stephanus in Basil.*, XXIV, 1, 13, sc.

tune personnelle; il est évident que, dans cette hypothèse, il y a lieu au rapport du prix payé par les parents pour la *militia*, à moins de dispense volontaire[1].

L'Ecloga ne parle naturellement pas du rapport de la *donatio propter nuptias*, puisqu'elle avait abrogé cette donation (§ 11); mais elle ne parle pas non plus du rapport de la dot. Faut-il donc admettre la fille dotée au partage de l'hérédité pour portion égale avec ceux de ses frères et sœurs qui sont restés dans la communauté de famille, sans l'obliger à imputer sa dot sur cette portion? Une pareille supposition serait en opposition flagrante avec l'esprit de l'Ecloga. Il convient plutôt de partir de ce point de vue, que la fille dotée a été considérée comme ayant reçu sa part et portion, et exclue de la succession de ses père et mère, tant qu'il existe d'autres enfants non encore dotés. Cette hypothèse explique suffisamment pourquoi l'Ecloga ne dit rien nulle part d'une *dotis collatio*, et elle est confirmée par l'existence d'une semblable *consuetudo*, qui se montre constamment dans tout le droit byzantin, et qui, dans des temps plus récents, a été de nouveau pleinement reconnue[2].

Si, d'après ce qui précède, on comprend pourquoi et comment l'Ecloga ne parle que d'une *collatio* de la *militia*, elle contient cependant[3] une disposition qui a quelque analogie avec la première, et qui mérite d'être signalée. L'Ecloga suppose le cas où des frères et sœurs, dont l'un est soldat, ne partagent pas la succession après le décès des père et mère, et continuent la communauté sans arrêter aucune espèce d'accord à ce sujet. En pareil cas, toute acquisition, tout gain des frères et sœurs est commun, même ce que le soldat acquiert à titre de don ou de butin, *à partir du jour de son entrée dans l'armée*. Lorsque cette communauté se prolonge pendant plus de dix ans, le soldat prélève, lors du partage, le cheval, la selle, la bride, le char et la cuirasse (par conséquent l'attirail de guerre); après treize ans, il reçoit, en outre, ce qu'il a économisé sur sa solde; tout le reste

[1] *Ecl.*, XVI, 3. Ainsi, à défaut de dispenses expresses, il en est de même pour la succession testamentaire.

[2] Comp., § 29, p. 4, note 4; § 30, p. 7, note 1; § 31, p. 11, note 8; § 44, p. 45, note 1; § 50, *in fine*.

[3] *Ecl.*, XVI, 2, avec lequel il faut comparer l. 52, § 6, 8, D., *Pro socio*, *Basil.*, XII, 1, 50; Πεῖρα, XXI, 3.

est partagé par portions égales. — Il faut remarquer en cela deux choses : d'abord l'Ecloga semble considérer la continuation de la communauté de la famille et des biens après la mort des parents, comme un cas assez ordinaire, et de plus elle prescrit, même pour ce cas, un rapport général du gain individuel (même du *castrense peculium*).

§ 50. — Droit postérieur.

Lorsque la législation de Justinien fut remise en vigueur et que les Basiliques la republièrent, l'idée de la communauté de famille perdit partout la consécration légale que l'Ecloga avait cherché à lui donner. Pour ce qui touchait à l'obligation du rapport, on fit simplement retour au droit de Justinien. Tandis que les titres du Digeste et du Code et les Novelles, où cette matière est traitée, étaient insérés dans les Basiliques[1], le Prochiron (et aussi l'Epanagoge) reproduisit la prescription de la loi 1. C, *Qui testamento*, par opposition aux dispositions de l'Ecloga sur la continuation de la communauté entre frères et sœurs[2], et prescrivit, d'après la loi 17, C. *De collat.*, le rapport de la *dos* et de la *propter nuptias donatio*[3]. Le scoliaste de l'Epanagoge[4] remarque à ce sujet que, en général, les αὐτεξούσιοι étaient tenus de faire rapport aux ὑπεξούσιοι de tout ce qu'ils avaient reçu antérieurement de l'ascendant *de cujus*, et le Μικρὸν[5] (de même qu'Harménopule[6]) rappelle, suivant Michel Attalensis[7], cette obligation plus étendue du rapport imposée aux descendants.

Le principe de l'Ecloga que la fille dotée doit être, d'une manière absolue, exclue de la succession, n'a pas seulement été

[1] *Dig.*, XXXVII, 6, 7; *Cod.*, VI, 20; *Nov.* 18, c. 6; 97, c. 6; *Basil.*, XLI, 7.

[2] *Proch.*, XXI, 11; *Epan.*, XXIX, 12.

[3] *Proch.*, XXX, 12; *Epan.*, XXXIII, 13.

[4] Tit., XXXIII, sc. c.

[5] Tit. XXVI (*Leunclav.*, 38).

[6] Σ, 17.

[7] *Harm.*, V, 8, 23-31. On y mentionne aussi le rapport en cas de succession testamentaire, quoique d'une manière contradictoire; le *Prochiron*, l'*Epanagoge*, le Μικρὸν, l'omettent complètement.

omis par prétérition; le Prochiron et l'Epanagoge[1] insistent intentionnellement sur ce point que le père, en dotant sa fille, ne pouvait pas la priver de ses droits successoraux ultérieurs, même par une clause expresse. Cette disposition est reproduite dans tous les autres livres de droit postérieurs[2], y compris le *Nomocanon* de *Manuel Malaxus*[3].

Or, c'est précisément cette insistance qui rend vraisemblable la supposition que l'exclusion de la fille dotée de la succession paternelle était une coutume profondément enracinée dans les mœurs, et cela est confirmé par une Novelle de Jean Comnène le Grand[4] qui, à propos de cet usage, statua que la θυγάτηρ ἐξώπροικος οὐκέτι κληρονομήσει τὸν ἴδιον πατέρα ἀδιάθετον τελευτῶντα, εἰ μήπου μὴ ἔχει ἄλλον υἱὸν ἢ θυγατέρα ὑπεξούσιαν[5]. Et quand la connaissance du droit écrit disparut de plus en plus sous la domination turque, cette ancienne coutume arriva de nouveau à être généralement reconnue[6]. Enfin, elle a trouvé sa confirmation dans les Codes moldave[7] et valaque[8], et, en fait, elle est devenue le droit commun dans le royaume de Grèce.

TITRE IV. — DES LEGS.

§ 51. — La Falcidie.

Les particularités qui distinguaient les legs et les fidéicommis[9] dans l'ancien droit romain, sont déjà tellement effacées par Justinien, et toutes les règles sur les dispositions par actes de dernière volonté y sont déjà transformées en une théorie si parfaite, qu'elles ne laissaient au droit byzantin aucun progrès à faire.

[1] *Proch.*, XXXII; *Epan.*, XXXIII, 11. C'est la loi 3, C., *De collat.* (*Basil.*, XLI, 7, 21), qu'on reproduit ici. Comp. aussi. *Bas.*, XLV, 1, 26.

[2] Par exemple : Μικρὸν Θ, 15; *Blastares*, K, 15; *Harm.*, V, 8, 23.

[3] Chap. ccx (reproduit dans la Θέμις, tome VII).

[4] Coll. IV, nov. 50.

[5] L'Ὑπεξουσιότης semble être conçue dans ce texte, selon l'esprit de l'*Ecloga*, comme étant la condition des enfants non émancipés qui se trouvent dans la maison paternelle.

[6] *Geib.*, p. 53; *Maurer*, I, p. 143; II, p. 440; Εὑρετήριον, III, p. 301.

[7] § 1013.

[8] Τμ. δ' κεφ. γ', § 17.

[9] Les expressions grecques usitées sont : Λεγάτον ou ληγάτον — φιδεϊκόμμισσον, πίστει καταλιμπανόμενον, ἀποκατάστασις.

L'Ecloga [1] pouvait donc résumer toute cette matière dans cette proposition que les legs doivent être acquittés; le Prochiron [2] et l'Epanagoge [3] ne sont guère plus explicites à cet égard.

Quant à la forme des dispositions de dernière volonté dans lesquelles il est permis de faire des legs, nous en avons déjà parlé en détail plus haut (§ 34-36) [4]. Par contre, il faut remarquer que la *quarta*, qui devait être réservée intacte à l'héritier grevé, suivant la *lex falcidia*, a été élevée au *tiers* dans le droit byzantin postérieur. Pour la légitime et cette quarte, on a admis la norme unique de la νόμιμος μοῖρα ou du φαλκίδιος, et c'est pour ce motif qu'on a appliqué la Novelle 18 de Justinien à l'une et à l'autre [5]. C'est ce qui est clairement expliqué pour la première fois dans le Prochiron et les Basiliques [6]; dans l'Epanagoge [7] on l'a même fait en invoquant plus expressément l'analogie de la légitime. Aussi, les auteurs postérieurs désignent-ils généralement cette νόμιμος μοῖρα comme étant équivalente à un tiers [8].

[1] *Ecl.*, VI, 7.

[2] *Proch.*, XXXII.

[3] *Epanag.*, XXXVI.

[4] Lorsque Harménopule, V, 11, 23, dit, d'après la *Synopsis* : « Καὶ ἐν ἐπιστολῇ καὶ ἐν οἱῳδήποτε λιβέλλῳ καὶ ἀγράφως καὶ νεύματι ληγάτον καταλιμπάνεται » cela doit s'entendre dans l'hypothèse de la forme codicillaire (l. 22, C., *De fideicomm.*)

[5] Comp., plus haut, § 43.

[6] *Proch.*, XXXII, 2; *Basil.*, XLI, 1. — Dans l'*Ecloga*, il n'est pas question de cette *quarta*, mais on lit dans l'*Ecloga privata aucta*, tit. VII : Τὸ ὑπὸ τινος ἐαθὲν ληγάτον ἐγγράφως ἢ καὶ ἀγράφως βουλευσαμένου ὑπὸ τῶν κληρονόμων αὐτοῦ ἐντελῶς διδόσθω, προϋπεξαιρουμένης ἐκ τῆς τοῦ διατιθεμένου ὑποστάσεως τῆς εἰς ταφὴν καὶ ἀναγραφὴν ἐμβέντου ἐξόδου καὶ δαπανημάτων, τῆς τε προικος, τῶν χρεῶν καὶ ἐλευθεριῶν· καὶ πρὸς τούτοις ἀποκαθιστάσθω ἐντελῶς τοῖς ὑποῦσι γνησίοις τέκνοις ἢ γονεῦσι τῷ τελευτήσαντι ἡ νόμιμος μοῖρα, καὶ ἐκ τῶν ἐπιλοίπων πραγμάτων δίδοσθαι τὰ ἐαθέντα ληγάτα· εἰ δὲ ξένος πρὸς δόσιν ληγάτων κληρονόμος ὁρισθῇ, δαπανωμένης εἰς ληγάτα τῆς τοῦ τελευτήσαντος περιουσίας, τότε ἐξ ἑκάστου ἐαθέντος ληγάτου λόγῳ κληρονομίας αὐτοῦ τετάρτην ἐγκρατείτω μοῖραν.

[7] *Epan.*, XXXVI, 2.

[8] Comp., Μικρὸν, K, 13; *Harm.*, V, 8, 2; *Glossæ nomicæ*, v° INTERDICTUM QUOD LEGATORUM; *Harm.*, V, 9, 3, *cum scholio*; — *Manuel Malaxus*, c. 214 (Θέμις, VII, p. 223), parle de nouveau d'une *quarta*. Le Code valaque garde

§ 52. — Fidéicommis de famille.

On se tromperait si l'on croyait que la doctrine des fidéicommis de famille a obtenu une nouvelle extension dans le droit byzantin.

L'on conçoit sans peine que le droit romain primitif n'ait pas connu des institutions telles que celles des biens patrimoniaux allemands, ou des fidéicommis de famille, ou des majorats. Tout le patrimoine ne restait-il pas, en effet, de droit dans la famille, et le chef de famille ne pouvait-il pas, au moyen de l'émancipation ou de l'exhérédation des *filiifamilias*, prendre ses mesures pour que le patrimoine ne fût pas morcelé par un partage entre tous les ayants droit des membres de la famille? Mais quand, dans la suite, on abandonna l'ancienne base du droit des successions et qu'on commença à subordonner celui-ci à des considérations d'équité, on oublia de considérer que ce qui, vis-à-vis de chaque héritier, paraissait équitable, devenait, par le fait, un danger pour des intérêts politiques et sociaux supérieurs. Pour obvier à ce défaut du nouveau droit des successions, le meilleur moyen eût été de provoquer la création d'ordres de succession particuliers dans les familles. En fait, certaines traces montrent que, sous le régime impérial, on avait cherché un remède à cet état de choses dans l'organisation des fidéicommis de famille. Mais ces faibles essais ne furent pas continués. — Justinien a même, dans la Novelle 159, mis des barrières au développement ultérieur de cette institution.

Du reste, les Byzantins ont été loin de penser que la création des fidéicommis de famille pût s'allier avec une entière et égale affection pour la famille et une juste préoccupation de son avenir. Le spectacle d'un grand nombre de familles riches et puissantes rapidement anéanties, et d'un petit nombre seulement demeurées, par exception, florissantes pendant plusieurs générations[1]; ce spectacle, disons-nous, n'a cependant pas pu ap-

un silence complet sur ce point. Le Code moldave, § 859, semble vouloir accorder aux héritiers nécessaires seulement la retenue de la légitime, et refuser aux autres héritiers la retenue de la *quarta* ou du τρίτον.

[1] Comp., Coll. III, nov. 29, c. 1, et notamment notes 24 et 48 de l'édition de l'auteur.

poler leur attention sur le défaut de leur système successoral. Ils ont, au contraire, constamment entendu le devoir chrétien d'un amour égal pour les enfants et les parents, comme impliquant le partage égal de la succession entre tous les ayants droit. Cette manière de voir a été maintenue et professée par le clergé grec jusqu'à nos jours[1], et a fait que, dans le droit moderne, les fidéicommis de famille sont presque complétement inconnus[2].

§ 53. — Legs pieux.

Pendant que l'Église grecque s'opposait à un partage inégal entre les enfants, et par là à la création de fidéicommis de famille, elle a indirectement, quoique non à dessein, provoqué la multiplication des legs pieux. Il y a dans la nature humaine une tendance à laisser, après la mort, un souvenir durable de son individualité. Moins il est question d'autres fondations, plus les fondations pieuses prennent de développement. En outre l'Église, alors que depuis longtemps déjà le véritable esprit de famille avait disparu, à la suite des révolutions législatives déjà esquissées plus haut, concentra uniquement la pensée et l'action

[1] Le Πηδάλιον, p. 327, dit dans une note : Ἀλλὰ καὶ ὁ μέγας Βασίλειος (ὁμιλ. η' εἰς τὴν ἑξαήμερον) διορίζει ὅτι οἱ γονεῖς, καθὼς εἰς ὅλα τῶν τὰ παιδία ἔδωκαν ἐξ ἴσου τὸ εἶναι καὶ τὴν ζωὴν, ἔτζι παρομοίως χρεωστοῦν νὰ μοιράζουσιν ἐξ ἴσου εἰς αὐτὰ καὶ τὰς πρὸς τὸ ζῆν ἀφορμὰς, τὰ πράγματα δηλαδὴ καὶ ὑποστατικά των, καὶ ὄχι εἰς ἄλλα μὲν παιδία περισσότερα νὰ δίδουν, εἰς ἄλλα δὲ ὀλιγωτέρα· ὅθεν μὲ πολλὰ ἐπιτίμια πρέπει νὰ ἐμποδισθῇ ἡ κατηραμένη συνήθεια, ὁποῦ πολιτεύεται εἰς πολλοὺς καὶ διαφόρους τόπους καὶ μάλιστα εἰς τὰ νησία, τὸ νὰ δίδουν δηλαδὴ οἱ γονεῖς εἰς τὸν πρῶτον υἱὸν ἢ πρωτοθυγατέρα τὰ περισσότερα πράγματά των, καὶ τὰ ἄλλα παιδία νὰ ἀφίνουσιν ἔρημα ἀπὸ τὴν νόμιμον προῖκά των, ὡσὰν νὰ ἦτον νόθα καὶ ὄχι γνήσια· παρανομία μεγαλωτάτη! ἀφύσικος ἀσπλαγχνία, τὴν ὁποίαν δὲν ἔχουν τὰ θηρία! καὶ κακία ὀλέθριος, ἡ ὁποία καὶ τοὺς γονεῖς βλάπτει ψυχικῶς, ὁποῦ τοῦτο κάμουν, καὶ τὰ παιδία τὰ ἄθλια, ὁποῦ ὑστεροῦνται. — Comp. aussi Εὑρετήρ., III, p. 298, ligne 25.

[2] Le Code moldave les mentionne dans la forme restreinte du droit de Justinien, § 782. Le Code valaque, qui admet, du reste, dans les Καμινία une espèce de biens allodiaux, garde un silence complet sur les fidéicommis de famille.

des hommes sur le salut de leur âme, et, dans cette vue, recommanda vivement les prières de l'Église, de même que les œuvres de charité et les legs pieux. Les fidèles ne pouvaient manquer d'assurer le salut de leur âme, et peut-être aussi la bonne réputation de leur nom, en répandant à l'envi des libéralités entre-vifs ou à cause de mort : dons pour des messes ou des vigiles, aumônes aux pauvres, rachat des prisonniers, donations et testaments en faveur des églises, des couvents, des chapelles, des maisons hospitalières, des hospices, des asiles pour les vieillards et les orphelins, ou fondation d'établissements de ce genre.

Ces dons et fondations, comme en général la propriété ecclésiastique, étaient déjà avantagés tout particulièrement sous Justinien, et entourés de priviléges nombreux[1]. La réaction qui eut lieu sous les iconoclastes, quelque profonde qu'elle ait été, ne fut cependant que passagère, et les barrières que l'empereur Nicéphore Phocas[2] essaya de poser à la maladie des dispositions pieuses, furent elles-mêmes bien vite renversées[3]. En général, la tendance à favoriser les églises, les couvents, et toutes libéralités pieuses, est un des traits les plus caractéristiques du droit byzantin ultérieur, et le nombre des Novelles et chrysobulles, par lesquelles les empereurs byzantins ont accordé des priviléges généraux ou spéciaux aux églises et autres établissements, est extraordinaire[4].

Parmi les priviléges généraux, il y en a un grand nombre qui rentrent dans le droit des successions, et qui sont pour la plupart rappelés plus haut[5]. En ce qui concerne les *legata ad pias causas*, les sources du droit byzantin ne se bornent pas à reproduire les dispositions qui avaient été édictées en leur faveur dans la législation de Justinien, par exemple, celles qui ont

[1] Comp., *Photii nomoc.*, tit. II, avec le Commentaire de *Balsamon*.

[2] Coll. III, nov. 19.

[3] Coll. III, nov. 26.

[4] Voir la collection de novelles de l'auteur : deux chrysobulles de l'empereur *Andronic Paléologue*, concernant l'église de *Joannina*, dont l'une est reproduite sommairement dans coll. V, nov. 29, ont été publiées par *Mustoxides* dans l'Ἑλληνομνήμων, et plus récemment dans la Χρονογραφία τῆς Ἠπείρου (Athènes, 1857), tome II, p. 294. — Parmi les priviléges *généraux*, il faut surtout signaler coll. II, nov. 11.

[5] Comp., §§ 30, 31, 38.

trait aux conséquences de la dénégation ou du retard du grevé[1]; on y trouve encore d'autres dispositions dont la portée est plus grande. Ainsi, certaines personnes qui sont proprement incapables de tester, peuvent néanmoins prendre des dispositions pour le salut de leur âme[2], et, en certains cas, la loi trace une procédure sommaire[3].

Les Grecs se distinguent, d'ailleurs, encore de nos jours, par une propension caractéristique aux dispositions à titre gratuit pour des fondations, sinon religieuses, du moins ayant un caractère d'utilité publique; de même qu'à l'époque byzantine, ils se distinguaient par la multitude et l'étendue des donations au profit de l'Église. Des millions sont envoyés chaque année, non-seulement du pays même, mais du dehors, pour les établissements publics. C'est, pour les hommes d'État de la Grèce, une tâche du plus grand intérêt que celle de diriger cette tendance vers le but véritable, et de régler tout ce qui concerne les fondations sans perdre de vue les intérêts de l'État, ni les principes de l'économie politique.

[1] *Harm.*, V, 11, 45, 46. Les jurisconsultes byzantins paraissent avoir été d'un avis différent sur la question de savoir s'il y avait lieu de déduire la falcidie des legs pieux. *Athanas.*, II, 3 (édition Heimb., p. 36); *Théod. Brev.* nov. 131, § 15; *Basil.*, édition Heimb., IV, p. 90, sc.; Πεῖρα, XLI, 10, *Bals. ad Phot.*, II, 1 (édition Rhallis, p. 99).

[2] Comp., § 33, p. 475, note 3. Coll. I, nov. 26 (p. 52, ligne 12, édition de l'auteur).

[3] Comp., § 39, p. 487, note 10.

LIVRE III

DU DROIT DES CHOSES

TITRE Ier. — DE LA PROPRIÉTÉ EN GÉNÉRAL.

§ 51. — Introduction.

La distinction des objets du droit de propriété en choses immobilières et choses mobilières ou qui se meuvent a un sens profond. En fait de meubles, le sentiment inné du droit naturel suffit pour assigner à l'homme un droit de propriété sur les choses qu'il produit par son travail et sur celles dont il acquiert par son activité la possession exclusive. Pour qu'un droit semblable fût reconnu exister sur des choses d'une autre nature, il a fallu plus que le simple sentiment du juste ; ç'a été un grand pas fait en avant dans le développement des idées juridiques. De là ce phénomène particulier, que dans l'ancienne Rome la propriété des choses immobilières et de celles qui se meuvent ne peut s'acquérir autrement qu'avec la sanction de l'autorité publique.

L'*assignatio*, la *sub corona emtio*, la *mancipatio*, où les témoins représentaient dans une certaine mesure le peuple, le *legatum* (*calatis comitiis*), la *in jure cessio*, et même l'*usus*, où l'usage public et non contredit tient lieu d'une reconnaissance tacite de la part de tous, tous ces moyens d'acquérir la propriété portent l'empreinte de l'autorité publique. — Le droit civil romain avait réalisé un progrès dans son développement le jour où l'idée de la propriété individuelle fut assez généralement comprise pour que l'intervention de l'autorité publique ne fût plus considérée comme indispensable pour la créer. Si, dans la suite, sous les empereurs chrétiens, on prescrivit de nouveau que l'acquisition de la propriété immobilière fût tout au moins publiquement portée à la connaissance de tous, cette disposition ne fut nullement un retour aux anciens principes, ce fut une mesure exceptionnelle dérivant du système d'impôt foncier désormais en vigueur.

Une autre différence entre les deux classes de choses qui forment les objets du droit de propriété consiste en ce qu'ils n'intéressent pas au même degré l'ordre public. Abstraction faite des esclaves, c'est le sol et la terre qui ont le plus d'importance, et qui se distinguent ainsi de toutes les autres choses, comme constituant une des conditions essentielles de l'existence de l'Etat. Dans les premiers temps de Rome le sol était pour la plus grande partie *ager publicus*; plus tard on considérait encore le sol des provinces comme une propriété de l'État. Ce n'est que peu à peu, et à divers degrés, que l'on reconnut l'existence d'une propriété privée sur ce même sol. Mais, même alors, la propriété du sol resta distincte de celle des autres choses, soit par les nombreuses restrictions légales qui l'entouraient, soit comme formant la matière imposable par excellence, soit enfin par la création de droits tout particuliers consistant en jouissances et en redevances réelles.

Il y a une troisième différence à signaler. Pour les choses mobilières, on peut les *appréhender* corporellement d'une manière plus ou moins complète, on peut les avoir en sa main et les retenir; pour les autres choses, il n'existe qu'une *domination* qui s'exerce de loin. Et comme la situation du propriétaire n'est pas la même dans l'un et l'autre cas, il lui faut une protection légale différente, suivant qu'il se trouve dans l'un où dans l'autre.

On comprend par là pourquoi, dans la Rome primitive, il n'y avait une action garantissant le droit de propriété comme tel que pour les *res mancipi*, c'est-à-dire pour les choses de la seconde catégorie. L'action supposait que ces choses avaient été soit acquises directement de l'Etat, au moyen de l'*assignatio*, de la *prædæ sectio* ou de la *sub corona emtio*[1], soit ultérieurement transmises après décès au moyen d'un *legatum*, ou entre-vifs par la *mancipatio*. Sans doute il est vrai de dire qu'on ac-

[1] Gaius, IV, 16. « Maxime sua esse credebant, quæ ex hostibus cepissent. »

corda bientôt une action de propriété pour toutes les choses, lorsqu'elles avaient été acquises par la *in jure cessio*[1] ou par l'*usus*; mais on semble encore avoir distingué dans le principe entre la propriété des *mancipi res* acquise par les modes précités, et la propriété de choses acquises par la *in jure cessio* et l'*usus*. L'une s'appelait exclusivement *mancipium*, l'autre *auctoritas*, et il y a lieu de supposer que les formes de procédure étaient différentes pour les deux actions en revendication de la propriété.

A mesure que Rome et ses rapports avec les autres peuples se développèrent, à mesure que le droit de s'adresser au magistrat de Rome pour la transmission de la propriété devint plus difficile et fut entouré de formalités plus compliquées, on dut ressentir vivement la lacune par suite de laquelle la propriété sur les *nec mancipi res* n'était protégée par une *vindicatio* qu'autant qu'elles avaient été cédées en présence du magistrat ou usucapées. L'usage qui s'introduisit à la suite de la loi des XII Tables[2] remédia au mal, en ce qu'il accordait aussi l'action de propriété à celui à qui le propriétaire d'une *nec mancipi res* en avait fait la tradition *ex justa causa*.

Vers la même époque s'introduisit une procédure nouvelle et générale pour les actions de propriété, celle qui se faisait *per sponsionem*. A partir de ce jour, la notion du *alicujus esse ex jure Quiritium*, qui engendrait toujours une même action de propriété, se fondit en une notion unique pour laquelle on adopta le nom général de *dominium*.

Ce système reçut une certaine extension grâce à l'influence du *jus gentium*, par suite de l'introduction du *per formulas litigare*, et du développement que reçut en conséquence l'édit du préteur. Pour les *peregrini*, qui n'étaient pas aptes à acquérir la propriété *ex jure Quiritium*, on avait admis que celui qui avait acquis une chose *jure gentium* ou *naturali jure*, avait une propriété *naturelle* et une action réelle pour en assurer

[1] La *in jure cessio* est évidemment d'origine plus récente que la *mancipatio*; la première suppose comme bien et dûment établi le principe d'une propriété pourvue d'un droit de revendication.

[2] Le *jus civile* dans le sens le plus étroit du mot (l. 2, § 5, D. *De orig. juris*), car la *traditio* d'une *nec mancipi res* était valable et efficace tout comme une *civilis acquisitio*.

l'exercice. Le préteur appliqua ce système aux citoyens romains; non-seulement la *rei vindicatio* était accordée à celui qui pouvait dire qu'une chose lui appartenait *ex jure Quiritium*, et qui par conséquent l'avait acquise au moyen d'une *civilis acquisitio*, mais encore on octroyait une *in rem actio* (l'*actio publiciana?*) à celui qui avait acquis une chose au moyen d'une *naturalis acquisitio*, et qui de cette manière ne l'avait que *in bonis*. C'est ainsi qu'il y eut de nouveau pour les citoyens romains deux sortes de propriété, le *dominium* (*ex jure Quiritium*) et le *in bonis esse*, la première restreinte aux objets susceptibles d'une pareille propriété, ne s'appliquant pas par conséquent au *provinciale solum*.

Lorsqu'il arrivait qu'une chose appartenait encore à l'un *ex jure Quiritium*, et qu'un autre l'avait *in bonis* (*duplex dominium*), dans le cas par exemple où l'un s'était borné à faire à l'autre la tradition d'une *res mancipi*, le préteur protégeait ce dernier et le préférait au premier.

Ce système compliqué rencontra par la suite, surtout dans l'empire romain d'Orient, un tout autre état de choses. Tous les habitants étaient maintenant citoyens romains, et par conséquent aptes à posséder une chose *ex jure Quiritium*. Mais pour les choses immobilières une semblable propriété n'était pas possible, en règle générale au moins, parce que le sol de l'empire n'était pour la plus grande partie que *provinciale solum*. La *mancipatio* et la *in jure cessio* étaient impraticables : l'une à raison de ses nombreuses formalités, l'autre parce que la simple tradition des *mancipi res* produisait en fait des conséquences à peu près égales. Enfin la distinction entre les différentes *in rem actiones* avait perdu tout intérêt pour le propriétaire depuis la disparition de l'*ordo judiciorum privatorum*.

Justinien a pour ce motif formellement supprimé les derniers vestiges de l'*antiqua subtilitas* [1]. Suivant la législation de cet empereur, tous les modes d'acquérir produisent un même droit de propriété sur toutes les choses, lequel peut être exercé par une seule et même *in rem actio*.

[1] L. *un.* C. *de nudo jure Quiritium tollendo* (7, 25) et l. *un.* C. *de usucap. transformanda et de sublata differentia rerum mancipi et nec mancipi* (7, 31). Comp. § 40, J. *de R. D.* (2, 1) et *Theophil.*, *ibid.*

§ 55. — Droit byzantin.

Le droit de Justinien ayant pour ainsi dire passé le niveau sur la théorie de la propriété pour la ramener à des principes généraux applicables à tous les cas, on ne doit pas s'étonner s'il n'a reçu dans l'empire d'Orient aucun développement considérable.

Et en effet les législateurs byzantins semblent avoir considéré la théorie générale du droit de Justinien sur l'essence de la propriété et sur les manières de l'acquérir et de la perdre, comme tellement claire par elle-même, qu'ils n'ont pas cru, au moins pour les petits Codes impériaux, qu'il fût nécessaire d'en parler, si brièvement que ce fût.

Les *Basiliques*, il est vrai, contiennent en cette matière, comme en toute autre, les titres y relatifs du Digeste et du Code[1] ; mais l'*Ecloga* ne fait même pas mention de la théorie de la propriété, et le *Prochiron* et l'*Epanagoge* n'y touchent qu'occasionnellement[2]. De même les livres de droit publiés ou compilés par les jurisconsultes ne renferment pas un seul titre spécial relatif à la propriété[3]. Michel Attalensis et Constantin Harmenopule seuls font exception à cet égard[4].

Enfin, en ce qui concerne l'influence des Novelles des empereurs byzantins sur la législation de la propriété, nous devons mentionner tout d'abord une Novelle de l'impératrice Irène, dans laquelle est insérée une disposition relative à la procédure à suivre en cas de bornage, disposition qui, suivant une indication de la Πεῖρα, semble avoir été maintenue depuis dans la pratique[5]. Pour le surplus, il ne nous reste plus qu'à rappeler le *dilettantisme* avec lequel Léon le Sage s'est plu à apporter de petites modifications à diverses dispositions du droit de Justi-

[1] Les Basiliques les renferment dans les livres 15 et 30, et par conséquent ne présentent pas, non plus que le Digeste ni le Code, la théorie de la propriété dans son ensemble.

[2] Notamment dans le titre περὶ Καινοτομιῶν. (*Proch.*, XXXVIII ; *Epan.*, XXXIX.)

[3] Pas même l'*Epitome*, habituellement si complet.

[4] *Attal.*, XXX ; *Harm.*, II, 1, 4, 6 ; III, 3.

[5] Coll. I, Nov. 27, C. 3. Πεῖρα, XXXVII, 1.

nien. Parmi les Novelles de Léon[1] nous appellerons l'attention sur :

1. La Novelle 51, traitant de l'acquisition d'un trésor découvert. Après Justinien, peut-être sous *Nicephorus Generalis*[2], on avait érigé en principe que tout trésor découvert appartenait au fisc.

Léon rétablit la législation justinienne avec la seule modification que l'inventeur qui a célé sa trouvaille perd le trésor entier au profit du propriétaire de la terre, alors même que ce dernier est un particulier et non pas le fisc. Dans les Basiliques[3] les dispositions du droit de Justinien ont été insérées; de là elles ont été reproduites dans la *Synopsis*, et ensuite elles ont passé dans différents livres de droit[4]. Quant à la Novelle de Léon et aux modifications qu'elle contenait, il n'en est plus fait mention nulle part.

2. Les Novelles 56, 57, 102, 103 et 104 relatives aux bords de la mer. D'après Justinien, les bords de la mer font partie des choses qui ne sont la propriété de personne, mais dont l'usage est commun à tout le monde. Dans la Novelle 56 Léon a supprimé une application de ces principes qui se trouvait dans la loi 13, § 7, D. *de injuriis* (47,10)[5], et cette Novelle a été admise par Harmenopule[6]. Ce que cet empereur a ordonné dans les Novelles 57, 102, 103 et 104 touchant l'établissement des filets sur les bords de la mer n'est pas tout à fait logique[7]. Ces

[1] Comp. Coll. II de la compilation des Novelles de l'auteur.

[2] Comp. dans les Novelles de l'auteur, p. 61, la *ἐκτη τυραννίς* de *Nicephorus Generalis*. — La scolie de la Nov. 51, p. 144, parle d'une συνήθεια.

[3] *Basil.*, L. 1, 30, 59 (l. 31, § 1; l. 63, *D. de* A. R. D.); LVI, 2, 3 (l. 3, § 10, 11, *D. de jure fisci*); LVI, 7, 13 (l. un. C. *de thesaur.*).

[4] Μικρὸν Θ, C. 11; *Harm.*, II, 6, § 3, 4. — L'*Epit. ad Proch. mut.*, XLIII, *in fine*, porte ce qui suit : Σγʹ Ἐὰν ἐν τῷ πραθέντι οἴκῳ θησαυρὸς εὑρεθῇ, τῷ ἀγοραστῇ διαφέρει. Εἰ δὲ ἐν δημοσίῳ τόπῳ ἢ ἐν μνημείῳ, τὸ ἥμισυ τῷ φίσκῳ διαφέρει καὶ τὸ ἥμισυ αὐτῷ τῷ εὑρόντι· εἰ δὲ ἀποκρύψει, ὅλον φισκεύεται. — ΣΔʹ. Ὁ καταμηνύων θησαυρὸν πέντε λίτρας χρυσίου ἐγγυᾶται, ἕως ὅτε τὰ προσαγγελθέντα ἀγράφως διακριθῇ.

[5] La loi 13, § 7, D. cit. se trouve aussi dans *Basil.*, LIII, 6, 1.

[6] *Harm.*, II, 1, 54.

[7] Si l'on n'a pas inséré la loi 5, § 1, D. *de R. D.*, dans les Basiliques, c'est peut-être à cause de ses dispositions fondées sur le droit coutumier. — Comp. au sujet de ces ordonnances, *Cujac. Observ.* XIV, 1.

décisions sont néanmoins citées dans la Πεῖρα, par Psellus, par Michel Attalensis, et dans le Μικρόν[1], comme étant encore en vigueur.

3. Les Novelles 71 et 113, qui contiennent des prescriptions sur la distance qu'on doit observer entre les constructions limitrophes. La Novelle 113 est dans son ensemble d'accord avec le droit de Justinien, mais la Novelle 71 est considérée par les jurisconsultes byzantins[2] comme renfermant une disposition pratique de droit nouveau.

4. La Novelle 95. Elle semble n'être que le développement du paragraphe 21, J. *de R. D.* (2, 1) ; il n'est pas bien certain si elle modifie les lois 7, § 2 ; 9, § 2, D. *de damno infecto* (39,2). Harmenopule a reproduit cette Novelle[3].

TITRE II. — DE LA PROPRIÉTÉ IMMOBILIÈRE EN PARTICULIER.

§ 56. — Influence du système de l'impôt foncier.

Bien que la théorie du droit de Justinien sur la propriété n'ait pas été modifiée dans son ensemble pendant toute la période byzantine, néanmoins les institutions qui déjà du temps de Justinien étaient nées sous l'influence du système d'impôt foncier en usage à cette époque, se développèrent ou même reçurent une forme toute nouvelle[4].

Afin de rendre cette transformation plus compréhensible,

[1] Πεῖρα, LI, 20. — *Psellus*, V, 831 et suiv. — *Mich. Attal.*, *in Append.*, I. — Μικρόν, N., C. 36-38.

[2] Elle a peut-être servi de prétexte à l'interpolation de la τοξου βολή dans *Basil.*, LVIII, 9, 13. — La Novelle 71 est mentionnée dans Πεῖρα, IX, 8 ; dans *Tipucitus* (*Basil.*, éd. Heimb., V, p. 212, note c) ; *Mich. Attal.*, *in Append.*, I ; Μικρόν, N., C. 33 ; *Harm.*, II, 4. — Comp. Heimbach dans la *Revue critique* de Richter et Schneider, 1839, p. 961 et suiv. — *Mich. Attal.* XXXIV, 9. — *Tipucitus*, LIX, 2. (*Basil.*, éd. Heimb., V, p. 224, note u.)

[3] *Harm.*, II, 4, 138.

[4] Une monographie très-approfondie du professeur Kalligas, d'Athènes, περὶ Δουλοπαροικίας παρὰ Ῥωμαίοις καὶ Βυζαντινοῖς, καὶ περὶ φορολογικῶν διατάξεων, dont la deuxième édition a paru dans la Θέμις, IX, p. 154-247, s'occupe de l'impôt foncier chez les Romains et de ses effets. L'histoire de l'impôt foncier chez les Romains est particulièrement intéressante en ce qu'elle est la meilleure critique à la théorie émise par les physiocrates sur la convenance et la supériorité d'un impôt de cette nature.

nous croyons devoir au préalable présenter un exposé complet du système romain sur l'impôt foncier.

C'est avec Auguste[1] que commence dans l'empire romain la réforme de l'organisation des finances. Le principal impôt était la *capitatio*, impôt personnel et foncier. Tous les plébéiens et tous les fonds de terre étaient recensés ou évalués par *capita* (ζυγοκέφαλα). Dans le principe, chaque plébéien formait un *caput;* plus tard, deux, trois, quatre plébéiens n'en firent plus qu'un; les *capita* en terre au contraire étaient de différentes mesures : dans l'Orient, *juga;* dans l'Afrique, *centuriæ;* en Italie, *millenæ*. On percevait pour ces *capita*, et suivant leur importance, un impôt en numéraire (*humana* et *terrena capitatio*), et pour les *capita* fonciers on percevait aussi des redevances en blé (*annonariæ functiones*) et en bétail (*capitatio animalium*)[2].

Le cens, ou l'estimation, avait pour base la *profession*, c'est-à-dire la déclaration des imposables eux-mêmes[3]. Il y avait divers moyens pour en contrôler la sincérité[4], et les déclarations mensongères étaient punies. Les résultats du cens étaient réunis par listes dans le cadastre[5], c'est ce qu'on appelait *libri censuales, polyptycha, encautaria*.

[1] Les auteurs byzantins (comp. les Nov. de l'auteur, p. 221, 315, 386 et suiv.) attribuent cette organisation à Auguste, bien qu'elle se rattache à un état de choses antérieur et qu'elle ne se soit étendue que peu à peu à tout l'empire. Pour de plus amples détails touchant cette réforme, voyez le traité de M. Zachariæ : *Etudes sur l'impôt foncier chez les Romains pendant l'ère impériale*; — *Mémoires* de l'Acad. de Saint-Pétersbourg, VIIe série, t. VI, n° 9; — et Bachofen, *Principes de l'organisation de l'impôt chez les Romains* dans le *Neues Schweiz Museum*, 1862, p. 105 et suiv.

[2] Il reste à savoir si l'on doit entendre de la *capitatio animalium* le ψυχικὸν τέλος dans l'édit. Pr. Pr., XXIV (voy. Ἀνέκδοτα de l'auteur, p. 275) et la ψυχικὴ συντέλεια dans la loi 13, C. de *annon. et tribut.*, 10, 16. — Il est possible qu'il s'agisse de la *capitatio humana*, c'est-à-dire de l'impôt personnel.

[3] L. 4, pr. D. *de censibus*, 50, 15.

[4] Par exemple les arpentages généraux auxquels on procéda du temps d'Auguste et de Théodose, et qui au fond n'étaient rien moins que des arpentages spéciaux pour l'assiette de l'impôt foncier. Hænel, *Corpus legum*, I, p. 6, 233.

[5] *J. Gothofredus* fait dériver ce mot soit de *capitastrum*, soit, et avec plus de raison, de la formule grecque καταστρωθήτω, au moyen de laquelle, dans le style byzantin, on ordonnait le dépôt de documents importants dans les archives.

On ne possède que peu de détails sur l'organisation de ce cadastre ; on n'en peut juger que par les règlements sur les professions et la forme des quittances d'impôt[1], ainsi que par des fragments de cadastres qui ont été conservés dans la Πεῖρα[2]. Les cadastres proprement dits semblent avoir été dressés dans l'ordre des fonds de terre ; on y inscrivait à la suite le nom des propriétaires et autres habitants, ainsi que le montant des *capita*. Il y avait, en outre, d'autres listes (*breves*, στίχοι) sur lesquelles on rangeait les imposés d'après leur nom ou leur cote d'imposition. On distinguait plusieurs espèces de ces cadastres et listes : les uns étaient généraux et servaient à l'autorité supérieure ; les autres spéciaux et destinés aux autorités subalternes, notamment pour certains territoires et leurs curies[3]. Les cadastres, en tant qu'ils fournissaient des renseignements sur les propriétaires et sur la délimitation des parcelles, furent utilisés de bonne heure comme moyens de preuve ; il en fut encore ainsi sous l'ère byzantine[4].

Le renouvellement périodique du cens était un principe consacré par un ancien usage. Mais bientôt après le règne de Constantin le Grand ces révisions générales régulières, ou renouvellements du cadastre, semblent avoir été négligées. Dans les Codes de Théodose et de Justinien il n'est plus question[5] que

[1] Hænel, *loc. cit.*, II, p. 280. *Edict. Pr. Pr.*, XXXII, § 1 ; Nov. 17, c. 8 ; Nov. 128, c. 3.

[2] Πεῖρα, XV, 10 ; XXXVI, 23. — L'impôt foncier fut même appelé ἀκρόστιχον, dont les Latins firent le mot *crusticum*, et dont l'origine remonte aux στίχοι ou ἀκρόστιχα (Coll. IV, Nov. 24. — Nov. de l'auteur, p. 393). Comp. Ducange. — Les *placita* des barons francs sous l'empereur Henri de Constantinople, en l'an 1210, font mention de l'ἀκρόστιχον, « quod ..... debent cuncti ..... propter terras quas tenent ....., quod tempore captionis civitatis Const. solvebatur a Græcis. »

[3] Dans la l. 8, *C. Th. de censu*, 13, 10, on mentionne à la fois les *libri publici* et *civitatum ac provinciarum encautaria*.

[4] Dig., X, 1, 11 ; XXII, 3, 10 ; *Basil.*, XXII, 1, 10 ; LVIII, 9, 11 ; Πεῖρα, XXXVI, 23.

[5] La comparaison entre la loi 12, C. *de annonis*, 10, 16 de l'an 431, et le rapport des principaux agents du fisc à l'empereur Alexis Comnène (Novelles de l'auteur, p. 393) démontre combien, pendant cet intervalle, le cadastre était resté sans changements pour les points principaux. — L'empereur Basile Porphyrogénète dit que les révisions partielles avaient lieu assez régulièrement tous les quarante ans environ (voy. Nov. de l'auteur, p. 315).

de révisions locales et extraordinaires du cadastre, ou de redressements, ou de continuation partielle. Par exemple on exigea que les mutations de propriété y fussent mentionnées. C'est pour ce motif que Théodose enjoignit à tout acquéreur de biens fonciers de faire opérer la mutation sur le cadastre [1]. Plus tard les préfets du prétoire — grâce au développement des principes appliqués en matière de *missio in possessionem* — exigèrent en outre que toute mutation de propriété ou toute prise de possession de biens fonciers s'opérât sous la direction d'une autorité publique [2], et cette mesure semble s'être perpétuée jusque dans les derniers temps de l'ère byzantine [3].

Le montant de l'impôt exigé pour un *caput* ne fut pas toujours le même. Il était de temps en temps déterminé par des ordonnances spéciales; celles-ci étaient tantôt ordinaires, tantôt extraordinaires, suivant qu'elles étaient rendues régulièrement pour une certaine période, ou qu'elles ajoutaient exceptionnellement pendant ladite période des suppléments à l'impôt déjà fixé; les premières s'appelaient *indictiones*, les secondes *superindictiones*.

Constantin le Grand paraît avoir établi comme une règle la fixation des impôts réguliers pour une période de quinze ans [4],

[1] L. 2, *C. theod. de contr. emt.*, 3, 1; l. 5, *sine censu*, 2, 3; *Nov. Theodosii*, II, tit. 27; l. un., C. *de suffragio*, 4, 3.

[2] Edit. Pr. Pr., 2, 29, 33, c. 1. (Ἀνέκδοτα de l'auteur, p. 253, 266, 276, 278). — Comp. encore Nov. 17, c. 8, § 1.

[3] L'édit. Pr. Pr., 2, qui a été inséré sous le numéro de la Novelle 167 dans le dernier recueil des Novelles de Justinien, a été reproduit ensuite dans les Basiliques, l. LVI, tit. 21. Plus tard on n'en fait plus mention, si ce n'est que pour l'acquisition de la propriété ἔγγραφα δικαιώματα et συστατικαὶ μαρτυρίαι sont obligatoires. Coll. III, Nov. 29 (p. 311 et 313 de la collection de l'auteur); Πεῖρα, XV, 10; XXXVII, 1. Comp. aussi la scolie sur Harmenopule, éd. Heimb., p. 375. Le Code moldave renferme des prescriptions identiques sur la transmission de la propriété des immeubles. Dans le royaume de Grèce ce mode de transmission n'est pas encore usité. Καλλιγᾶς, II, § 113.

[4] Il n'y a pas lieu d'établir une corrélation entre le cycle des *indictiones* et les révisions périodiques du cadastre; car précisément on ne trouve plus le retour régulier du cens depuis l'établissement de ce cycle. Le cycle des *indictiones* est peut-être plutôt une période budgétaire normale, destinée à mettre un terme au désordre qui régnait dans les finances, autant dans l'intérêt de l'État que des imposables. L'usage se maintint en

afin de remédier au désordre et à l'arbitraire qui s'étaient glissés dans le système des impositions depuis le règne de Dioclétien. Cependant les cotes régulières des contributions furent peu à peu rendues fixes, non-seulement pour quinze ans, mais pour toujours ; si bien qu'elles ne furent plus désignées que sous le nom de *canons*. Les *superindictiones* ne furent cependant pas abolies, et lorsque, en fin de compte, les impôts additionnels devinrent permanents, on se contenta d'établir qu'ils seraient considérés comme faisant partie intégrante du canon[1].

La perception directe de la *capitatio* et la remise des sommes perçues aux autorités impériales étaient primitivement mises à la charge des magistrats municipaux pour leurs territoires respectifs et sous leur responsabilité personnelle. Dans la suite on les déchargea de cette obligation en ce qui concernait les grands propriétaires fonciers, qui durent verser directement leurs impôts entre les mains des représentants de l'empereur[2]. Cette modification entraîna naturellement un remaniement du cadastre. On retrancha des cadastres communaux les grandes propriétés, et on créa des cadastres à l'usage de ces dernières. Ainsi on établit une distinction entre les parcelles qui étaient

outre d'adresser annuellement, même durant le cours d'une période budgétaire, une réquisition aux imposables pour le payement des impôts fixes. (*Canonica indictio*, Cod. Theod., VI, 26, 14.) Il y en a des exemples dans les édits des préfets du prétoire, datés du commencement de l'année budgétaire (1er septembre), ὥστε τοὺς ὑποτελεῖς εὐγνωμόνως τὰ δημόσια διδόναι (Ed. Pr. Pr., 4, 6, 13), et Justinien maintient encore cet usage dans la Nov. 128, c. 1.

[1] L. 1, *C. de indictionibus*, 10, 17. — L'impôt foncier perdit par là le caractère d'un impôt proprement dit, et revêtit plutôt celui d'une rente. Par la même raison les impôts en nature et en corvées à fournir à l'État se changèrent en charges réelles. Les cadastres locaux se transformèrent ; de cadastres de l'impôt ils devinrent des urbaires et furent désignés plus tard sous le nom d'ἀναγραφαί. — Plusieurs de ces urbaires de certaines localités de la Grèce, remontant aux années 1353 et 1337, figurent dans des titres cités par *Buchon* dans ses *Nouvelles recherches hist. sur la princ. franc. de la Morée*. Paris, 1843, II, p. 55, 74. En l'an 1403 la révision de ces urbaires fut ordonnée à Corfou ; un grand nombre d'entre eux ont été conservés et sont parvenus jusqu'à nous. *Buchon*, I, p. 419 ; II, p. 425.

[2] Cod. Theod., XI, 1, 14 ; 7, 12 ; l. 1, *C. Just. de omni agro deserto*, XI, 59. — Lorsque les impôts étaient affermés, ainsi que cela se pratiqua du temps d'Alexis Comnène (Nov. de l'auteur, p. 393), les redevances étaient payées entre les mains du fermier de l'impôt.

comprises avec d'autres dans le cadastre communal (plus tard on se servit à cet effet des expressions χωριτικὰ στίχοι et στάσεις), et les grandes propriétés foncières, qui avaient une place à part dans les cadastres généraux ou provinciaux, et qui sont désignées sous le nom de *possessiones* ou *massæ*, comme constituant des ἰδιόστατα[1].

L'achèvement général du cadastre et du système des *indictiones* fournissait un instrument d'une efficacité dangereuse, sous des apparences de justice et d'égalité, pour l'augmentation arbitraire de l'impôt, et il devait infailliblement arriver qu'on s'en servît pour élever le chiffre des recettes publiques.

Non-seulement on put élever, sur l'échelle des *capita*, toutes les taxes destinées à satisfaire un intérêt provincial ou communal, mais encore la *capitatio* proprement dite fut augmentée du quart, surtout depuis les partages de l'empire sous Dioclétien[2], partages dont la conséquence fut la multiplication et l'agrandissement des cours des empereurs, et par suite une dépense toujours croissante.

Le poids de cette augmentation de la *capitatio* était déjà très-lourd, il fut encore considérablement aggravé par suite du concours de diverses autres circonstances. A ce point de vue, nous signalerons *tout d'abord* la diminution du bien-être général, lorsque, avec le commencement des invasions des barbares, l'agriculture, le commerce et l'industrie tombèrent dans une décadence marquée. *En second lieu*, l'augmentation de la valeur de l'argent : la comparaison de l'édit de Dioclétien, relatif au prix des denrées, avec des indications de prix ultérieurs, constate une décroissance constante de tous les prix, ce qui équivaut à une augmentation du prix des métaux précieux. La *capitatio*, étant un impôt d'argent, devenait par conséquent une

[1] C'est ce qui explique comment les *possessores*, appelés d'abord κτήτορες, puis δυνατοί, purent former une classe distincte, ayant ses limites bien marquées. Un titre de cession de l'an 1335, concernant des biens-fonds situés en Morée, distingue encore *tam terras et possessiones quam stasias*. Buchon, *loc. cit.*, II, p. 36. De même on rencontre dans les urbaires (note 1, p. 77) mentionnés plus haut des *stasias* isolées, et en l'an 1387 on concède à Athènes, à un individu, un στάσιν en échange d'un certain nombre de jours de corvées. Buchon, *ibid.*, p. 221.

[2] *Lyd. de magistr.*, I, 4, dit de Dioclétien : Ἀνεμετρήσατο τὴν ἤπειρον καὶ τοῖς φόροις ἐβάρυνεν.

charge d'autant plus lourde et plus pénible à acquitter, même en l'absence de toute modification du taux nominal. *Enfin*, la corruption croissante des fonctionnaires : les employés subalternes du fisc, dont le nombre était énorme, poussés à des spéculations illicites par la modicité de leurs traitements, pressuraient tout particulièrement les contribuables en exigeant des frais arbitraires de perception.

Cette situation amena d'une part des plaintes et des supplications à fin de dégrèvements, et d'autre part une fuite générale devant l'impôt. La misère et le désordre se montrent partout au fond des nombreuses prescriptions du Code de Théodose sur la matière des impôts ; ces prescriptions ne parvinrent pas à arrêter le mal : elles l'augmentèrent même dans certains cas.

C'est grâce à ces circonstances que, secondée par la chute de l'empire romain et comme entraînée par une force irrésistible, s'opéra une grande transformation dont le principal caractère consiste dans la disparition des municipalités libres et l'établissement d'une espèce de féodalité.

Les mesures que les empereurs crurent devoir prendre pour remédier à cet état de choses peuvent être divisées en deux classes :

L'une avait pour but de diminuer le poids de la *capitatio*. Le remède le plus général et le plus efficace consista à ramener pour chaque *caput* le taux de l'impôt à une mesure supportable, à cette norme qui, sous le nom de *canon*, s'est conservée depuis jusqu'à une époque plus moderne. — Les indulgences, c'est-à-dire la remise des impôts non recouvrés[1], qui se répétaient sans cesse, exercèrent une influence moins heureuse. Il était d'usage que chaque empereur, lors de son arrivée au pouvoir, fit remise de tous les impôts non recouvrés[2]. Cette tradition fut maintenue sous l'ère byzantine, et on blâma vivement *Nicephorus Generalis* de ne pas s'y être conformé[3]. Mais ces indulgences en

[1] Cod. Theod., XI, 28.

[2] Dans la collection de Novelles de M. Zachariæ on trouve des *indulgentiæ reliquorum* (συγχωρήσεις λοιπάδων) de *Justin II* (coll. I, Nov. 1), de *Tibère II* (?) (coll. I, Nov. 11), de *Nicephorus Botaniata* (coll. IV, Nov. 1). *Suidas* dit de *Mauricius* : Ἀναφέρεται δὲ καὶ τὴν τρίτην μοῖραν τῶν φόρων συγχωρῆσαι τοῖς ὑπηκόοις.

[3] Nov. de l'auteur, p. 61, note.

elles-mêmes étaient une chose injuste : en majeure partie, elles ne profitaient qu'à ceux auxquels les employés du fisc n'avaient pas osé s'attaquer et constituaient une récompense pour les mauvais débiteurs au préjudice des bons. — Enfin l'octroi de nombreuses immunités souvent révoquées, souvent aussi confirmées par les empereurs subséquents, pouvait à la vérité écarter certaines plaintes, mais non remédier au mal. La plus remarquable des mesures de ce genre est l'immunité de l'impôt personnel accordée d'abord à l'*urbana plebs*[1], ensuite plusieurs fois à la *rustica plebs*[2]. Les derniers vestiges de cette immunité ont dû être effacés par *Johannes Tzymisces*[3]. L'Église chrétienne a su de même se procurer et se faire garantir la possession de riches immunités pour ses biens et pour ceux des couvents, si ce n'est en ce qui concernait la *capitatio* proprement dite[4], tout au moins en ce qui concernait les charges extraordinaires et supplémentaires réparties sur l'échelle des *capita*[5].

La seconde classe des mesures prises par les empereurs avait pour but d'empêcher que personne n'échappât à l'impôt. Nous n'en pouvons mentionner ici que les principales et les plus énergiques[6], celles qui ont eu pour conséquence de créer un droit nouveau et tout particulier pour la propriété foncière. Le caractère de ce droit dans la législation de Justinien mérite une étude spéciale, parce qu'il n'a pas toujours été convenablement

[1] L. 1, C. *ne rusticani*, XI, 51.

[2] Cod., XI, 52, 53.

[3] *Cedren.*, éd. Paris, p. 683. Comp. la note 601 de l'auteur dans le traité cité. Il est en outre question d'impôts personnels qui étaient dus suivant l'importance de la famille ou de la maison. Il en est ainsi dans les urbaires cités à la note 1, p. 74, où chaque paysan *pro servitio personali* était tenu de payer annuellement cinq ὑπέρπυρα.

[4] L. 15, pr. *C. Th. de episcopis*, 16, 2. Un exemple de l'impôt à payer par un couvent se trouve mentionné dans les Novelles de l'auteur, p. 400.

[5] *Theodor.* Nov. 131, c. 4. Un grand nombre de chrysobulles du dixième siècle et des siècles suivants, ayant trait à ce sujet, nous ont été conservés; ils sont reproduits en entier ou par extraits dans la collection de Novelles de M. Zachariæ.

[6] En ce qui concerne le lien étroit qui existe entre ces prescriptions et l'ἐπιβολή, il y a lieu de se reporter d'une part aux dispositions de la l. 12, Cod. *Theod.*, *de annona et trib.*, 11, 1; — de la Nov. 17, c. 11; — de la Nov. *Theod.*, 17, § 23; et d'autre part à celles des l. 5, 6, 7, 9, 10, *C. de omni agro deserto*, 11, 59.

apprécié, et que, sans l'avoir étudié à fond, on ne saurait clairement exposer la marche et la transformation ultérieure du droit byzantin.

§ 57. — L'Ἐπιβολή.

Dans l'origine, on avait la faculté de demander la remise de l'impôt, dans le cas où un fonds de terre perdait de sa force productive, ou bien lorsqu'il ne produisait rien[1]. Dans la pire des hypothèses, les propriétaires pouvaient abandonner[2] les parcelles devenues improductives, afin de s'affranchir du payement de l'impôt. Les *agri deserti* étaient dans ce cas offerts en propriété à celui qui se déclarait prêt à en acquitter les charges publiques[3].

Mais plus tard, lorsque par suite de la surélévation des impôts et des nombreuses corvées et redevances en nature, les paysans et les colons des régions exposées aux invasions des barbares, et même les esclaves attachés à la terre abandonnèrent les domaines ruraux, pour se soustraire à ce poids insupportable, les demandes en remise d'impôts et les délaissements devinrent trop fréquents pour qu'il fût possible de les tolérer sans un grave préjudice pour le trésor de l'État. On limita en conséquence, autant que possible, le droit à la réduction et celui de délaissement, et l'on supprima l'un comme l'autre pour le cas où le pétitionnaire, outre le fonds devenu improductif, possédait encore d'autres fonds productifs, voire même quand il était démontré qu'il possédait d'ailleurs une fortune suffisante[4].

Dans les cas où l'État ne pouvait s'opposer, ni en fait ni en droit, au délaissement, et lorsqu'il ne se rencontrait personne qui consentît à prendre volontairement les biens abandonnés en s'obligeant par contre à supporter les charges et prestations dues à l'État, on en vint à adjuger de force les *desertos et steriles agros* aux propriétaires d'autres parcelles imposées, et à les con-

[1] L. 4, § 1, *D. de censib.*, L, 15.

[2] Bien entendu seulement *publicatis apud acta provincialia desideriis suis*. L. 14, *C. de omni agro deserto*, XI, 59.

[3] L. 3, 8, 11, *C. de omni agro deserto*, XI, 59.

[4] *C. Theod.*, XI, 1, 10, 17, 31; — XIII, 11, 10, 13, 15, 16. — Comp. *Gothofredus*, ad. l. 16 *cit.* — Comp. Πεῖρα, VIII, 3.

traindre d'acquitter les charges correspondantes. C'est là la mesure qu'on appelle communément l'ἐπιβολή[1].

Les premières traces d'un semblable procédé datent du règne de Constantin le Grand[2]. Ce que l'on raconte d'Anastase[3], qui aurait eu la pensée de supprimer les impôts ainsi rejetés sur d'autres que les débiteurs, et qui en aurait été empêché par le préfet du prétoire Martin, n'est qu'un fait isolé. Quoi qu'il en soit, on appliquait avec rigueur l'ἐπιβολή du temps de Justinien[4].

Dans le droit de Justinien, il est même question d'une double sorte d'ἐπιβολή. La Novelle 128 parle dans le chapitre VII de l'ἐπιβολή κτήσεως ὁμοδούλων ἢ ὁμοκήνσων, et, dans le chapitre VIII, du supplément qu'on impose τοῖς ὁμόδουλα ἢ ὁμόκηνσα χωρία κεκτημένοις.

Julien, dans son *Epitome Novellarum*[5], semble à la vérité considérer les deux comme une seule et même chose; il en est de même pour *J. Gothofredus*[6], qui n'admet qu'une seule espèce d'ἐπιβολή. Toutefois dans l'édit du préfet *Zoticus*[7] on distingue avec tant de précision les ὁμόδουλα et les ὁμόκηνσα dans leurs rapports avec l'ἐπιβολή, qu'il n'est possible dans aucun cas d'admettre cette prétendue identité de l'ἐπιβολή κτήσεως ὁμοδούλων et de l'ἐπιβολή κτήσεως ὁμοκήνσων.

Maintenant, en ce qui concerne la première, il faut admettre que les ὁμόδουλα[8] ne sont pas autre chose que les *possessiones*,

[1] Quelquefois aussi ἐπιφορά. Comp. Ἀνέκδοτα de l'auteur, p. 256. — Dans l'*Authenticum Nov.*, 133, on se sert du mot *superindictio*; dans Julien, on traduit par les mots *impositio sive injectio*.

[2] L. 1, *C. de omni agro deserto*, XI, 59.

[3] *Alemannus ad Procop.*, ed. Paris., p. 163, d'après *Cyrillus Scythopolitanus*.

[4] *Procop.*, *Hist. Arc.*, c. 23. *Suidas*, vº Ἐπιβολή, fait remonter en conséquence l'origine de l'ἐπιβολή à Justinien; mais cette assertion est démentie par l'édit de *Zoticus* de l'an 512 (Nov. 168, *ed. Pr. Pr.*, 21).

[5] *Julian. Const.*, 124, c. 517, 518.

[6] Dans son commentaire du Code de Théodose, principalement sur la l. 4, Cod. Theod., *De annona et trib.*, 11, 1.

[7] *Edict. Pr. Pr.*, 21. (Comp. Ἀνέκδοτα de l'auteur, p. 274.) Le passage de cet édit porte ce qui suit ; Τινῶν μὲν ἀπὸ τῶν ὁμοκήνσων ἡ ζήτησις ἐπὶ τὰ ὁμόδουλα φέρεται καὶ οὕτως ἐπάγεται τοῖς ταῦτα κεκτημένοις, τινὰ δὲ ἀρχὴν περὶ τῶν ὁμοδούλων λαμβάνει καὶ φέρεται ἐπὶ τὰ ὁμόκηνσα.

[8] Ducange pense qu'il s'agit d'ὁμόδουλοι γεωργοί, mais à tort, car la Novelle 128 parle expressément d'ὁμόδουλα χωρία. Je trouve une explication

qui, au moins par rapport à la confection du cadastre, restaient en dehors de l'union communale, et qui avaient leur place à part dans les cadastres provinciaux, catégorie pour laquelle on rencontre aussi le terme de *massæ* cité plus haut[1]. Le terme ὁμόδουλα ἴδικα apparaît encore au treizième siècle[2]. Ce sont par conséquent des propriétés foncières qui, au moment de la confection du cadastre, appartenaient à un même propriétaire, et qui, soit à raison de leur étendue, soit en considération de la position élevée de leur possesseur, avaient été cadastrées non pas comme portions d'un territoire communal, mais comme unités indépendantes. C'est sous ce point de vue qu'on continuait à les considérer, même lorsqu'il leur arrivait d'être morcelées ultérieurement, et que les parcelles passaient entre les mains de divers propriétaires par suite d'aliénation ou de succession.

Tant que ces parcelles étaient réunies sur la tête du premier propriétaire inscrit au cadastre, celui-ci était tenu de payer l'impôt intégral, alors même que telle ou telle partie de cet ensemble fût devenue improductive, ainsi qu'il a été dit plus haut[3], et cela par une présomption légale d'après laquelle la diminution de rapport des ἄπορα était compensée par l'augmentation de rapport des εὔπορα. Lorsque l'ensemble était partagé et que les parties étaient tombées en des mains différentes, on continuait néanmoins à considérer le domaine comme formant un même tout, dans lequel les *sterilia* se compensaient avec les *opima;* les parcelles qui avaient passé entre les mains de divers propriétaires étaient toujours enchaînées entre elles pour le payement intégral de l'impôt et étaient par conséquent appelées ὁμόδουλα ou *conserva*[4]. Dans le cas où une partie, après

encore plus erronée dans le *Glossaire* de Reitz et Heimbach sur Harménopule.

[1] Comp. note 1, p. 78. *Cujac. Exp. nov.*, 128, 168, mentionne déjà les *massæ*.

[2] Comp. le *Supplem. Basil.*, p. 5, de l'auteur.

[3] Comp. note 4, p. 81.

[4] L'*Authenticum Nov.*, 133, rapporte cette expression latine. Julien emploie cette autre définition, mais moins juste : *agri ejusdem substantiæ* ou *de eodem patrimonio*, de même que le préfet Démosthène dans la Novelle 166 parle de terres ἐκ τῆς αὐτῆς περιουσίας.

avoir passé légalement entre les mains d'un tiers, devenait stérile ou déserte, tandis que le surplus, susceptible d'être imposé, appartenait à d'autres personnes, il s'agissait de savoir par quels propriétaires et dans quelle proportion et dans quel ordre le déficit devait être comblé, ou, en d'autres termes, à la charge de qui tombait la partie devenue déserte ou inféconde, ainsi que l'impôt qui lui incombait. A ce qu'il semble, une certaine indécision régnait, du temps de Justinien, sur cette question. Ainsi que l'indique le préfet du prétoire Démosthène (521-532)[1], les uns prétendaient qu'il fallait attribuer les parcelles infertiles à ceux qui possédaient les parcelles fertiles les plus rapprochées de celles-ci et provenant de la même origine; les autres demandaient que les *sterilia* fussent adjugés à ceux dont les *opima prædia* provenant de la même espèce s'étaient trouvés en dernier lieu unis avec eux. D'autres enfin voulaient les répartir sans distinction entre tous les possesseurs de *fertilia* de la même espèce, en proportion de leurs propriétés[2]. Quelques-uns semblent même être allés plus loin, et de même que dans le principe il s'établissait une sorte de compensation ou de solidarité non-seulement quand le possesseur de *sterilia* possédait aussi des *fertilia*, mais encore quand, indépendamment des *steriles agri*, il avait un patrimoine suffisant[3]: de même ils semblent avoir soutenu, en ce qui concerne l'impôt afférent aux *sterilia*, la possibilité de le rejeter d'un successeur sur un autre successeur, alors même que les biens auxquels ce dernier aurait succédé n'auraient pas été soumis à l'impôt, pourvu qu'ils eussent appartenu au propriétaire primitivement inscrit sur le cadastre. Mais cette prétention exorbitante fut repoussée dès l'an 512 par un édit du préfet du prétoire *Zoticus*[4].

Ces divergences d'opinion décidèrent en dernier lieu le préfet du prétoire Démosthène à déterminer un ordre à suivre

[1] Nov. 166. — Comp. Ἀνέκδ., p. 212 et suiv., de l'auteur.

[2] C'est ainsi qu'il faut traduire le passage de la Novelle 166 : Τῶν μὲν τοῖς ἐκ τῆς αὐτῆς περιουσίας εὔπορα κτησαμένοις ἐγγυτέροις καὶ προσεχέσι ταύτας ἐπάγεσθαι δικαιούντων, τῶν δὲ πρὸς τὰ ἀνωτέρω καὶ πλησιεστέρας ὁμοδούλους κτήσεις ἀναβαίνειν βιαζομένων, τῶν δ' ἐφ' ἅπαντας ἅμα τοὺς πρὶν κτησαμένους ἀδιακρίτως χωρούντων.

[3] Nov. 168. Comp. Ἀνέκδ. de l'auteur, p. 255, 274.

[4] Comp. note 4, p. 81.

pour l'ἐπιβολὴ ἀπόρων entre les possesseurs de *fertilia prædia* d'une même origine. Cet édit, important à l'époque où il fut rendu, nous a été conservé au moins par fragments dans la Novelle 166 de la collection de Novelles de Justinien, ainsi que dans la collection spéciale des édits des préfets du prétoire[1].

L'ἐπιβολὴ ὁμοκήνσων est distincte de l'ἐπιβολὴ ὁμοδούλων dont nous nous sommes occupés jusqu'à présent.

On entend par ὁμόκηνσα (*contributaria*)[2], d'après l'étymologie même du mot, les parcelles qui ont été recensées ensemble dans un seul et même cadastre; en conséquence on peut considérer les ὁμόδουλα comme étant des ὁμόκηνσα, mais tous les ὁμόκηνσα ne sont pas des ὁμόδουλα. Si donc on emploie, comme c'est ici le cas, l'expression ὁμόκηνσα par opposition à ὁμόδουλα, il convient naturellement de lui attribuer une signification plus étroite et de ne l'employer que pour désigner les fonds des différents propriétaires qui, sans être ὁμόδουλα, sont néanmoins réunis dans un même cadastre, par exemple dans un cadastre communal.

En général, on réclamait aux autorités municipales le payement de toute la cote de leur cadastre local, même dans le cas où une partie des terrains qui y étaient compris était devenue improductive; on leur enjoignait de répartir les contributions afférentes à cette partie entre les *fertiles agri* de leur territoire, On alla même plus loin encore, on imposa au gouverneur de la province l'obligation de verser la cote de toute la province, et, quand certains territoires ne parvenaient pas à acquitter leurs contributions, on procéda à la répartition de leur quote-part entre tous les autres territoires. Constantin le Grand s'occupe déjà de cette manière d'agir[3], et *Cyrillus Scythopolitanus* en raconte un exemple frappant[4].

[1] *Ed. Pr. Pr.*, 1. Comp. Ἀνέκδ. de l'auteur, p. 266.

[2] C'est la traduction qu'emploie l'*Authenticum Nov.*, 133.

[3] Dans la loi 1, *C. de omni agro deserto*, 11, 59.

[4] Le passage tel que le reproduit *Alemannus ad Procop.*, éd. Paris, p. 163, est ainsi conçu : Οἱ κατὰ καιρὸν (sous Anastase) πρακτευταὶ καὶ βίνδικες τῶν κατὰ Παλαιστίνην δημοσίων, ἑκατὸν χρυσίου λίτρας ἐξ ἀπόρων προσώπων καὶ δυσπράκτων ἀνυσθῆναι μὴ δυνάμενας εἰσπραττόμενοι, ἠναγκάσθησαν ἐπιῤῥίψαι τὴν τούτων εἴσπραξιν τοῖς κατὰ Ἱεροσόλυμα συντελεσταῖς κατ' ἀναλογίαν τῆς ἑκάστου δυνάμεως.

L'ἐπιβολὴ ὁμοκήνσων est donc celle qui atteint les divers propriétaires des parcelles recensées dans un seul et même cadastre communal ou provincial, en tant qu'elle les rend responsables pour le total de la cote afférente au cadastre.

Dans le droit de Justinien les règles suivantes sont applicables pour l'une et pour l'autre espèce d'ἐπιβολὴ[1] :

1° On applique l'ἐπιβολὴ aux parcelles dont les propriétaires sont inconnus ou dans l'impossibilité de payer l'impôt et de supporter les autres charges publiques ;

2° L'adjonction de ces parcelles est toujours faite à des fonds productifs qui sont imposables. Les maisons, jardins[2], et en général les choses qui ne sont pas soumises à l'impôt foncier, n'ont aucune ἐπιβολὴ à supporter ;

3° Les parcelles adjointes passent μετὰ πάντων τῶν... εὑρισκομένων γεωργῶν, καὶ πεκουλίων αὐτῶν, καὶ ἐνθηκῶν, καὶ καρπῶν, καὶ ζώων, καὶ παντὸς ἄλλου ἐνστρεύοντος καὶ ἐνστρευμένου τοῦ ἐκεῖσε εὑρισκομένου, dans le patrimoine de ceux dont les fonds sont soumis à l'ἐπιβολὴ ;

4° Quand il y a doute sur la personne à qui les biens doivent être attribués, ainsi que sur les charges qui y sont afférentes, les agents du fisc sont tenus, en attendant la solution de la difficulté, de déterminer par écrit l'étendue et la situation des parcelles, pour les remettre ensuite dans le même état à ceux à qui elles sont définitivement attribuées;

5° L'ἐπιβολὴ n'a jamais lieu qu'en vertu d'un décret du gouverneur de la province, après un débat préalable par écrit;

6° Celui à qui les ἄπορα ont été attribués peut appeler du décret du gouverneur, pendant le délai d'un an, devant le préfet du prétoire[3];

7° Celui à qui une ἄπορος κτῆσις a été attribuée n'est tenu d'en payer l'impôt foncier et les autres charges publiques que

[1] On en trouve le détail dans la Novelle 128, C. 7, 8.

[2] *Edict. Pr. Pr.*, 24, ou Nov. 168. — Sur le sens du mot *jardin*, l. 198. D. *De verb. signif.*

C'est pour ce motif que longtemps après on distinguait encore dans les titres, surtout dans les urbaires (voy. note 1, p. 77, et note 1, p. 78), les *singula tam terræ et possessiones quam statiæ*, des *saleriæ* (salines), *vineæ, domus, ... tabernæ, ecclesiæ, giardeni*, etc.

[3] *Theod. Nov.*, 128, § 8.

du jour de l'attribution, et n'a pas par conséquent à payer les termes arriérés[1].

Peu de temps après Justinien, il est intervenu[2], à ce qu'il paraît, un θεῖος τύπος περὶ ἐπιβολῆς, émané de l'empereur Tibère, dont malheureusement les dispositions ne nous ont pas été conservées. Ce qui démontre que cet empereur n'a en aucun cas aboli l'ἐπιβολή, c'est l'application constante qui en fut faite dans l'empire byzantin. Néanmoins, ainsi que nous le dirons plus loin, cette application n'est plus entièrement conforme aux prescriptions de l'édit du préfet Démosthène, et il est possible que ce changement remonte jusqu'au décret de l'empereur Tibère.

Nous trouvons dans les sources du droit la preuve évidente que l'institution de l'ἐπιβολή fut toujours reconnue et pratiquée dans l'empire.

Les Basiliques ont recueilli dans le livre LVI les passages les plus importants du Code relatifs à l'ἐπιβολή, la Novelle 128, c. 7, 8, et même les édits des préfets extraits des Novelles 166 et 168. De son côté, la *Synopsis* a extrait des Basiliques la Novelle 128, c. 7, 8, en la faisant précéder de l'observation que voici : Ἔστι δὲ ἐπιβολὴ ἐπίδοσις ἀπόρου κτήσεως πρὸς συγκληρονόμους ἢ συντελεστὰς καὶ ὁμοχώρους καὶ ὁμοκήνσους, — observation qui est elle-même répétée par Harmenopule[3]. Enfin l'*Epitome* admet l'existence d'une ἐπιβολή, plus restreinte, il est vrai[4].

Si, d'après ce qui précède, il n'est pas possible de mettre en doute l'application constante de l'ἐπιβολή, il y a lieu de convenir toutefois qu'elle n'a pas toujours été mise en pratique d'une manière uniforme. L'ἐπιβολή semble bien être, au premier aspect, un moyen très-efficace d'assurer au trésor public la rentrée intégrale du montant de l'impôt foncier; mais, en

[1] *Athanas.*, XX, 1, *ed. Heimb.*, p. 172. *Ed. Pr. Pr.*, 1 (Nov. 166), *in fine.*

[2] Coll. I, Nov. 14.

[3] *Harm.*, Append., tit. III, § 30.

[4] *Epitome*, XV, 35, 43. « Ἐάν τις ἔχων οὐσίαν ἐκποιήσῃ καθ' οἱονδήποτε τρόπον τινὶ ἀγρὸν μὴ ἐπιβαλὼν αὐτῷ τὰ ἀνήκοντα τελέσματα καὶ ἀπορήσῃ ἡ λοιπὴ κτῆσις, χρὴ τὸν δοθέντα ἀγρὸν ἐπαναδραμεῖν εἰς τὰ ὁμόδουλα, κἂν διὰ μέσου πολλοὶ εἰ διάδοχοι ἔφθησαν τοῦ τὸ ἴδιον χωρίον χωρὶς δημοσίου ἐκποιήσαντες. Νεαρὰ ξ'. » Si ce passage altéré se rapporte à la Novelle 166, il est clair que la restriction de l'ἐπιβολή dans les cas indiqués par l'*Epitome* ne repose que sur un malentendu.

l'examinant de plus près, on constate que, loin de supprimer les causes de non-valeur dans l'impôt foncier cadastral, elle était plutôt propre à surcharger la propriété foncière et à la rendre de plus en plus incapable de supporter les charges publiques. Cette conséquence désastreuse n'échappait pas aux empereurs, et c'est en partie à cela qu'il faut attribuer soit la suppression momentanée[1], soit la restriction de l'ἐπιβολή. Les historiens byzantins la représentent sans cesse comme une mesure fiscale extraordinaire et insupportable, lorsque par hasard quelque prince, ignorant de l'économie politique, voulait venir en aide par ce moyen à la perception de l'impôt foncier.

C'est ainsi que Théophane[2] considère comme une κάκωσις de l'empereur Nicéphorus Généralis, la mesure par laquelle ce prince ordonna que les ὁμόχωροι devaient être tenus ἀλληλεγγύως, c'est-à-dire solidairement pour les impôts envers le fisc. Nous possédons un récit de Siméon Métaphraste[3], qui gémit sur les larges proportions que l'ἐπιβολή avait prises peu après la grande famine qui sévit sous Romanus Lacapenus ; et encore semble-t-il, d'après ce récit, que l'ἐπιβολή ait été appliquée non pas, suivant l'ancien principe, aux ὁμόδουλα et aux ὁμόκηνσα, mais, d'après une règle toute différente, aux aboutissants et aux voisins, πλησιόχωροι et γείτονες. (Comp. § 58.)

Basile Porphyrogénète suscita un mécontentement encore plus grand quand il prescrivit τὰς τῶν ἀπολωλότων ταπεινῶν συντελείας εἰσπράττεσθαι ἐκ τῶν δυνατῶν[4]. L'ancien droit voyait

[1] C'est ainsi qu'elle paraît être tombée en désuétude sous les iconoclastes. — Comp. *Leges rusticæ*, I, 13, 14, dans *Harm.*, éd. Heimb., p. 832.

[2] Théophane, ed. Paris., p. 441. Comp. Nov. de l'auteur, p. 61, note.

[3] *Alemannus ad Procop.*, ed. Paris., p. 163, rapporte le passage y relatif, ainsi conçu : Λιμὸς ὁμοῦ καὶ λοιμός, τὰ δύο ταῦτα κακὰ καὶ ἀναιρεῖν ὁμοίως δυνάμενα, τοῖς τῶν κειμένων ὑπὸ τῇ Ῥωμαίων ἀρχῇ χωρίων ἐνσκήψαντα, πολλοὺς μὲν οἴκους ἀνθρώπων ἐκένωσε, κώμας δὲ ὅλας καὶ συνοικίας καὶ ἀγροὺς ἐρήμους τῶν οἰκούντων εἰργάσατο. Σκεψάμενοι τοίνυν οἱ τῶν κοινῶν ἐπιμεληταί, οὐ μὴν ἀλλὰ καὶ βασιλεὺς αὐτός, ὅπως μὴ τὸ κοινὸν τοὺς δι' ἔτους ἐκείνων φόρους ζημιωθῇ, ψηφίζονται τοὺς πλησιοχώρους καὶ αὐτὰ τὰ ἐκτριβέντων τέλη καὶ οἰχομένων εἰσπράττεσθαι· καὶ τοῦτο κατὰ πάσης ἐκράτει τῆς ὑπηκόου, καὶ πᾶς ὁ ἐκ γειτόνων οἰκῶν καὶ τοὺς τῶν πλησίον παρέχειν ἠναγκάζετο φόρους, εἴτε ὑπὸ τοῦ λοίμου καὶ τῆς ἐνδείας ἐκτριβέντες ἦσαν, εἴτε τῶν οἰκιῶν ἀνάστατοι διὰ τὴν ἀνάγκην γεγενημένοι.

[4] *Zonaras*, ed. Paris., II, p. 224. *Cedrenus*, ed. Paris, p. 706. Voy. les *Novelles* de l'auteur, p. 320, note 3.

dans l'ἐπιβολὴ ὁμοκήνσων et ὁμοδούλων une adjonction des parties d'un district communal à d'autres parties de même origine, ainsi que l'adjonction des parties d'une *possessio* à d'autres parties de la même *possessio*. Basile y comprit encore l'adjonction de territoires communaux aux *possessiones* des δυνατοί ou *potentes*. Cette mesure, qu'on appelle généralement ἀλληλέγγυον[1], rencontra dès l'origine une vive opposition et fut enfin supprimée,[2] après cinquante ans d'existence, par Romanus Argyrus.

A partir de cette époque, il ne pouvait plus être question que d'un système d'adjonction d'après l'ancien droit, et même celui-ci semble être tombé de plus en plus en désuétude. Il est vrai que sous Manuel Comnène on fait encore mention τῶν ἀπὸ ταπεινῶν στίχων[3]; mais la mention[4] qui suit, et qui parle des ἐλοπτώτων, ἢ ἀπὸ ταπεινῶν τελουμένων διαρίων, ἢ ἀπὸ ταπεινῶν κλασματισθέντων, suppose un mode de traiter les *sterilia* essentiellement différent de celui que prescrivait l'ancien droit.

Peut-être est-il permis de supposer que l'abandon de l'ancien système d'adjonction ne tint pas seulement au sentiment de son imperfection et de ses dangers, mais correspondit à une modification dans la perception de l'impôt. Constituant, dans l'origine, une attribution essentielle des fonctionnaires de l'État, la perception de l'impôt fut transmise plus tard — sans doute sous Alexis Comnène[5] — à des fermiers pour la durée d'une année. Dès ce moment, l'ἐπιβολή cessa accessoirement d'être d'un intérêt officiel pour les gouverneurs de province, et si par aventure les fermiers de l'impôt avaient prétendu exercer l'ἐπιβολή, la brièveté de leur droit de fermage n'eût pas suffi pour mener à fin la procédure régulière de l'adjonction. Dans ces circonstances, l'ἐπιβολή devait à la fin tomber tout naturellement en désuétude.

[1] La solidarité des ὁμόχωροι sous *Nicephorus Generalis* (ἀλληλέγγυος) était d'une autre sorte, en ce sens que l'on ne doit entendre par ὁμόχωροι que les possesseurs d'ὁμόκηνσα. Voy. note 2, p. 88; voy. toutefois *Zonaras*, ed. Paris. II, p. 123.

[2] *Cedren.*, ed. Paris., p. 753. — *Novelles* de l'auteur, p. 331, note 1.

[3] *Novelles* de l'auteur, p. 418.

[4] *Ibidem*, p. 451

[5] Comp. les Novelles de l'auteur, p. 393.

§ 58. — La Προτίμησις [1].

L'ἐπιβολή, ou le principe dont celle-ci est l'expression, que tous les possesseurs de certaines portions d'une *possessio* ou district communal devaient être réunis d'après certaines règles pour payer ensemble l'impôt foncier de la *possessio* ou du district, pouvait certainement se justifier du moment où l'on réservait à ces possesseurs, comme corollaire, le droit d'intervenir aux fins qu'aucun des possesseurs ne devînt inhabile à supporter l'impôt. Quand l'un des partageants administrait mal sa part et portion, au point de faire redouter sa ruine et celle de son fonds, n'était-ce pas le cas d'admettre une espèce de *cura* de la part des autres possesseurs menacés de l'ἐπιβολή [2]? Et si on avait considéré une semblable faculté comme constituant un empiétement trop considérable sur le domaine des droits personnels et réels, n'aurait-on pas tout au moins dû reconnaître au voisin menacé la faculté d'intervenir lorsque le possesseur d'une part voudrait vendre cette part à un tiers, et ce afin de sauvegarder ses intérêts?

C'est en effet ce qui eut lieu. Depuis le temps de Constantin le Grand — c'est-à-dire précisément à l'époque de l'établissement de l'ἐπιβολή — *proximis consortibusque concessum erat, ut extraneos ab emtione removerent* [3]. Mais nous ne possédons aucun détail précis sur ce droit de voisinage [4], pas plus que sur les règles de l'ἐπιβολή au moment où elle prit naissance. En

[1] L'expression προτίμησις désigne à vrai dire le retrait conventionnel; on l'emploie aussi pour désigner le droit de préférence des πένητες vis-à-vis des δυνατοί pour l'acquisition des biens fonciers (§ 62). Dans le présent chapitre, il n'est question que de la προτίμησις dans le sens étroit du mot et comme droit de proximité.

[2] Comp. note 2, p. 82.

[3] *Gothofred. ad l. 6, C. th.*, 3, 1. Cet auteur ne s'explique que confusément sur l'origine et les caractères principaux de ce droit de proximité.

[4] Faut-il entendre par le terme *proximi* les proches parents ou les aboutissants et voisins? Les *consortes* sont-ils à mettre sur la même ligne que les possesseurs des ὁμόκηνσα? — Les Byzantins traduisent par les mots συγγενεῖς καὶ κοινωνοί. Comp. les Novelles de l'auteur, p. 238, note 6, 7. — En ce qui concerne les *consortes*, comp. en outre Cod. Theod., II, 5, 1; VII, 13, 7; XI, 13, 1; 22, 2; 24, 1.

l'an 391, ce droit était déjà supprimé, comme constituant une restriction non justifiée de la libre disposition des biens[1]. Mais bientôt après nous voyons surgir l'idée primitive d'après laquelle, lors des ventes, une sorte de préférence était due à ceux qui étaient solidaires de l'impôt foncier; ce ne fut toutefois que sous une forme quelque peu modifiée, et seulement en ce qui concernait les ὁμόκηνσα dans le sens le plus étroit du mot. En effet, en l'an 415, les empereurs Honorius et Théodose ordonnèrent que personne, à l'exception des *convicani*, ne pourrait acquérir de propriétés foncières dans les *métrocomies*[2]. Les empereurs Léon et Anthemius, en l'an 468, décidèrent, d'une manière encore plus précise et plus générale, qu'aucun *extraneus* ne pourrait acquérir de propriété foncière dans les *métrocomies*, et que le *vicanus*, qui aurait l'intention d'aliéner la sienne, ne pourrait le faire qu'au profit d'un des habitants de la *métrocomie* inscrit dans le cadastre[3].

Ces règles ont été maintenues dans le droit de Justinien, dont les dispositions ont passé sans changement dans les Basiliques[4].

Mais peu de temps après, ainsi que nous l'avons fait remarquer plus haut[5], l'ἐπιβολή fut pratiquée sous une forme nouvelle, et cela devait nécessairement conduire à une transformation semblable du droit de voisinage. De là la célèbre Novelle de l'an 922, περὶ Προτιμήσεως, qui fut édictée par l'empereur *Romanus Lacapenus*[6] et servit de règle pour tous les temps qui ont suivi.

[1] L. 6. *C. Th. de contrah. emtione*, 3, 1, ou loi 14. *C. Just.*, eod., 4, 38. On le désigne ici comme une *injuria quæ inani honestatis colore velatur*. Peut-être n'avait-on fait momentanément aucune application de l'ἐπιβολή, si bien que pour justifier le droit de voisinage on fut dans la nécessité d'invoquer les considérations et les arguments relatifs aux *proximis consortibusque*.

[2] L. 6, § 1, *C. Th. de patrociniis*, 11, 24. La fin indique particulièrement la corrélation qui existe entre cette prescription et le payement de l'impôt.

[3] L. un., *C. Non licere habitatoribus metrocomiæ loca sua ad extraneum transferre*, 11, 56.

[4] *Basil.*, XIV, 5 (20), éd. Heimb., II, p. 280; et LV, 5, 1, éd. Heimb., V, p. 146.

[5] Comp. § 57 et note 3, p. 88.

[6] Coll. III, Nov. 2. La note 1 fait connaître les citations fréquentes dont elle fut l'objet dans les livres de droit byzantins.

Bien que cette Novelle déclare catégoriquement qu'elle doit son origine à la τῶν ὑποτελῶν ἅμα καὶ τῶν δημοσίων φόρων πρόνοια, en d'autres termes qu'elle fait corps avec la législation sur l'impôt, cette corrélation et cette connexité ont été déniées, ou tout au moins imparfaitement reconnues, soit par les écrivains byzantins postérieurs [1], soit par ses interprètes modernes [2], et c'est pour ce motif qu'ils n'ont pas su donner une explication satisfaisante de cette Novelle.

L'ἐπιβολή était imposée, à cette époque, aux πλησιόχωροι et aux γείτονες, et c'est pour cela qu'en cas d'aliénation on reconnaissait une προτίμησις aux voisins et aux limitrophes. Une Novelle de l'empereur Léon le Sage [3], de l'authenticité de laquelle il y a lieu toutefois de douter, porte que chacun peut librement vendre sa propriété foncière à un tiers, mais que les γειτνιῶντες ou les πλησιάζοντες ont la faculté de reprendre à l'acquéreur l'immeuble vendu, dans les six mois, à charge de lui restituer le prix d'acquisition. Cette idée est exprimée d'une manière encore plus nette et plus précise dans la Novelle de Romanus, en ce que le rang suivant lequel les voisins paraissent avoir été appelé à l'ἐπιβολή y est également suivi en ce qui concerne l'exercice de leur droit de προτίμησις.

La Novelle accorde notamment, en cas d'aliénation d'un ἀκίνητον, un droit réel de préemption ou de préférence :

A. A ceux qui sont ἀναμὶξ συγκείμενοι ou οὕτως (c'est-à-dire ἀναμὶξ) συμπεπλεγμένοι ou ἀναμεμιγμένοι. Il faut considérer comme étant compris dans de semblables rapports [4] :

1° Les ὡς ἀπὸ συγγενείας διαιρέτως ἢ ἀδιαιρέτως... ἐπίκοινον... ἀκίνητον ἔχοντες. — Par les mots ὡς ἀπὸ συγγενείας on ne doit entendre que l'acquisition opérée au moyen d'une succession légi-

[1] Particulièrement par l'auteur inconnu du petit commentaire de la Novelle de Romanus dont M. Zachariæ a donné le texte dans ses Novelles, p. 234 et suiv.

[2] A savoir *Cujacius op.*, ed. Neap., II, p. 312. — *J. Gothofredus, ad l.* 6, C. Theod., 3, 1. — *D. Gothofredus in notis ad legem* 14, C. Just., 4, 38. — Reitz, *ad Harm.*, 3, 103 et suiv. — Καλλιγᾶς, Ῥωμ. Δίκ., III, p. 266. — Παπαῤῥηγόπουλος, Ἐνοχικὸν Δίκ., II, p. 26.

[3] Coll. II, Nov. 114. Tout le style de la Novelle fait douter de son authenticité.

[4] Le commentaire se sert de l'expression ἀναμιγή (note 1 ci-dessus). A cette occasion, on y rapporte qu'à cette époque quelques jurisconsultes auraient

time (y compris la succession testamentaire). Lorsqu'il existe plusieurs héritiers de cette catégorie, chacun d'eux reçoit une part *pro indiviso* (ἀδιαιρέτως) dans chaque ἀκίνητον de la masse héréditaire, en proportion avec son droit successoral, et par conséquent l'ἀκίνητον devient par le fait ἐπίκοινον. Cette propriété indivise prend fin à la vérité lorsque la succession est partagée et que des *partes certæ* de l'ἀκίνητον sont attribuées aux ayants droit (διαιρέτως); mais la Novelle admet par fiction dans ce cas une prolongation de l'indivision pour le droit de voisinage[1]. Il est à supposer que la même fiction était admise pour l'ἐπιβολή, de même que pour l'ancienne ἐπιβολὴ ὁμοδούλων on admettait aussi la continuation de la connexité des parcelles provenant *ex eadem substantia*.

2° Il faut considérer comme ἀναμὶξ συμπεπλεγμένοι les ὡς ἐκ κοινῆς ἀγορασίας ἢ ἄλλης τοιουτοτρόπου κτήσεως... ἀκίνητον ἔχοντες — tels que les associés qui possèdent en commun une chose immobilière. La Novelle ne dit pas d'une manière bien expresse que dans ce cas il y a lieu d'admettre l'indivisibilité non-seulement tant qu'ils possèdent la chose *pro indiviso*, mais encore après qu'ils l'auront partagée et qu'ils la posséderont par conséquent *pro diviso*.

3° Enfin la Novelle considère les ἄλλως καὶ οὐχ ὡς ἐξ ἐπικοίνου τοῖς ἐγγίζουσι κτήμασι κατά τι μέρος ἀναμεμιγμένοι[2] comme étant ἀναμεμιγμένοι, εἰ καὶ ξένοι πάντη τῷ ἐκχωροῦντι τυγχάνοιεν. Un interprète byzantin[3] propose l'espèce suivante : Quelqu'un

voulu considérer l'ἀναμιγή comme une ἀναμιγὴ τοῦ αἵματος, prétention aussi ridicule que la raison invoquée par l'auteur du commentaire. Dans la coll. III, Nov. 20, on semble comprendre dans l'expression προτίμησις ἐξ ἀνακοινώσεως toute la classe des ἀναμεμιγμένοι.

[1] Les mots διαιρέτως ἢ ἀδιαιρέτως ont fortement embarrassé les commentateurs byzantins. C'est pour ce motif que Harmenopule, III, 3, 103, les a supprimés. Le commentaire byzantin précité ne les connaît pas davantage.

[2] La traduction qui a été faite de la Novelle par l'empereur Frédéric les appelle simplement *conjuncti*. — Παπαῤῥηγόπουλος, qui, il est vrai, n'a sous les yeux que le texte tronqué et interpolé de Harmenopule, III, 3, 103 et suiv., nie à tort qu'il soit ici question d'une espèce particulière de προτιμητέοι. Au surplus, Psellus, v. 1369, ne fait déjà qu'un degré de la προτίμησις pour les numéros 2 et 3.

[3] Comp. note 1, p. 92.

veut vendre sa propriété foncière ; deux *socii* en achètent deux parties *pro indiviso* ; une troisième personne achète la troisième partie également ἀδιαιρέτως. — Si l'un des deux *socii* veut vendre son lot, c'est l'autre *socius* qui a la préférence ; mais si celui-ci ne consent pas à en faire l'acquisition, c'est le troisième acquéreur qui sera préféré à un tiers quelconque. Telle est aussi l'opinion de Cujas, qui fait ici mention de ceux *qui rem communem habent citra societatem*. Quoi qu'il en soit, les mots οὐχ ὡς ἐξ ἐκείνου combattent formellement cette interprétation. D. Gothofredus est d'avis qu'il faut comprendre parmi les personnes ci-dessus dénommées celles *qui ont leurs terres enclavées dedans et parmy celle qui se vend*. Cette explication est peut-être bien la plus exacte. La Novelle ne parle pas ici, comme dans les deux cas précédents, de l'aliénation d'une maison, d'un champ ou d'un vignoble isolé, mais de celle de κτήματα entiers, et entend désigner le voisin qui, eu égard à ces propriétés foncières, n'est ni l'héritier ni l'associé du vendeur, mais dont la possession est en partie (κατά τι μέρος) comprise dans l'ensemble des κτήματα à vendre, ou enclavée dans ceux-ci. La Novelle suppose en quelque sorte que les deux parcelles avoisinantes forment un seul tout, et rappelle dans cette disposition l'ancienne ἐπιβολή des immeubles *ex eadem substantia*. N'oublions pas toutefois que non-seulement la Novelle ne restreint pas cette prescription aux ὁμόδουλα, mais qu'elle la généralise, si bien qu'elle est applicable aussi bien aux fonds de terre ou possessions situées dans un territoire communal.

Indépendamment des ἀναμεμιγμένοι, la Novelle accorde un droit de voisinage :

B. Aux συμπαρακείμενοι, c'est-à-dire aux aboutissants et avoisinants, qui ne se trouvent pas dans la situation spéciale de l'ἀναμιγή. La Novelle distingue de nouveau ceux-là en deux classes :

La première classe est celle des ὁμοτελεῖς. Évidemment la Novelle se rattache ici à l'ἐπιβολὴ ὁμοκήνσων. Mais autrefois tous les ὁμόκηνσα étaient soumis à l'ἐπιβολή suivant leur étendue et leur valeur imposable, tandis qu'au temps de l'empereur Romanus on paraît n'y avoir soumis que les ὁμόκηνσα voisins des ἄκρα, et par conséquent on ne peut reconnaître un droit de voisinage qu'aux ὁμοτελεῖς limitrophes. La Novelle dit au surplus : Ὁμοτελεῖς δέ φαμεν τοὺς ὑπὸ τὸν αὐτὸν ὑποτεταγμένον ἀναγραφομένους, κἂν ἐν διαφόροις τόποις τὰ ἴδια τελέσματα καταβάλλωνται[1]. Leunclavius et D. Gothofredus considèrent l'ὑποτεταγμένος comme synonyme de *censitor*, quand ils traduisent : *qui sub eodem censitore descripti sunt.* Καλλιγᾶς et Παπαῤῥηγόπουλος prennent l'ὑποτεταγμένος pour la désignation de l'unité de l'impôt foncier, du *caput*, et comprennent par conséquent sous le mot ὁμοτελεῖς ceux dont les immeubles sont compris ensemble dans les rôles de l'impôt pour un *caput*. Ces deux explications sont également erronées : la première, parce que le *censitor* recense, il est vrai, mais que personne n'est recensé sous lui; la seconde, parce que la langue ne permet pas de tenir le mot τὸν ὑποτεταγμένον pour le synonyme de ζυγόν[2].

La véritable explication nous est donnée incontestablement par le commentateur byzantin de la Novelle[3], lorsqu'il définit les ὁμοτελεῖς comme étant ceux qui τελοῦσιν ὑφ' ἕνα δεσπότην, οἷον ὑπὸ μίαν ἀρχιεπισκοπήν. Le Μικρὸν κατὰ στοιχεῖον[4] les désigne de même comme étant οἱ ὑφ' ἕνα δεσπότην ὑπάρχοντες καὶ τῷ αὐτῷ καὶ ἑνὶ τοὺς φόρους καὶ τὰ τέλη καταβαλλόμενοι καὶ ἀποδιδόντες, et Harmenopule[5] les dépeint comme γείτονες, ὁποῦ δίδουν τὰς δεκατίας καὶ τὰ δοσίματα εἰς ἕνα αὐθέντην[6]. Ce sont par conséquent les paysans qui, bien que propriétaires de leurs immeubles, se trouvent placés sous le patronage d'un personnage puissant[7], à qui ils payent leur redevance, pendant que celui-ci paye pour eux

[1] *Psellus*, v. 1373 et suiv., explique ainsi cette définition : Οἱ τῆς αὐτῆς ὑποταγῆς τυχόντες, καὶ διαφόρων ἔχωσι τελέσματα τοπίων. — *Cujas* se contente du terme général *qui communi census vinculo tenentur*, ce qui s'applique aussi à la rigueur à tous les sujets de l'empire.

[2] Il résulte clairement de la deuxième *Sententia Cosmæ magistri* dans Leuncl., J. G. R, p. 167, et de la Πεῖρα, XV, 10; XXXVII, 2, que les expressions ὑποτεταγμένος et ὑποταγή ont une autre signification.

[3] Comp. note 1, p. 92, et les Novelles de l'auteur, 236.

[4] Μικρόν, N., C. 42.

[5] Comp. *Delineatio* de l'auteur, p. 93 et suiv. Dans l'édition de 1820 le passage cité se trouve à la page 148.

[6] C'est pourquoi la *Constitutio Friderici de jure* προτιμήσεως traduit par ces mots : *qui sunt sub uno servitio.*

[7] Comp. plus loin § 59 (note 2, p. 104 et suiv.), § 60, § 61 (note 3, p. 119 et suiv.), § 62, *in fine.*

l'impôt foncier, si bien que les contribuables figurent sous son nom dans les cadastres. Cette classe de propriétaires fonciers est appelée par la Novelle du nom d'ὁμοτελεῖς, dans le sens étroit du mot. Mais elle ne restreint pas seulement la προτίμησις à cette classe d'ὁμοτελεῖς, elle y range aussi ἀλλὰ καὶ ἐπὶ τῆς ὁμάδος τῶν καλουμένων χωρίων ἢ ἀγριδίων πολλῷ μᾶλλον κρατείτω, ἵνα καὶ οἱ κτήτορες αὐτῶν πρὸς ἀλλήλους ἔχωσι τὴν προτίμησιν. Ces ὁμάδες ne sont autre chose que les communes indépendantes quant à l'impôt, les ἀνακοινώσεις χωρίων ou κοινότητες χωρίων [1], les anciens ὁμόκηνσα [2]. Ils sont ὁμοτελεῖς au même titre que ceux qui sont définis plus haut, et jouissent entre eux du même droit de προτίμησις.

La seconde classe de συμπαρακείμενοι, à qui la προτίμησις compète à ce titre, se compose des ἁπλῶς πλησιάζοντες ou ἁπλῶς ἔν τινι μέρει συναπτῶς ἡνωμένοι, les aboutissants et tenants qui n'ont pas en outre une des qualifications spéciales mentionnées plus haut. On les appelle aussi tout simplement πλησιασταί [3].

Ainsi donc, il existe cinq classes [4] qui sont appelées à la προτίμησις, dans l'ordre que voici :

I. Οἱ ἀναμὶξ συγκείμενοι συγγενεῖς ;

II. Οἱ οὕτως συμπεπλεγμένοι κοινωνοί ;

III. Οἱ μόνον ἀναμεμιγμένοι ;

IV. Οἱ συμπαρακείμενοι ὁμοτελεῖς ;

V. Οἱ ἁπλῶς πλησιάζοντες.

Il nous reste encore à exposer les règles particulières que la Novelle de l'empereur *Romanus* établit relativement à la προτίμησις; et nous aurons occasion de mentionner ultérieurement

[1] Comp., par exemple, les rubriques de Coll. III, Nov. 5, 6 ; et p. 281, 315, ces Novelles de l'auteur. Πεῖρα, XV, 10.

[2] Dans l'ancienne rubrique de la Novelle on les désigne de la même manière. C'est à elle que se rapporte aussi de préférence la προτίμησις ἐξ ὁμοτελείας dans Coll. III, Nov. 20. Dans la Coll. III, Nov. 5, C. 2, on les appelle συντελοῦντες.

[3] Μικρόν, N., C. 42. — D'après Coll. III, Nov. 5, c. 1, ce sont εἰκάτερες τῶν ὁμορούντων ἀγρῶν ἢ χωρίων, tandis que les προτιμώμενοι précédents sont à vrai dire εἰκάτορες τῶν αὐτῶν ἀγρῶν ἢ χωρίων. Dans la Coll. III, Nov. 6, c. 3, on ne considère comme ὁμοροῦντας ἀγροὺς ἢ χωρία que τὰ ὑπὸ τὴν αὐτὴν μητροκωμίαν χωρία ἤτοι ὑπὸ τὴν αὐτὴν κωμητεύραν.

[4] Le commentateur byzantin de la Novelle de *Romanus* distingue aussi ces cinq classes (ἑ βαθμούς).

les diverses modifications, extensions ou restrictions qui y furent apportées dans la suite.

1° La προτίμησις a lieu toutes les fois qu'une chose immobilière est aliénée. A titre d'exemple, on cite les champs, les vignobles, et en particulier les maisons. Dans la Πεῖρα[1] il est aussi question, à propos de maisons, d'ἀνακαινώσεως ἢ πλησιασμὸς ἢ ἄλλο τι, ὅπερ προσποιεῖ τὴν προτίμησιν. D'après le droit de Justinien, les maisons et jardins n'étaient pas soumis à l'impôt foncier, et par suite l'ἐπιβολή ne pouvait s'exercer à leur égard[2]. Aussi, et en tant que la προτίμησις se rattache dans une certaine mesure à l'ἐπιβολή comme terme corrélatif, faut-il admettre que dans l'intervalle les maisons et les jardins avaient été également soumis à une imposition[3], et que de cette manière l'ἐπιβολή s'exerçait aussi à leur égard.

2° La προτίμησις a lieu lorsqu'un immeuble est aliéné κατὰ πρᾶσιν, ἢ ἐμφύτευσιν, ἢ μίσθωσιν. (Il faut entendre par μίσθωσις non un bail de durée ordinaire, mais un louage de longue durée se rapprochant de l'emphytéose, une ἔκδοσις dans laquelle on peut voir une sorte d'aliénation.) Pour l'aliénation d'un immeuble affecté à la *constitution de dot* ou à la *donatio propter nuptias*, ou à la *simplex donatio*, ou à la *mortis causa donatio*[4], ou à un legs, un échange, ou une transaction, la προτίμησις n'a pas lieu, bien entendu à la condition que ces opérations ne serviront pas à la dissimulation d'une πρᾶσις ou d'une μίσθωσις, cas auquel les προτιμώμενοι peuvent, au besoin, déférer le serment.

Lorsqu'il est établi que l'opération est simulée, il en résulte des conséquences particulières. D'après une Novelle de Manuel Comnène, de l'an 1166[5], les mêmes règles sont applicables dans le cas où quelqu'un a donné un immeuble à titre d'antichrèse, ou lorsqu'en vendant son immeuble, il s'est réservé une petite bande de terrain attenant à la parcelle du voisin, dans le but de priver celui-ci de la προτίμησις. Harmenopule[6] rapporte, du

[1] Πεῖρα, V, 10; L, 1, 2, 3.

[2] Comp. § 57, note 2, p. 86.

[3] D'après le récit de *Zonaras* (ed. Paris., II, p. 123), il est évident que cet impôt était le καπνικόν. (Comp. la dissertation de M. Zachariæ citée note 1, p. 74).

[4] Comp. Πεῖρα, II, 6; XXXVIII, 11.

[5] Coll. IV, Nov. 66, c. 6.

[6] *Harm.*, III, 3, 112, *in f*[illegible]

reste, que de son temps la προτίμησις n'était plus usitée en cas d'emphytéose et de bail.

3° On est tenu de donner avis de la vente au προτιμώμενος ou à son représentant. Mais la Novelle ne dit pas bien de la part de qui et en quelle forme cet avis doit être donné[1]. Harmenopule[2] parle d'une προφώνησις devant témoins par l'acheteur et d'une προφώνησις par sentence judiciaire.

4° A partir du jour de la dénonciation, le προτιμώμενος jouit d'un délai de trente jours pour payer le prix[3] et reprendre à son compte l'immeuble vendu. Si le προτιμώμενος a une raison légitime d'absence, ou s'il est mineur, ses curateurs ont un délai de quatre mois et peuvent, dans le cas où ils craignent d'assumer sur eux quelque responsabilité, faire décider par sentence écrite du juge, s'ils doivent ou non faire usage de la προτίμησις[4]. Dans le chapitre II de la Novelle il est question d'un délai de dix ans, pendant la durée desquels peuvent être révoquées les acquisitions d'immeubles des δυνατοί. Ce délai a été étendu par erreur à la προτίμησις proprement dite, et c'est ce qui a trompé les jurisconsultes byzantins dans les explications qu'ils ont données de la durée des délais[5].

5° Est déchu de la προτίμησις celui qui, dans le délai de trente jours ou de quatre mois, suivant le cas, n'a pas payé le prix, ou qui, avant l'expiration de ces délais, a déclaré y renoncer[6],

[1] La Novelle semble exiger une προφώνησις διὰ μαρτύρων. Néanmoins sur ce point il existe plusieurs interprétations. Dans Πεῖρα, L, 1, il est question d'une προφώνησις à faire par le vendeur.

[2] Scolie dans l'édit. Heimb., p. 474. Harmenopule invoque le passage de la Πεῖρα qui se trouvait sans doute compris dans le titre περὶ Προτιμήσεων dont il ne reste plus que quelques fragments. Comp. Πεῖρα, V, 10.

[3] Τὸ ἄξιον τίμημα (il peut donc demander une estimation par experts) ἢ ὅπερ ἀρραδιουργήτως ὁ ἀληθὴς δίδωσιν ἀγοραστής (il n'est donc pas tenu à l'accomplissement de stipulations accessoires et de pure chicane, et il bénéficie des termes qui ont été octroyés à l'acheteur).

[4] Lorsque le vendeur est un δυνατός et le προτιμώμενος un πένης, on accorde généralement à ce dernier un délai de quatre mois pour se procurer les fonds. Coll. III, Nov. 6, c. 3, *in fine*. La Πεῖρα, XXXVIII, 13, accorde aussi un délai de pareille durée à un couvent.

[5] Comp. Πεῖρα, L, 1; scolie dans les Novelles de l'auteur, p. 231, note 7; Μικρόν, II, sc. ιδ'; Harm., 3, 111, 112, et sc. dans éd. Heimb., p. 374.

[6] Le commentateur byzantin dit : Εἰ κληθεὶς .... εἰς τὴν ἀγορὰν παραιτήσηται ἐνώπιον ἀξιολόγων μαρτύρων.

ou qui a volontairement commis un crime soit sur la personne, soit contre la propriété du vendeur.

6° Tant qu'il existe un προτιμώμενος d'une classe et que son droit n'est pas périmé, celui qui est appelé dans la classe subséquente reste exclu de la προτίμησις. Mais lorsque le premier renonce à son privilége ou lorsqu'il en est déchu, il faut que le προτιμώμενος de la classe subséquente en soit averti.

7° Lorsque plusieurs personnes d'une seule et même classe sont appelées à la προτίμησις, la dénonciation doit être faite à chacune d'elles. Lorsque toutes ces personnes font usage de la προτίμησις, elles se trouvent dans l'obligation de s'entendre entre elles pour la mesure dans laquelle elles y participeront, sinon ce sont les autorités qui interviennent pour trancher la difficulté. La Novelle[1] ne s'explique pas sur la manière dont on procède lorsque quelques-uns des appelés ont l'intention de faire usage de la προτίμησις et que d'autres, au contraire, y renoncent. Il paraît qu'il est intervenu dans la suite une loi ou une jurisprudence dont la Πεῖρα renferme quelques traces[2].

8° D'après les dispositions de la Novelle, il peut arriver que le vendeur soit un δυνατός et le προτιμώμενος un πένης, et réciproquement. Dans ce cas la προτίμησις a été supprimée par Nicéphorus Phocas[3]; à l'avenir, le droit de préférence ne compète plus qu'à un δυνατός à l'égard d'un δυνατός et à un πένης à l'égard d'un πένης.

Plus tard, sans doute après que l'ἐπιβολή eut été en partie supprimée par Romanus Argyrus, et fut en partie tombée en désuétude[4], la corrélation de la προτίμησις avec la procédure d'attribution de l'impôt ne fut plus comprise. On s'imagina

[1] Elle ne donne que quelques indications obscures en disant : Ὅσοι δὲ μὴ ἐμποδίσμως — πρὸς ἀναλογοῦν συνεισέρχονται.

[2] Πεῖρα, L, 2, 3.

[3] Coll. III, Nov. 20, c. 1. C'est cette Novelle que *Mich. Psellus* et *Mich. Attalensis* ont interpolée dans leurs extraits de la Novelle de *Romanus*. *Psellus*, v. 1365, considère en conséquence la προτίμησις comme une institution intéressant uniquement les χωρίται ; *Mich. Attalensis* (App. I, § 10) la restreint au cas ἀπ' ἴσου προσώπου πρὸς ἴσον τῆς πράσεως γενομένης. — La Coll. III, Nov. 6, c. 3, décide encore qu'un χωρίτης peut exercer la προτίμησις à l'égard d'un δυνατός.

[4] Comp. § 37, note 2, p. 89 et suiv.

qu'on pouvait simplement prendre pour base de la προτίμησις; les cas de συγγένεια, κοινωνία et πλησιασμός. Nous trouvons par exemple l'origine de cette transformation et l'histoire de la législation de la προτίμησις dans le commentaire byzantin de la Novelle, dans le Μικρὸν κατὰ στοιχεῖον et dans quelques autres documents. C'est sous cette nouvelle forme et avec cette nouvelle signification que la προτίμησις s'est maintenue dans tout l'empire byzantin, depuis le moyen âge[1] jusqu'aux temps les plus récents[2].

§ 59. — Situation des paysans sous Justinien.

Depuis la fin du troisième siècle il s'établit peu à peu un principe général suivant lequel, à l'exception des classes élevées[3], nul ne pouvait quitter ni le pays ni la profession dans lesquels il était né.

L'établissement et l'application de ce principe était une conséquence de l'émigration générale devant l'impôt, amenée par le poids toujours de plus en plus insupportable des impôts et des charges publiques (§ 56).

Par ce moyen on espérait d'un côté empêcher la disparition complète des contribuables et conserver les sources de leurs facultés imposables; d'un autre côté l'établissement de cette règle fut considéré comme un devoir de justice. Les sénats des villes et les propriétaires fonciers étaient soumis à l'obligation de prélever la *capitatio*, les uns dans leurs ressorts communaux, les autres dans leurs possessions, sous leur propre responsabilité, et de verser le total de l'imposition entre les mains des agents du fisc[4]. Pour pouvoir leur imposer cette responsabi-

[1] Comp., par exemple, Θέμις, VII, p. 255.

[2] Comp. Καλλιγᾶς et Παπαρρηγόπουλος cités plus haut (note 2 p. 98), pour ce qui concerne l'application de la προτίμησις en Grèce. Le Code valaque en parle dans Τμ. γ', κεφ. β', § 7 et suiv.; le Code moldave dans les paragraphes 1432-1436. — Remarquons en terminant que les jurisconsultes byzantins ont considéré comme modifiées, par suite de l'établissement de la προτίμησις, certaines dispositions du droit de Justinien relatives à l'invalidité de certaines conventions.

[3] L. 15, C. *De dignitat.*, 12, 1.

[4] Comp. note 2, p. 77.

lité, il fallait aussi leur faciliter les moyens de recueillir réellement et effectivement l'impôt de ceux qui le devaient. Dans ce but furent promulguées une foule de prescriptions de toutes sortes; nous en avons mentionné quelques-unes lorsque nous avons parlé de l'ἐπιβολή (§ 57), celle, par exemple, d'après laquelle aucun propriétaire foncier ne pouvait aliéner les *servi rustici* ni l'inventaire de ses biens[1], et celle d'après laquelle le propriétaire qui a lui-même amené la stérilité de son fonds était tenu d'en acquitter l'impôt tout entier[2].

Mais lorsque par suite de l'accroissement des charges on vit des paysans libres abandonner leurs propriétés, des fermiers leurs fermes, des plébéiens les villes et des colons[3] leurs habitations, on fut obligé de faire encore un pas en avant et de donner aux curies et aux possesseurs le droit de retenir leurs contribuables et de faire réintégrer les *profugi* dans leur domicile.

C'est ainsi qu'on transforma insensiblement le droit de domicile dans un lieu en une obligation de séjour[4] et qu'on érigea en même temps en principe cette idée générale que chacun était à tout jamais enchaîné à sa *conditio*[5].

Il est vrai que des changements furent apportés plus tard à cet état de choses, changements qui auraient dû en provoquer la suppression. En effet, d'une part, on réduisit peu à peu cette partie de la *capitatio* qui était un impôt personnel; on la supprima même complètement[6], si bien que les classes inférieures de la société eurent moins à souffrir du poids des impôts; d'autre part, la responsabilité des curies pour le recouvrement des contributions afférentes à d'autres possesseurs de biens fon-

[1] *Cod. Hermog.*, tit. XVI. — *Cod. Theod.*, II, 30, 1; XI, 3, 2; XIII, 10, 3, *passim*.

[2] L. 4, § 1, D. *De censibus*, 50, 15; l. 2, C. *eod.* 11, 58.

[3] *Casarii*, ainsi qu'on les désigne dans le C. *Theod.*, XI, 12, 7.

[4] L'origine de cette manière de voir, suivant laquelle ce droit et cette obligation étaient connexes, est déjà ancienne. L. 112, pr. D. *De legatis*; l. 2, D. *De nundinis*, 50, 11.

[5] Ce principe s'appliquait tant aux habitants des curies qu'aux *corporati* et *collegiati* et surtout aux *rustici*. *Cod. Theod.*, X, 10, 7, 13; X, 20, 22; XI, 1, 26, 21, 6, § 3; XII, 1, 5, *passim*.

[6] L. 1, C. *De capitat. civ. cens. exim.*, 11, 49, l. *un.*, C. *De col. Thracens.*, 11, 52.

ciers fut aboli[1], et on fit remise aux propriétaires du payement de l'impôt pour les *profugi*[2]. Néanmoins on maintint particulièrement pour les *rustici* la règle ci-dessus mentionnée, soit dans l'intérêt des propriétaires fonciers, soit dans l'intérêt prétendu de la culture des terres[3].

Le principe d'après lequel la population agricole était attachée à perpétuité à son état et à la terre à laquelle elle appartenait par sa naissance ou par la prescription et sur laquelle elle était recensée, ce principe, disons-nous, était encore debout du temps de Justinien et recevait son application non-seulement à l'égard des colons placés sous la dépendance d'un propriétaire foncier, mais en général à l'égard de tous les *rustici*[4].

La législation de Justinien renferme en outre d'autres dispositions[5] spéciales aux paysans, dont une partie remonte à une époque antérieure et l'autre partie est l'œuvre de Justinien lui-même. Il est défendu d'imposer aux *agricolæ* pendant le temps des semailles et des moissons des *extraordinaria munera*. — Il est défendu de recevoir de leur part un gage *quod ad culturam agri pertinet*[6]. — De même il est défendu au créancier d'un cultivateur de se faire donner en gage ses bœufs, ses moutons, ses esclaves et autres choses semblables. — Le paysan ne doit pas payer à son créancier un intérêt annuel supérieur à un κεράτιον par νόμισμα, c'est-à-dire 4 et demi pour 100, ni plus de la huitième partie des récoltes, c'est-à-dire 12 et demi pour 100[7]. Toutefois la loi générale que Justinien avait promis d'édicter sur l'état de la classe des paysans (Nov. 162, epil.) n'a jamais été promulguée[8].

[1] *C. Theod.*, XII, 1, 186.

[2] *Ibid.*, XI, 1, 7.

[3] Nov. 80, c. 2, *in fine*. Coll. I, Nov. 13 : *Ut... operibus suis consuetos reditus... subministrent.*

[4] L. 1, C. *De agric.*, 11, 48.

[5] Mais il ne faut pas y comprendre les prescriptions sur le *testamentum ruri conditum*, l'excusabilité d'une erreur de droit, etc. Ces prescriptions s'appliquaient en partie à tous les habitants de la campagne, en partie aussi aux habitants des villes à qui on reconnaissait le caractère de *rusticitas*.

[6] L. 8, C. *quæ res pignori*, 8, 16.

[7] Nov. 32-34.

[8] Athanase, qui écrivait après la mort de Justinien, se contente de faire mention de la promesse. *Epit. Nov.*, XVIII, 4, *in fine*. D'où il résulte qu'on

Abstraction faite de cette législation générale relative aux paysans, les *rustici* du temps de Justinien vivaient sous un régime politique et juridique très-varié. On peut les diviser, sous ce rapport, en plusieurs classes.

Tout d'abord on distingue les paysans libres de ceux qui sont placés sous la dépendance d'autrui.

Il y avait des *paysans libres* soit dans les territoires de l'État, soit dans les villages indépendants, régis par des *præpositi* ou *præfecti* spéciaux, ou par leurs *primates*. Ces villages s'appelaient μητροκωμίαι, κεφαλοχώρια, χωρία ἐλευθερικά[1]. Les paysans libres avaient pleine propriété dans le territoire de la commune, et payaient leurs impôts soit par l'intermédiaire des autorités communales, soit directement entre les mains des agents du fisc.

La législation justinienne admet différentes espèces de *paysans qui sont placés sous la dépendance d'autrui.*

Il y a en premier lieu ceux qui sont préposés à la culture des domaines de l'État ou des biens propres de l'empereur; les titres LXII et suivants du livre XI du Code s'occupent du régime sous lequel ils vivaient.

Il est une autre espèce de paysans qui, ainsi que le dit une Novelle de l'empereur Tibère, habitent dans χωρία ἐξακτωρικά, ἢ βουλευτικά, ἢ ἑτέροις ὅλως προσήκοντα, c'est-à-dire dans des villages ou des fermes placées sous des régisseurs ou sous des propriétaires fonciers de rang sénatorial, ou en général appartenant à des propriétaires fonciers privés, tels que des églises, des couvents ou fondations, ou de simples particuliers[2]. Ces diverses situations furent créées de diverses manières, et suivant l'origine qu'elles ont eue, la position de subordination des paysans a également varié.

ne saurait admettre que le νόμος γεωργικός (§ 60) dérive d'une semblable loi de Justinien.

[1] Coll. I, Nov. 12, c. I. — Les *métrocomies*, qu'on désigne aussi plus tard sous le nom de κεφαλοχώρια, sont des villages desquels dépendent encore d'autres *vici*.

[2] Le passage y relatif (Coll. I, Nov. 12, c. I) est habituellement traduit d'une manière erronée : les χωρία ἐξακτωρικά ne sont pas des *prædia* EXACTIONIBUS OBNOXIA (!) et les βουλευτικά ne sont pas des DECURIONUM prædia.

C'est ainsi qu'on trouve, par exemple, des *métrocomies* entières conférées par les empereurs à certaines personnes[1]. Le sol d'une *métrocomie* ne devenait pas pour cela la propriété de la personne investie; mais l'effet de l'investiture était que les redevances dues par les *métrocomies* à la caisse de l'État étaient dues désormais aux nouveaux seigneurs, à titre de charges foncières. Une pareille concession ressemblait aux remises du produit de l'impôt d'un ou de plusieurs *capita* que l'empereur octroyait, par exemple, aux communes, pour l'entretien de bains, de théâtres ou d'autres établissements d'utilité publique, en ce sens que l'on n'imposait pas à la personne investie l'obligation de payer une quotité déterminée de l'impôt à raison de la *métrocomie* concédée, ce qui faisait du nouveau seigneur une sorte de *patronus*.

Le *patrocinium vicorum*[2] devint la source d'une nouvelle classe de rapports juridiques entre les paysans et les personnes sous la dépendance desquelles ils vivaient. Dans le but de s'assurer un appui contre les surcharges de l'impôt et l'avidité et l'arbitraire des agents du fisc, certains paysans isolés, voire même des commerçants retirés — imitant en cela une ancienne coutume romaine — choisissaient parmi les hauts dignitaires un patron qui leur octroyait sa protection et ses bons soins, en échange de toutes sortes de cadeaux et même de redevances fixes et régulières[3].

Dans l'intérêt du fisc, dont l'action sur les paysans soumis à l'impôt se trouvait ainsi paralysée, et en partie aussi dans l'intérêt des paysans eux-mêmes, qui étaient de cette manière doublement chargés de redevances, on prohiba de bonne heure l'acceptation d'un pareil *patrocinium* (πατροκίνιον ou προστασία). Néanmoins la fréquente répétition de la prohibition démontre que l'on n'était jamais parvenu à déraciner entièrement cet usage[4]. Du reste, le fait de se soumettre à un *patrocinium* n'a-

[1] *C. Theod.*, XI, 24, 6, *in fine*.

[2] *Ibid.*, XI, 24; *C. Just.*, XI, 54.

[3] Par analogie du *contractus suffragii*. *Cod. Theod.*, II, 29. — *Cod. Just.*, IV, 3. — La Coll. I, Nov. 12, c. 4, appelle même ces impôts πατροκίνια.

[4] L'empereur Tibère et en dernier lieu l'empereur *Romanus Lacapenus* ont cru devoir prendre des mesures à cet effet. Coll. I, Nov. 12, c. 4; Coll. III, Nov. 2, c. 2; comp. note 4, p. 121.

vait qu'un effet temporaire de sujétion : cet effet durait aussi longtemps que le patron gardait sa position de pouvoir et d'influence. Mais aussi, lorsque cette situation s'était perpétuée pendant un certain nombre d'années et que le fils du patron avait de son côté rempli des fonctions élevées, la sujétion dont nous venons de parler pouvait bien devenir héréditaire.

Une troisième classe très-nombreuse de paysans placés sous la dépendance d'autrui est celle qui était établie sur les domaines des grands propriétaires fermiers. Ces paysans — on les appelait généralement ὑπὸ δεσποτείαν τελοῦντες γεωργοί, et ils étaient soit des cultivateurs proprement dits, soit de simples ouvriers (*coloni* ou *inquilini*) — n'avaient, par opposition aux autres classes dont il a été question plus haut, aucun droit de propriété sur le sol, et n'exerçaient d'autre droit réel sur le fonds, que celui de ne pouvoir être ni chassés ni déplacés par le propriétaire foncier. La *capitatio* était due par le seigneur[1], tandis que les paysans *sub patrocinio* en étaient toujours restés personnellement responsables et redevables.

Les ὑπὸ δεσποτείαν τελοῦντες γεωργοί se partagent en deux classes : c'étaient les *adscriptitii* (*censiti*, ἐναπόγραφοι) et les *coloni* dans le sens étroit du mot (μισθωτοί). Sur l'origine et la signification de cette distinction, voici ce que les sources nous apprennent :

Les possesseurs de grands domaines, qui avaient beaucoup de peine à trouver une quantité suffisante de bras pour la culture des terres, avaient toujours accepté avec empressement l'établissement de personnes libres, mais dépourvues de ressources, sur leurs propriétés; ils leur faisaient même volontiers l'avance de semences, afin de les mettre à même de cultiver des terres en friches; ils recevaient généralement en échange une partie des récoltes. Les jurisconsultes classiques considéraient habituellement les rapports de cette espèce comme une *locatio conductio* ou comme un *precarium*[2]. Mais comme à vrai dire ces

[1] On prenait quelquefois indirectement des arrangements tendant à faire payer par les colons et les *inquilini* le montant de l'impôt dont le seigneur était tenu vis-à-vis du fisc. Comp. l. 20, § 3, C. *De agricolis*, 11, 48. — La rubrique de ce titre *De agricolis et censitis et colonis* semble bien se rapporter à la distinction dont il s'agit.

[2] L. 1, 19, § 4, D. *Locati*, 19, 2; l. 17, 21, D. *De precario*, 43, 26.

rapports étaient destinés à se prolonger, le seigneur foncier était tenu de faire recenser immédiatement ces *coloni* ou *inquilini*, et ces derniers étaient inscrits sur les tables du cens avec les domaines[1]. Si bien que l'on s'habitua à les regarder comme faisant en quelque sorte corps avec la terre. Il est bien possible que l'on ait même légué des *vici*, c'est-à-dire des domaines, sur lesquels des colons avaient formé des villages[2], ou même des *inquilini*, sans seulement parler des maisons[3], ou que l'on ait loué des biens avec leurs colons[4]. Toutefois au point de vue juridique on pouvait encore à ce moment comprendre la chose d'une autre façon : le legs des *vici* avait pour objet le sol et non pas les colons qui l'habitaient ; le legs des *inquilini* sans les maisons était nul en tant que constituant un *legatum liberi hominis*, il était en tout cas nul et sans effet quant à l'*inquilinus* ; enfin le *conductor* n'était à considérer que comme simple cessionnaire vis-à-vis du colon affermé. Mais lorsque, dans la suite, le seigneur foncier fut tenu de percevoir la *capitatio* de ses colons et en devint responsable ; lorsque ceux-ci ne purent plus quitter leur maître ni en être séparés, il n'y eut plus moyen d'appliquer aux relations existant entre les colons et le seigneur foncier les règles du louage ou du *precarium*. C'est ainsi que se forma et se développa un droit tout nouveau, applicable à la situation des *adscriptitii* et de leurs descendants[5]. La situation des *servi rustici* se confondit peu à peu avec celle des *adscriptitii*. Le maître des *servi rustici* perdit tout intérêt à s'en prétendre propriétaire, car il ne pouvait ni les aliéner ni en réaliser la valeur[6], et c'est pourquoi il les laissa *in libertate*, et la prescription en fit ensuite des *adscriptitii* libres.

A côté de ces *adscriptitii* on trouve encore les *coloni* dans le sens strict du mot. Lorsqu'un paysan libre prenait à ferme un

[1] L. 4, § 8, D. *De censibus*, 50, 15.
[2] L. 77, § 33, D. *De legatis*, II.
[3] L. 112, pr. D. *De legatis*, II.
[4] L. 27, C. *De locato*, 4, 65.
[5] Les prescriptions sur la question de savoir qui est *adscriptitius*, et de qui on est *adscriptitius* à raison de la naissance, sont nombreuses et contradictoires. Il est intervenu quelques Novelles sur ce point, même après Justinien. Coll. I, Nov. 6, 13.
[6] L. 12, § 3, D. *De instructo*, 33, 7. Quelquefois les *servi rustici* étaient affranchis, mais à la condition de continuer la culture des terres

domaine et le cultivait avec son propre matériel et son propre capital, on admettait que, passé un délai de trente ans, il était lié à cette terre[1]. Le rédacteur des Ῥοπαί[2] distingue catégoriquement ces μισθωτοί des ἐναπόγραφοι et dit en les distinguant : Οὗτοί εἰσιν οἱ λεγόμενοι κολωνοί. La Novelle 162, c. 2, mentionne une autre espèce de colonat en opposition formelle avec l'ἐναπόγραφος τύχη ; elle se compose de ceux qui sont nés d'une femme libre et d'un ἐναπόγραφος ; ceux-ci ne suivent pas la condition du père, mais deviennent colons dans le sens étroit du mot.

Dans la majeure partie des cas, la position juridique des *coloni* et des *adscriptitii* était entièrement identique. Les uns et les autres étaient libres quant à leur personne ; c'est ainsi qu'ils pouvaient contracter mariage et avaient la puissance paternelle sur leurs enfants[3]. D'autre part, les uns et les autres participaient au même degré à certains privilèges de leurs seigneurs[4]. Enfin l'attache à la glèbe et l'obligation de payer des redevances annuelles au propriétaire étaient des charges communes à ces deux classes de paysans.

Le propriétaire foncier avait le droit de réclamer non-seulement l'impôt personnel qu'il payait à la décharge de ses paysans, mais aussi une indemnité à raison de la jouissance de la terre dont il avait payé l'impôt[5]. En général, on remettait au propriétaire, pour ces deux redevances une partie déterminée de la récolte ; mais suivant la *consuetudo prædii* on payait aussi des intérêts en numéraire[6]. Le propriétaire n'avait pas la faculté

[1] Tout au moins à partir d'Anastase, l. 19, C. *De agricolis*, XI, 48. — La l. 21, § 3, C. *De S. S. eccles.*, fournit la preuve que quelques auteurs considéraient même vingt ans — la *longi temporis præscriptio* — comme suffisants ; à moins qu'il ne faille lire (par rapport à la Nov. 120, c. 3, et l'*Ecloga*, tit. XV) λ' ἐτῶν au lieu de κ' ἐτῶν. Comp. l'édition des Ῥοπαί de M. Zachariæ, p. 21*, note 9.

[2] Αἱ Ῥοπαί, XI, 6, 14.

[3] Une ἐλευθέρα ne peut cependant pas épouser un ἐναπόγραφος étranger. Nov. 22, c. 17. — La l. 11, C. *De oblig.*, IV, 10, relève une autre différence entre esclaves.

[4] L. 2, C. *De comit. consistor.*, XII, 10 ; l. 8, C. *De princ. agent. in reb.*, XII, 21 ; Coll. 1, Nov. 12, c. 4, v° Προσφέρειν.

[5] L. 20, § 3, C. *De agricolis*, XI, 48.

[6] L. 5. 20, § 2, C. *eod.*

d'augmenter à sa seule volonté ces contributions annuelles; le paysan était admis à formuler une plainte à l'occasion d'une *superexactio*[1]; de même s'il était déplacé ou chassé : le seigneur ne pouvait le vendre qu'avec le bien qu'il cultivait.

Sous un seul point de vue, il y avait une différence sensible entre les μισθωτοί et les ἐναπόγραφοι : les premiers étaient libres μετὰ τῶν πραγμάτων αὐτῶν, tandis que pour les seconds on considérait leur *peculium* comme appartenant au seigneur[2]. L'ἐναπόγραφος est presque aussi entravé dans la disposition de son pécule que l'esclave[3], bien qu'on ne puisse en dépouiller ni lui ni ses descendants; ce pécule appartient au propriétaire de la terre, s'il meurt sans enfants[4]. De ce que l'ἐναπόγραφος n'a pas de patrimoine, il résulte qu'il ne saurait naître aucune action entre lui et son maître touchant des intérêts pécuniaires, et en aucun cas l'ἐναπόγραφος ne peut posséder de terres en propre. Pour le μισθωτός, au contraire, d'autres principes étaient appliqués, en ce que l'on considérait son pécule comme lui appartenant en toute propriété. Il est reconnu, dans les sources du droit, qu'il était d'ailleurs apte à posséder et à acquérir la propriété foncière[5]; mais il faut admettre en outre qu'il pouvait procéder à des aliénations sans le consentement de son seigneur, et disposer de ses biens par testament en faveur d'un étranger, tout cela bien entendu sans préjudice du matériel nécessaire pour sa γεωργία. On comprend très-bien que des actions civiles aient aussi pu s'élever entre le μισθωτός et le propriétaire[6].

[1] Il n'est pas question ici d'une *actio* civile, mais d'une *interpellatio* des magistrats. L. 2, C. *In quib. causis*, Coll. XI, 50; Nov. 80, c. 2, 3.

[2] L. 19, C. *De agricolis*, XI, 48.

[3] L. 2, C. *In quib. causis*, coll. XI, 50.

[4] A savoir *jure peculii*. Il est question de ce droit successoral (à tort appelé de la sorte) dans la loi 20, C. *De episc. et cler.*, I, 3; voy. encore l. *un.*, *C. Th.*, V, 3.

[5] L. 6, C. *De agric.*, XI, 48, *in fine*. — Nov. 162, c. 2, *in fine*.

[6] Nous serions entraîné trop loin si nous voulions examiner ici toutes les questions relatives à cette matière. On consultera avec fruit Savigny, *Vermischte Schriften*, II, p. 1 et suiv.; — Καλλιγᾶς, περὶ Δουλοπαροικίας, dans Θέμις, Τμ. ΙΧ; — et Révillout, *Histoire du colonat*, dans la *Revue historique du droit français et étranger*, t. III (1857), p. 216. — Le lien juridique entre μισθωτός et propriétaire foncier ne se dissolvait pas par prescription (l. 23, C. *de agricolis*, XI, 48). *Quid*, par consentement réciproque? (Comp. l. 16,

La coutume d'inscrire les colons et les *inquilini* dans les registres de l'impôt foncier — registres qui donnèrent naissance à la classe des *adscriptitii* — avait été, au surplus, très-usitée dans l'empire romain. Une ordonnance d'Honorius[1] le prouve en ce qui concerne les provinces de la Gaule ; en Egypte on rencontre les *adscriptitii* sous le nom de *homologi coloni*[2]. Dans le sud de l'Italie même il y a des ἐναπόγραφοι qui se sont perpétués jusque dans le treizième siècle[3]. Justinien et Tibère ont rendu des décrets concernant les *adscriptitii* de l'Afrique[4], et les Novelles de Justinien, qui s'occupent des ἐναπόγραφοι d'une manière générale, démontrent que ceux-ci se sont aussi répandus en Orient.

Mais la distinction entre les *adscriptitii* et les colons dans le sens strict semble s'être effacée de plus en plus. Une Novelle de Justinien de l'an 572[5] déclare, sans distinguer entre ces deux classes de paysans, qu'ils peuvent transmettre leurs biens, tant *ab intestato* que par testament, à leurs parents, même s'ils ont partagé l'hérésie des Samaritains. En l'absence de parents, le propriétaire foncier, par analogie de la succession attribuée au fisc en cas d'hérédité vacante, recueille leur hoirie; une fusion s'était donc opérée à cette époque entre le droit spécial des colons (*sensu stricto*) et celui des *adscriptitii*. Mais il n'y a pas moyen de décider, dans le silence des sources du droit post-justinien, si cette fusion s'est développée dans les temps plus récents, et de quelle manière.

Peu de temps après Justinien, les invasions des barbares dans l'empire byzantin et les émigrations des populations indigènes qui en étaient la suite, notamment dans le plat pays, ébranlè-

C. de episc., 1, 3, v° *Invito domino.*) Les enfants étaient-ils attachés à la terre du vivant de leur auteur? (Comp. l. 23, § 1, *C. de agric.*) Dans la Coll. I, Nov. 12, c. 2, il y a des traces de la création d'une juridiction patrimoniale du seigneur. Le principe en vertu duquel le seigneur lui-même ne pouvait séparer le paysan de sa terre aurait dû protéger ce dernier et empêcher qu'il ne fût employé à des services personnels ni loué à titre de journalier, par exemple.

[1] *Cod. Theod.*, XI, 1, 26.

[2] *Ibid.*, XI, 24, 6.

[3] Comp. les *Constitutiones Siculæ*, passim.

[4] Coll. I, Nov. 6, 13.

[5] *Ibid.*, Nov. 7, c. 2.

rent profondément la situation des paysans; et dans les siècles suivants il n'est plus question du droit particulier concernant les ἐναπόγραφοι.

§ 60. — Le Νόμος γεωργικός.

Les *Leges rusticæ*, ou le νόμος γεωργικὸς κατ' Ἐκλογὴν ἐκ τῶν Ἰουστινιανοῦ βιβλίων[1], nous permettent de jeter un coup d'œil sur la situation des paysans au huitième siècle.

Ce νόμος nous a été conservé dans de nombreux manuscrits, notamment dans des appendices des petits Codes impériaux et de leurs remaniements; mais les textes révèlent plusieurs recensions différentes, dont malheureusement aucune n'a été imprimée jusqu'à ce jour, si ce n'est la plus récente, qu'Harmenopule a annexée à son manuel à titre d'appendice. La plus ancienne consiste en quatre-vingt-trois paragraphes qui se suivent sans être divisés en titres. L'ordre des matières diffère essentiellement de celui du texte d'Harmenopule, et les plus anciens manuscrits, par exemple Cod. Paris, gr. 1367, et Marcian. 579, présentent aussi de notables divergences dans le texte des divers paragraphes. Enfin il y a un grand nombre de paragraphes qui manquent dans la plus ancienne édition, tandis qu'on les trouve chez Harmenopule, circonstance de laquelle on peut inférer que ces textes ont été ajoutés postérieurement[2]. Toutefois, et sauf à tenir compte des variantes, nous pouvons nous servir des éditions imprimées des *Leges rusticæ* pour l'étude que nous nous proposons d'en faire.

L'opinion générale, suivant en cela l'avis émis par l'auteur, attribue le νόμος γεωργικός à une compilation de quelques jurisconsultes du huitième ou du neuvième siècle[3]. Les additions subséquentes dont nous avons parlé plus haut donnent en effet aux *Leges rusticæ* l'apparence d'une compilation ; et comme ces mêmes additions forment dans certains manuscrits une partie

[1] Comp. la *Delineatio*, § 21, de l'auteur. *Hist. de Mortreuil*, I, p. 393.

[2] Dans les éditions de Reitz et Heimbach on trouve les passages que voici : *Proœmium*, tit. I, § 17; tit. IV, § 2 et 8; tit. V, § 3; tit. VI, § 6, 7; tit. VII, § 5, 6; tit. VIII, § 6; tit. X, § 2, 3, 5, 10, 11. Le *Proœmium* et la division en titres n'existent pas au surplus dans tous les manuscrits d'Harmenopule, pas plus que dans toutes les éditions des *Leges rusticæ*.

[3] On l'attribuait d'abord, à raison de son intitulé : ἐκ τῶν Ἰουστινιανοῦ βιβλίων, à l'empereur Justinien II; d'autres l'attribuaient à Harmenopule.

de l'ancien *Appendix Eclogæ*, cette circonstance a conduit à reporter l'origine de ces lois au huitième ou neuvième siècle. Toutefois un examen plus attentif des plus anciennes variantes démontre que cette opinion n'est pas soutenable [1]. Une grande partie des dispositions contenues dans ce recueil constituent un droit éminemment nouveau [2], de telle sorte qu'elles n'ont pas pu être compilées d'après des sources antérieures. A côté de cela, on remarque partout le style impératif du législateur, indice d'une origine officielle.

Quant à la fixation de l'époque vers laquelle le νόμος γεωργικός fut publié, on est amené à penser que c'est sous le règne de Léon l'Isaurien et de Constantin, soit conjointement avec l'*Ecloga* [3], soit postérieurement, à en juger par la place qu'il occupe dans l'*Appendix Eclogæ* et par sa corrélation intime avec l'*Ecloga*.

D'après son contenu, le νόμος γεωργικός est un Code de police rurale. Il traite particulièrement de vols, notamment de vols de récoltes, de fruits et de bois; de délits et de négligences des bergers; de dommages causés par les bestiaux ou occasionnés à des animaux domestiques, et d'autres faits de cette nature. Tantôt il reproduit avec plus ou moins de changements les prescriptions du droit de Justinien [4], tantôt il introduit un droit nou-

[1] Ce que nous disons ici du caractère et de la date du νόμος γεωργικός est aussi applicable pour les anciennes parties du νόμος στρατιωτικός et du νόμος ναυτικός.

[2] Ce qu'il y a particulièrement de remarquable, c'est l'usage de s'appuyer sur des textes bibliques: cette circonstance a déjà été relevée par Reitz dans ses observations. La même particularité se rencontre dans l'*Ecloga*.

[3] Par exemple le περιέτωσαν εἰ ἀχρεῖαι figure dans l'*Ecloga*, XVII, 47, et les *Leges rusticæ*, I, 9. — Comparez, en outre, *Ecloga*, XVII, 7, avec *Leges rusticæ*, I, 18; — *Ecl.*, XVII, 40, avec *Leg. rust.*, tit. VIII; — *Ecl*, XVII, 47, avec *Leg. rust.*, III, 7. Par contre l'*Ecloga* et les *Leges rusticæ* se contredisent aussi quelquefois. Ainsi *Ecl.*, XVII, 9, 13, et *Leg. rust.*, VI, 4 (dans les *Leg. rust.*, VI, 6, 7, il y a une nouvelle addition). — Enfin les peines que les *Leges rusticæ* édictent, présentent le même caractère que celles de l'*Ecloga*, tit. XVII. — Les divergences entre les *Leges rusticæ*, II, 1 et suiv., 7, et l'*Ecloga*, XVII, 11 et 13, sont à considérer comme constituant des particularités de la législation relative aux paysans.

[4] L'*Interdictum de arboribus cædendis* est par exemple limité au cas où l'arbre se trouve planté à côté d'un jardin. *Leg. rust.*, VII, 2.

veau. On y rencontre aussi çà et là, surtout au commencement, divers passages que l'on peut considérer[1] comme constituant les principes fondamentaux d'une législation spéciale des paysans, et qui offrent quelques éclaircissements sur la situation juridique de cette classe de personnes vers le milieu du huitième siècle.

Suivant le νόμος γεωργικός, il y a des paysans libres et indépendants, ainsi que des paysans qui appartiennent à un seigneur foncier.

Les premiers vivent dans des communes. Le territoire communal[2] semble être considéré en principe comme formant la propriété de toute la commune, κοινότης τοῦ χωρίου, de telle sorte que les membres de la commune (χωρῖται) étaient assimilés à des κοινωνοί, par rapport à la jouissance, ce qui toutefois n'excluait pas la jouissance personnelle[3].

Lorsque l'habitant d'une commune trouve un endroit du territoire communal qui soit propre à l'inédification d'un moulin et qu'il y élève une construction de cette espèce, les autres habitants ont la faculté non-seulement de revendiquer cette place en tant qu'indivise entre tous, mais encore de devenir κοινωνοί du moulin, dès qu'ils remboursent les frais de construction[4]. D'autre part, il leur est loisible de provoquer à tout moment le partage de la communauté (μερισμός ou μερισία). Chacun d'eux recueille dans ce cas[5] sa part (μερίς), son lot

[1] Par exemple, *Leg. rust.*, I, 15. « Lorsqu'il est établi que le créancier qui a reçu des terres (pour l'usage) en place d'intérêts, en a retiré les fruits et récoltes pendant plus de sept ans, le juge doit imputer sur le capital de la dette tout le revenu d'une culture à moitié fruit (κατὰ τὴν ἡμίσειαν) à compter desdites sept années et en remontant.

[2] Les maisons et les jardins n'ont probablement jamais cessé de former des propriétés individuelles. Comp. note 4, p. 111.

[3] *Leg. rust.*, VII, 1. Ἐὰν δένδρον ἀνατραφῇ ὑπό τινος ἐν τόπῳ ἀμερίστῳ, κτλ.

[4] *Leg. rust.*, X, 6. Dans l'*Ecloga ad Prochiron mutata*, on ajoute ce qui suit : Εἰ δὲ διωγμὸς χώρας ὑπὸ ἐθνῶν γίνεται καὶ μετὰ χρόνον εἷς τῶν ἀδελφῶν (c'est-à-dire des membres de la communauté) ἀναλύσας οἰκοδομήσει μύλον, μετὰ διαλύσεως τῶν λοιπῶν ἀδελφῶν πᾶσαν τὴν ὀφειλομένην ἔξοδον δωσάτωσαν καὶ ἀπολύτως εἰσερχέσθωσαν.

[5] Est-ce du territoire communal tout entier, ou déduction faite des pâturages affectés à l'usage commun? Chaque χωρίτης obtient-il un lot

(σκαρφίον) ou sa parcelle de terre[1] (τόπος), et devient propriétaire particulier (κύριος ou δεσπότης) de la terre, du champ ou de la vigne qui est tombée dans son lot[2]. Le partage peut être rescindé en cas de lésion de l'un des membres de la communauté[3]. Le paysan jouit de son lot soit par lui-même, soit grâce au concours d'esclaves ou de pâtres dont il a loué les services[4], soit qu'il fasse cultiver ses champs ou sa vigne par un tiers (habituellement moyennant abandon de la moitié de la récolte)[5]. Dans ce cas, le paysan est désigné sous le nom d'ἡμισειαστής. — dans la langue néo-grecque [ἡ]μισακαρικός ou μεσιακάρης. — Le paysan, en tant que propriétaire, a qualité pour se défendre contre toute attaque d'un tiers à l'encontre de sa μερίς[6]. S'il tolère sciemment qu'un tiers transforme une partie de sa forêt en champ, il est tenu de lui en abandonner les fruits pendant trois ans, et ce n'est qu'après l'écoulement de ce laps de temps qu'il est recevable à demander de nouveau la restitution de la parcelle en question[7]. Si, pendant son absence, un tiers s'éta-

d'égale valeur? Ou bien, au contraire, n'est-il compris au partage que dans la proportion de la part contributive aux impôts qu'il a payés jusqu'à ce jour? La Πεῖρα, XV, 10, et XXXVII, 1, 2, incline vers la dernière solution, tandis que la *Sententia Cosmæ* dans *Leunclav.*, *J. G. R.*, II, p. 167, se prononce en sens contraire.

[1] L'expression μερὶς paraît souvent dans les *Leges rusticæ*, ainsi par ex. : I, 1 ; la part et portion s'appelle τὸ ἐπιλαχὸν μέρος dans le titre X, § 7 ; dans les Novelles de l'auteur, p. 313, elle s'appelle μοῖρα. — Pour les mots σκαρφίον et τόπος, comp. *Leg. rust.*, I, 8 ; d'après les anciens manuscrits, il convient de lire σκαρφίοις et non σκάφαις. — Dans la Πεῖρα, XXXVI, 23, les στάσεις semblent indiquer quelque chose de semblable. Comp. note 1, p. 78

[2] Les expressions κύριος τοῦ τόπου, τοῦ ἀγροῦ, τοῦ ἀμπελῶνος se lisent dans les *Leg. rust.*, I, 11, 22, 24, ainsi que les mots δεσπόται τῶν χωραφίων dans les *Leg. rust.*, X, 9.

[3] *Leg. rust.*, I, 8. — Comp. *supra*, note 5, p. 112, *Sententia Cosmæ magistri* : Εἴπερ ἐστὶ τοῦ τόπου μία ὑποταγὴ καὶ εἷς τελεσμὸς, καὶ αἱ μερίδες ἀνακεκλίνωνται, οὔπω δὲ διῆλθε τριακονταετία, ἀφ' οὗπερ γέγονε μερισμός· ἵνα καὶ πάλιν κινοῦται πᾶσα ἡ ὑποταγὴ καὶ συγχέωνται τὰ ὅρια, καὶ γένηται μερισμὸς πρὸς ἕκαστον αὐτῶν κατὰ κλήρων ἰσότητα, τῆς γῆς τοῦ ἀγροῦ οὐ μόνον κατὰ ποσότητα μεριζομένης, ἀλλὰ καὶ κατὰ σύγκρισιν ποιότητος διανεμομένης.

[4] *Leg. rust.*, III, IX.

[5] *Ibid.*, I, 10, 22-23. *Ducange*, v° Μισεὸς, cite et extrait d'un manuscrit un ὕφος ἐκδόσεως ἀμπέλου ἐφ' ἡμισειακόν.

[6] *Leg. rust.*, I, 1 ; X, 7, 8.

[7] *Ibid.*, I, 12.

blit sur ses terres et y plante des vignes, il est tenu de respecter, à son retour, cet état de choses, lorsque le tiers lui offre en échange une ἀντιτοπία, c'est-à-dire une superficie de terrain équivalente[1]. En ce qui concerne les impôts publics, ils étaient payés naturellement par la communauté, tant que le territoire communal n'était pas encore partagé; mais, même après le partage des terres, tous les membres de la commune étaient solidairement responsables de l'impôt afférent à toute la communauté[2].

Si l'on se demande comment a pris naissance ce principe juridique d'après lequel on considérait le territoire communal comme une propriété indivise entre tous les membres de la communauté, et chaque propriété particulière située dans le territoire communal comme étant issue du partage des biens de la communauté, on est fondé à faire la réponse que voici : A partir de la deuxième moitié du septième siècle il y eut des portions considérables de hordes barbares, particulièrement d'origine slave[3], qui s'établirent dans des districts déserts. Il y eut même d'autres portions considérables de la population indigène qui, chassées par les envahisseurs, cherchèrent un abri dans d'autres régions; enfin, vers la même époque, il y eut des communes entières de certaines parties de l'empire qui furent transportées en masse dans les provinces abandonnées[4]. Dans ces différents cas, ce n'est qu'après le partage que la propriété individuelle sur le territoire communal pouvait s'établir ; mais il est aussi

[1] *Leg. rust.*, X, 1, 6.

[2] *Ibid.*, I, 13, 11. Dans les éditions imprimées le texte et la traduction ont très-fautifs : un γεωργός abandonne sa μερίς et ne paye pas ses impôts : dans ce cas οἱ τῷ δημοσίῳ ἀπαιτούμενοι λόγῳ (ainsi que l'ancien texte s'exprime), c'est-à-dire ces coobligés solidaires qui payent l'impôt, peuvent jouir de la μερίς, et le γεωργός qui revient ne peut plus la réclamer. — Mais lorsque le γεωργὸς ἀποδράσας ἐκ τοῦ ἰδίου ἀγροῦ τελῇ κατ' ἔτος τὰ ἐξτράορδινα τοῦ δημοσίου λόγου (suivant la leçon des anciens manuscrits), c'est-à-dire s'il paye les impôts fiscaux ordinaires régulièrement et chaque année, et que nonobstant ses cohabitants jouissent de sa terre, ceux-ci sont tenus de lui rembourser le double des fruits perçus par eux.

[3] Encore de nos jours le droit slave considère le territoire communal des villages comme une propriété indivise entre les paysans. V. Haxthausen.

[4] Par exemple sous *Nicephorus Generalis*. Comp. Nov. de l'auteur, p. 61, note.

possible que l'idée d'une participation commune de tous ces habitants à la propriété du territoire communal ait simplement tiré son origine de cette règle fiscale, que chaque membre de la commune était responsable du payement de l'impôt afférent à tout le district communal : règle qui conduirait sans peine à la théorie que chacun aussi avait un droit indivis de propriété sur tout le territoire.

Quoi qu'il en soit, l'idée que les communes rurales impliquaient une sorte de communauté est depuis lors restée dans le droit byzantin. En ce sens on parle encore, plusieurs siècles plus tard, d'ὁμάδες τῶν χωρίων, d'ἀνακοινώσεις χωρίων ou πενήτων, et du principe on tire cette conséquence qu'une portion du territoire communal ne peut pas être réputée vacante tant qu'il existe un χωρίτης et que toute μερίς devenue vacante accroît aux différents συγχωρῖται dans la proportion de leur contribution à l'impôt total[1].

Le νόμος γεωργικός n'admet point de subordination pour les paysans possesseurs de terres ou pour les communes rurales, à l'égard de patrons puissants. Il est possible que les iconoclastes aient réussi à comprimer ou à déraciner la coutume du *patrocinium;* mais dans la suite cet usage s'est de nouveau répandu.

Par contre, le νόμος γεωργικός parle d'une autre classe de paysans placés sous la dépendance d'autrui, à savoir de ceux qui cultivent les terres de grands propriétaires fonciers. Lorsque ceux-ci avaient, à l'insu du propriétaire, défriché, labouré et ensemencé quelques parcelles de ses terres, ce dernier avait la faculté de les chasser sans indemnité[2]. En droit, ces paysans ne pouvaient jouir de la terre du propriétaire qu'en vertu d'une concession formelle (ἔκδοσις) ou du consentement tacite du

[1] Comp. note 1, p. 90. Πεῖρα, IX, 9; XV, 10; XXXVII, 2. La Coll. III, Nov. 6, c. 1, indique clairement au moyen de cette antithèse : Ἰδίᾳ τὴν ἑαυτοῦ κατάσχεσιν ἀφορίσας διὰ τὸ ἀνενόχλητον, que l'ἀνακεκοινωμένος était responsable pour ses cointéressés.

[2] *Leg. rust.*, I, 2, 7. Dans le premier passage il faut lire, d'après d'anciens manuscrits : Μὴ λαμβανέτω μήτε ἐργατίας (c'est-à-dire salaire) ὑπὲρ τῆς νεώσεως μήτε ἐπικαρπίαν ὑπὲρ τοῦ σπόρου, ἀλλ' οὐδὲ τὸν κόκκον τὸν καταβληθέντα. — Pour le cas où quelqu'un construisait sur un emplacement propice un moulin à l'insu du propriétaire, l'*Ecloga ad Prochiron mutata* ajoute une prescription spéciale : Ἐάν τις οἰκῶν ἐν χωρίῳ ἀγνώμῃ τοῦ κυρίου αὐτοῦ ποιήσῃ μύλον, ἐὰν ξένος ἐστίν, ἐχέτω αὐτὸν ιθ' χρόνους καὶ ἐξωθείσθω.

χωροδότης. Dans le premier cas, les clauses de la concession déterminaient les rapports du paysan avec le seigneur, ainsi que les redevances que l'un devait à l'autre[1]. Le second cas semble avoir été particulièrement fréquent, avec cette circonstance qu'on exigeait alors des paysans une partie de la récolte. — On désigne ce paysan sous le nom de μορτίτης (en néo-grec ἐμορτιάρης ou ἐπίμορτος), nom qui lui vient de l'ancienne dénomination de cette redevance d'une portion (μόρτη).

Le νόμος γεωργικός contient au sujet du μορτίτης cette importante disposition : « La part du μορτίτης consiste en neuf gerbes, celle du χωροδότης en une gerbe; que celui qui partage d'une manière différente soit maudit par Dieu[2] ! »

Cette prescription, qui s'appuie évidemment sur le droit mosaïque[3], présente au premier aspect un caractère énigmatique; car comment exiger d'un propriétaire foncier qu'il consentît à faire cultiver des terres par des μορτίται contre le dixième des récoltes, alors que, suivant l'usage général du pays, il lui était permis de traiter avec un ἡμισειαστής pour la moitié de la récolte ? — On ne lève pas ce doute en supposant qu'il y avait un nombre insuffisant de métayers, ni en rappelant que l'ἡμισειαστής n'acceptait une semblable position que pour une année, ou en tout cas pour une période très-courte, tandis que la concession faite à un μορτίτης pouvait seule assurer une culture de longue haleine. Il faut bien plutôt admettre que le paysan μορτίτης avait à payer, outre le dixième, les impôts publics afférents à son lot, tandis que l'ἡμισειαστής, qui ne cultivait les terres que pour peu de temps — depuis les semailles jusqu'à la moisson, — n'était pas astreint à une semblable obligation. Si cette hypothèse est exacte, on comprendra sans peine que la position de l'un n'était

[1] *Leg. rust.*, I, 11. — Dans des textes postérieurs il est question de ces redevances comme étant un πάκτον. Πεῖρα, XV, 2. Il est souvent question de ces *pacta* et de ces *appactuationes* dans les urbaires cités note 1, p. 77.

[2] *Leg. rust.*, I, 21. Dans le paragraphe 20 se trouve la disposition suivant laquelle le μορτίτης qui récolte à l'insu du propriétaire, et le trompe sur le nombre des gerbes, perd toute la récolte, comme un voleur qu'il est. Ce que les *Leg. rust.*, I, 3, 5, disent de l'échange des terres s'applique aussi aux μορτίται. Il eût été bizarre d'édicter cette disposition à l'égard de paysans libres qui n'avaient jamais perdu la faculté d'aliéner leur μερίς.

[3] *Levit.*, 27, 30 et suiv.; *Nombr.*, 18, 21 et suiv. On s'appuyait d'autant plus volontiers sur ces textes sacrés, que les possessions des églises et des couvents formaient la majeure partie des domaines fonciers.

pas plus avantageuse que celle de l'autre, et que la transformation des anciennes redevances en grains dues par le μορτίτης en une simple dîme, était parfaitement justifiée.

On ne parle nulle part dans le νόμος γεωργικός des ἐναπόγραφοι, ni en général de l'obligation de rester attaché à la glèbe. La fuite des paysans libres n'est pas suivie de leur réintégration forcée, elle est punie d'une manière toute différente[1]. Le cultivateur peut aussi abandonner le bien qui lui est concédé, bien qu'il soit tenu dans ce cas d'indemniser son propriétaire[2]. Nous ignorons si l'ancienne obligation de rester attaché au sol, édictée par les empereurs isauriens, a été volontairement abandonnée, ou si elle tomba en désuétude lorsque la population rurale se trouva dans la nécessité de fuir devant les invasions des barbares. En tous cas, il est certain que bientôt après on tenta de nouveau de revenir à l'ancien droit, au moins en ce qui concernait les paysans cultivateurs. Des manuscrits très-anciens avaient déjà ajouté au νόμος γεωργικός un édit que le préfet Zoticus avait rendu en l'an 512, περὶ τῶν Ὑποδεχομένων ἀλλοτρίους γεωργούς[3], et dans les éditions plus récentes cette addition fait partie intégrante du νόμος γεωργικός[4].

La liberté d'aller et de venir reconnue au paysan devait entraîner comme conséquence pour le propriétaire le droit de congédier son cultivateur. Il semble cependant avoir été admis dès cette époque que le propriétaire ne pouvait plus congédier son cultivateur après un laps de temps de trente années, car l'*Ecloga*[5] défend de louer des biens appartenant à l'Etat, à l'empereur ou aux églises, pour une période de plus de vingt-neuf

[1] Comp. notes 1 et 2, p. 111.

[2] Comp. *Leg. rust.*, I, 11.

[3] Comp. Ἀνέκδ. de l'auteur, p. 275.

[4] *Leg. rust.*, I, 17. Comp. la première *Sententia Cosmæ magistri* dans *Leuncl.*, J. G. R., II, p. 166, sur la faculté accordée aux paysans de quitter leur propriétaire. Il semble que l'on se préoccupait du point de savoir si ceux-ci avaient cultivé les terres pendant trente ans : *Harm.*, III, 8, 10. L'empereur *Andronicus Senior* confirme encore en l'an 1319 à la ville de *Joannina* le droit : ἵνα ... οὐδὲ δέχεται τις τῶν ἁπάντων ἐξ αὐτῶν εἰς κτῆμα αὐτοῦ. πάροικον ἕτερον. (Χρονογραφία τῆς Ἠπείρου. Athènes, 1856, t. II, p. 305). — Sous la domination française en Grèce, il était permis *compelli homines et villanos ad resumendam habitationem pristinam*. Buchon, *Nouvelles recherches*, II, p. 157.

[5] *Eclog.*, tit. XIII. — Plus tard aussi *Proch.*, XV, 3; *Epan.*, X, 2. —

ans, sans doute afin que l'écoulement d'une période trentenaire ne détruise pas la libre disposition de ces biens à l'égard des fermiers.

§ 61. — Situation des paysans dans les temps subséquents.

La législation des empereurs isauriens sur les paysans resta en vigueur, pour le fond, dans les siècles suivants.

Il est vrai que les *Leges rusticæ* ne furent pas, comme l'ont été d'autres parties de la législation de ces empereurs[1] insérées dans les Basiliques. Le livre LV, qui traite des rapports et de la situation des paysans, semble — bien qu'il n'ait été conservé ni intégralement ni sans altération — ne contenir que les prescriptions qui se trouvent déjà dans les sources du droit de Justinien ; mais l'apparition du νόμος γεωργικός dans les manuscrits si nombreux d'une époque plus récente, et notamment son insertion dans l'appendice du manuel d'Harménopule, prouvent surabondamment que ce monument de droit fut constamment considéré comme une source de droit pratique et usuel.

La reproduction dans les Basiliques du droit pur de Justinien, relatif aux rapports juridiques des paysans, n'a rien pu modifier à l'état réel des choses. Ainsi, dans les Basiliques, il est de nouveau souvent question des ἐναπόγραφοι, et néanmoins la désuétude dans laquelle cette institution était tombée est démontrée non-seulement par l'idée vague que les Byzantins des âges postérieurs se faisaient de la signification et de la portée de cette institution[2], mais encore par la prétérition dont cette classe de paysans est l'objet dans la Πεῖρα. Aussi est-il à supposer que les Byzantins ont été plutôt induits en erreur qu'éclairés par les Basiliques, pour tout ce qui a trait au droit qui régit les paysans[3].

L'*Ecl. ad Proch. mut.* semble considérer comme suffisant un séjour de vingt années. Comp. le texte cité note 2, p. 115.

[1] Le droit pénal de l'*Ecloga* et le νόμος ναυτικός.

[2] Comp. *Balsamon ad Phot.*, I, 36.

[3] C'est ce qui a même occasionné l'altération du texte des Basiliques. Ainsi, par exemple, le Cod. paris. gr. 1385, A, fol. 110, verso, donne quelques passages du livre LV des Basiliques dans la forme que voici : Τῆς ἑξηκονταβίβλου βι. νε' περὶ γεωργῶν ἐναπογράφων καὶ μισθωτῶν. Ἰουστινιανοῦ βασιλέως. — Α'. Ὁ γεωργὸς ἀσχολούμενος περὶ τὴν συλλογὴν τῶν καρπῶν μὴ ἀφελκέσθω εἰς ἑτέραν δουλείαν, ἐπεὶ ἀναγκαίως ἐγκαλεῖται. — Β'. Ὁ πιπράσκων ἢ δωρούμενος χωρίον δύναται τοὺς γεωργοὺς παρακατέχειν καὶ ἀλλαχοῦ μετενέγκαι

En somme, d'après les Basiliques, les paysans sont aussi divisés en deux classes, à savoir : les χωρῖται, ou paysans libres, mais soumis à l'impôt dans leurs κωμητοῦραι, ὁμάδες, ἀνακοινώσεις[1], et les paysans placés sous la dépendance d'autrui.

Dans cette dernière classe il faut encore tout particulièrement distinguer les paysans qui, primitivement libres et possesseurs de terres, sont tombés, par communes, sous la puissance ou la protection d'un haut personnage, ou qui s'y sont placés de leur plein gré[2]. — Ceci se produisit en partie à l'occasion d'un péril imminent et grave, comme dans les années 927-933[3], alors que la famine et la peste sévissaient, en partie par suite des usurpations des églises et des couvents[4], en partie enfin par suite des aliénations consenties par les empereurs[5].

Les rapports de subordination qui étaient créés de cette manière présentent quelque analogie avec ceux qui résultaient de l'ancien *patrocinium*. Ils devaient être très-variés et multiples, suivant les circonstances qui les faisaient naître ; quoi qu'il en soit, ceux qui se maintinrent, avec le temps devinrent de plus en plus semblables à ceux qui régissaient les paysans ayant un seigneur foncier[6].

En ce qui concerne les paysans ayant des seigneurs fonciers, il était désormais reconnu en droit que le paysan qui avait habité la terre pendant la période de la prescription acquisitive,

τὸ χωρίον. Ὁ γὰρ χρησίμους νομίζων αὐτοὺς εἶναι καλῶς τοῦτο ποιεῖ. (Comp. par contre l. 2, c. *De agric.*, II, 18.) — 17. Οἱ δεσπόται τῶν χωρίων τοὺς ἐξ αὐτῶν καρποὺς λαμβανέτωσαν, [μ]ὴ χρήματα ἐξ αὐτῶν ζητοῦντες, εἰ καὶ ἀπὸ συνηθείας τὸ χωρίον τοῦτο οὐκ εἶχεν. (Comp. l. 5, *eod.*, avec *Leg. rust.*, I, 21.)

[1] Comp. note 1, p. 115.

[2] Comp. note 7, p. 95.

[3] L'*incertus continuator* de *Romanus Lacapenus*, c. 27, et après lui plusieurs autres chroniqueurs font commencer la famine et les rigueurs de la saison avec le 25 décembre de la sixième indiction (932). Mais la Novelle de *Romanus*, qui date du mois de septembre 934, place le commencement de la famine à la première indiction, c'est-à-dire à l'année comprise entre le 1er septembre 927 et le 1er septembre 928.

[4] Coll. III, Nov. 20, c. 3.

[5] Notamment en faveur de ceux qui furent préposés aux κάστρα. Coll. IV, Nov. 7. — Χρονογραφία τῆς Ἠπείρου. Athènes, 1856, t. II, 300, 312. Un exemple d'une aliénation du même genre opérée en l'an 1206 se trouve dans Coll. V, Nov. 22.

[6] Dans la Πεῖρα XXXVII, 2, il est question d'un ἐννόμιον (taxe de pâturage) et d'une δεκάτη (dîme du sang) qu'ils avaient à payer à leur seigneur.

ne pouvait plus en être chassé par le propriétaire, de même que lui-même n'avait plus la faculté d'abandonner à son gré la terre. On n'était pas, ainsi qu'on le voit, très-éloigné d'accorder au paysan un droit sur le sol, domaine utile, en quelque sorte, par opposition au *domaine éminent* du propriétaire. On rencontre déjà quelques traces d'une pareille conception dans le νόμος γεωργικός, en ce que cette loi reconnaît aux paysans le droit d'échanger entre eux leurs terres[1]. Romanus, de son côté, a bien positivement établi cette proposition juridique, lorsqu'il dit : Δοκοῦσι οὗτοι ὡς δεσπόται μὲν τῶν τόπων διὰ τῆς χρονίας νομῆς, ἀνάγκην δὲ ἔχουσι παρέχειν τὸ πάκτον; — et : Βοηθεῖται τῇ τριακονταετίᾳ εἰς τὸ δεσπόζειν[2].

Au surplus, bientôt après le νόμος γεωργικός, on emploie le mot πάροικοι pour désigner en général les paysans ayant un seigneur foncier. Dans une inscription de l'an 834 on dit de l'empereur Théophile qu'il a été πρὸς τοὺς αὐτοῦ παροίκους ἀνὴρ ἀγαθός[3]. Les Basiliques de leur côté emploient aussi fréquemment l'expression πάροικοι en place du mot *coloni*[4]. Parfois on les appelle aussi ἐλευθεροπάροικοι[5].

La loi 239, § 2, D. *de verborum significatione*, donne à la signification primitive du mot πάροικος le sens d'*incola qui aliqua regione domicilium suum contulit*, sans que celui-ci, bien entendu, appartienne par son *origo* à la contrée. — Mais Justinien, qui mentionne à diverses reprises[6] le mot παροικικόν ou παροικιακὸν

[1] Comp. note 2, p. 116.

[2] Πεῖρα XV, 2, 3. Comp. aussi la première *Sententia Cosmæ magistri in Leunclav.*, J. G. R., II, p. 166.

[3] *Banduri Imp. Orient.*, ed. Ven., II, p. 158.

[4] *Basil.*, XLIV, 1, 107, et dans les rubriques des titres du livre LV.

[5] Non pas comme s'ils avaient été des esclaves, mais pour les distinguer des ἀκτημονοπάροικοι. En ce qui concerne ces derniers, comp. les Nov. de Cantur., p. 319-366. *Ducange*, v° Πάροικοι.

[6] L. 24, § 1, C. *De SS. Eccles.*, I, 2; Nov. 7, præf., § 1; Nov. 120, c. 1, pr. L'*Authenticum* traduit par les mots *colonarium jus*. Une ancienne glose qui l'accompagne (cf. Heimb., p. 71, note, et p. 1294) en donne une définition tout à fait incomplète et inexacte : *Colonarium jus est, veluti si domum valentem centum solidos et præstantem pensionem decem solidorum accipiat quis ab Ecclesia et det pro ea solidos centum, seu amplius, aut certe minus, et quasi jam de proprio aggravet se dare singulis annis quasi pensionis nomine solidos tres. Iste ergo appellatur parœcus, sed ipsam domum sub tam parva pensione in perpetuum et ipse et heredes ejus possidebant.* —

δίκαιον, y rattache toujours l'idée accessoire que le πάροικος s'établit sur un territoire étranger, et cela sans le consentement formel du propriétaire foncier, mais seulement par tolérance. Le παροικικόν constitue donc à l'origine une situation précaire, révocable de part et d'autre moyennant certaines conditions entre le propriétaire foncier et le cultivateur[1], mais peut se changer en rapport perpétuel de seigneur à paysan par l'expiration d'un *longum* ou *longissimum tempus*. Bientôt après Justinien, une grande partie de l'empire fut violemment éprouvée par les invasions des barbares, et l'ancienne population rurale fut en partie dispersée et anéantie. Il est à présumer qu'à cette époque la plupart des nouveaux établissements eurent lieu à titre de παροικικόν, et c'est ainsi qu'on s'explique comment le nom de πάροικοι devint insensiblement le terme général sous lequel on désignait les manants habitant les terres des grands propriétaires.

Les πάροικοι prirent peu à peu la place des anciens *inquilini* ou *casarii*. S'ils cultivaient en même temps des terres appartenant à un seigneur foncier, ils devenaient des *coloni* ou γεωργοί. A ce titre, ils sont mentionnés dans le νόμος γεωργικός, qui parle des paysans, et cette loi réduisit les redevances qu'ils devaient payer au dixième des récoltes. Mais cette proportion ne parut sans doute pas suffisante aux propriétaires : comme le νόμος γεωργικός s'était borné à ordonner que le γεωργός ne payerait pas plus du dixième de la récolte, et que la définition du γεωργός n'avait pas été exactement donnée, on pouvait essayer d'éluder la loi, en disant d'un paysan qu'il n'était pas un γεωργός proprement dit. Peut-être avait-on suivi cette idée, car il est surprenant que l'on parle du γεωργός dans le νόμος γεωργικός, tandis que dans toutes les autres sources de droit postérieures il est seulement question des πάροικοι, et que sous cette dénomination on désigne en général tous les fermiers.

Les πάροικοι — appelés aussi dans la suite προσκαθήμενοι — furent soumis à des impôts et corvées très-multiples par leurs

La définition du παροικικόν est bien plus exacte dans *Basil.*, LVII, 5, 2 (passage qui n'est lui-même que la paraphrase de l. 3, C. *De metatis*, 12, 40), au commentaire d'Anatole ou d'Isidore, et surtout dans la première *Sententia Cosmae magistri in Leunel.*, *J. G. R.* II, p. 166.

[1] Comp. note 2, p. 105, et *Leg. rust.*, X, 1.

propriétaires : impôts et corvées qui, après que l'on eut reconnu aux πάροικοι un domaine utile sur la maison et le sol, apparaissent désormais comme des charges réelles[1].

Nous trouvons une longue énumération des principales charges réelles usitées à cette époque, dans :

1° Le chrysobulle par lequel l'empereur Alexis Comnène, en l'an 1088, donna en gage l'île de Patmos au moine Christodule pour la fondation d'un couvent[2] ;

2° Le chrysobulle par lequel l'empereur Jean Ducas Vatatzes rétablit en l'an 1228 le couvent au pied du mont Lembo, près de Smyrne[3] ;

3° Le chrysobulle de l'empereur Andronic le Jeune, relatif aux possessions du couvent de l'île de Patmos, de l'an 1331[4]. (Ici apparaît même le παρθενοφθορία, c'est à dire le *jus primae noctis*.)

Mentionnons enfin la décision synodale[5], confirmée en l'an 1306 par Andronic Senior, dont nous avons déjà parlé (§ 30), et qui a jugé les prétentions élevées par les seigneurs fonciers sur la succession d'un paysan décédé. Cette décision a établi que, dans le cas où le paysan laissait des héritiers, la succession devait être partagée en trois parts, dont l'une était destinée à la création des *γεφύρια*, l'autre aux héritiers et la troisième au propriétaire foncier[6]. En l'absence d'héritiers, ce dernier re-

[1] Comp. *Ducange*, v° Δεκάτα, Δεκαταρόδης, et dans l'*Appendice*, v° Δεκάτα et Δεκατεία, pour ce qui est relatif à l'impôt du dixième. Comp. aussi Πεῖρα, XXXVIII, 2 ; Harménopule (note 5, p. 95) désigne toutes ces charges réelles sous les noms de δεκατείας καὶ δοσίματα. Le Code moldave parle de même d'une façon générale des ἀποδεκατώσεις καὶ δοσίματα. — Pour l'époque de la domination française en Grèce, les urbaires dont nous avons parlé dans la note 1, p. 77, ainsi que des chartes athéniennes des années 1387, 1431 et 1437, sont très-instructifs. Buchon, *Nouvelles recherches*, II, p. 221, 290, 297.

[2] Coll. IV, Nov. 30.

[3] Coll. V, Nov. 2.

[4] *Ibid.*, Nov. 14.

[5] *Ibid.*, Nov. 26. On trouve des énumérations semblables dans Coll. V, Nov. 5, 28, et dans les chrysobulles qui ont été publiés par la Χρονογραφία τῆς Ἠπείρου. Ἐν Ἀθήναις, 1856, II, p. 294 et suiv. Peut-être quelque savant grec sera-t-il un jour assez heureux pour trouver la signification de ces charges et redevances, dont quelques-unes sont des énigmes pour nous.

[6] C'est la τριμοιρία de la Grèce moderne.

cueillait la moitié de l'hérédité, l'autre moitié était affectée aux [illegible]. La part du propriétaire est appelée [illegible], terme qui rappelle l'expression juridique allemande *mortuarium*.

§ 62. — Dispositions édictées pour la protection des paysans libres.

Après les paysans des domaines impériaux qu'on favorisait de diverses manières, afin de leur faciliter l'accomplissement de leurs prestations, les paysans libres étaient d'une importance spéciale pour l'État, parce qu'ils constituaient la source par excellence d'où l'on tirait le recrutement des armées, et parce qu'on leur faisait acquitter plus facilement les différentes charges publiques qu'aux propriétaires fonciers puissants et placés à l'abri de leurs priviléges.

Néanmoins le cours des événements hâtait de plus en plus la ruine des paysans libres, possesseurs de terres.

Le zèle religieux, les aspirations vers la délivrance des maux et des vicissitudes de la vie mondaine, la tendance vers une existence contemplative, particulière aux Orientaux, toutes ces causes poussèrent un grand nombre de personnes vers la vie ecclésiastique ou monastique et amenèrent la création d'églises et de couvents. Il s'ensuivit qu'une quantité considérable de terres[1] tombèrent directement ou indirectement au pouvoir des églises et des couvents, qui les firent cultiver soit par des moines, soit par des emphytéotes, des fermiers ou des communautés de paysans.

En même temps qu'une partie des terres appartenant à des paysans libres passait ainsi entre les mains de l'Église, de même les riches et les puissants cherchèrent constamment à augmenter leurs domaines, en achetant aux paysans libres les terres dont ceux-ci étaient possesseurs. La principale cause de cette tendance consistait bien moins dans le désir d'étendre leur pouvoir — car, avec le despotisme oriental, il n'y avait guère lieu de compter sur un pareil pouvoir — que dans l'absence de tout

[1] Coll. III, Nov. 19 : Γῆς πλεῖστα μέρη [illegible] ἀγρῶν καὶ χωρίων κτῆσις. — Coll. III, Nov. 29, c. 3 : Ὅτι πολλὰ τῶν χωρίων εὑρίσκονται [illegible] τε καὶ ἀδελφικά, τινὰ δ' ἀφιερώμενα παρ' ὀλίγον ἀπὸ τῆς τῶν μοναστηρίων ἀφορμῆς.

crédit. En effet, à une époque où le commerce et l'industrie étaient ruinés, où le prêt à intérêt était parfois prohibé, où les prêts hypothécaires ne présentaient aucune garantie[1], il était impossible d'employer les fonds disponibles à autre chose qu'à l'acquisition de terres; et pour arriver à ces fins, on exploitait avec le plus d'ardeur le moment où les paysans possesseurs de terres étaient le plus opprimés et écrasés par toutes sortes de maux.

L'empereur Léon le Sage[2] avait expressément permis, contrairement à la défense de Justinien[3], à tous les hauts fonctionnaires (ἄρχοντες — à l'exception du στρατηγός dans son éparchie — d'acquérir des propriétés foncières. Cette permission avait dû être saisie avec avidité, et l'achat des terres des paysans par les fonctionnaires puissants avait dû éveiller l'attention du pouvoir, car en l'an 922 l'empereur Romanus Lacapenus décida tout spécialement[4] dans sa Novelle — dans laquelle il avait déjà au moyen de la προτίμησις (§ 58) accordé aux paysans une certaine protection contre des acquisitions de cette espèce — que les personnages puissants, δυνατοί, ne devaient rien accepter de gens d'une classe inférieure[5], à moins que ce ne fussent des parents, et ne pourraient ni acheter ni échanger des terrains appartenant à des paysans et situés dans de communes dans lesquelles ils n'avaient pas eux-mêmes des propriétés, et ce sous menace de fortes peines. Ce n'est qu'au bout de dix ans d'une possession paisible de parcelles acquises dans ces conditions qu'ils étaient mis à l'abri des réclamations du fisc et de ceux à qui appartenait la προτίμησις.

Bientôt après, dans les années 927 à 932[6], il survint une effroyable misère, à la suite de mauvaises récoltes et d'hivers rigoureux. La famine qui régnait au sein des populations rurales

[1] Comp. § 81 et suiv.

[2] Coll. II, Nov. 84.

[3] L. un., C. *De contract. judicum*, I. 53.

[4] Coll. III, nov. 2, c. 2. — Dans la Πεῖρα, XV, 10, la différence qui existait entre l'époque de Léon (vide ci-dessus) et l'époque postérieure, en ce qui concerne les δυνατοί, [illegible]

[5] [illegible]

[6] [illegible] p. 58.

fut exploitée par les puissants et les riches, qui n'accordèrent de crédit et de secours qu'à la condition de l'abandon de la terre[1]. L'heure était proche où, grâce à l'expiration du délai décennal fixé par l'empereur, toutes ces acquisitions allaient être juridiquement légitimées et acquises à leurs propriétaires. Mais alors l'empereur Romanus édicta une nouvelle réglementation (septembre 934[2]) : d'un côté, ἐπὶ τοῖς φθάσασι, pour réparer l'injustice commise dans les dernières années envers les paysans pauvres; d'un autre côté, ἐπὶ τοῖς μέλλουσι, afin d'empêcher dorénavant le retour d'un semblable état de choses. — C'est avec cette Novelle que commence la lutte de la législation contre l'oppression, si funeste aux intérêts publics, des paysans libres par les δυνατοί, lutte qui s'est continuée jusqu'à la fin du dixième siècle.

Après les édits de l'empereur Romanus Lacapenus, les Novelles suivantes ont eu pour objet de poursuivre les mêmes réformes :

a. Celle de Constantin Porphyrogénète, de l'an 947. — Coll. III, Nov. 6;

b. Celle de Romanus Junior, de 959-963. — Coll. III, Nov. 15;

c. Trois édits de Nicéphore Phocas, de 964 et 967. — Coll. III, Nov. 19, 20, 21;

d. Deux édits de Basile Porphyrogénète, de 988 et 996. — Coll. III, Nov. 26, 29.

[1] Coll. III, Nov. 5, c. 1. Πολλοὶ γὰρ ἀφορμὴν ἐμπορίας τὴν τῶν πενήτων λογισάμενοι ἀπορίαν, ἣν ὁ πάντα φέρων χρόνος ἤνεγκε... ἀντὶ φιλανθρωπίας, ἀντὶ ἐλέους, ἀντὶ χρηστότητος, λιμῷ πιεζομένους ὁρῶντες τοὺς πένητας, εἰ μὲν ἀργυρίῳ, εἰ δὲ χρυσίῳ, εἰ δὲ σίτῳ ἢ ἄλλαις ποσὶν ἐπιδόσεσιν ὠνοῦντες τὰς τῶν ἀτυχούντων πενήτων ἐξωνήσαντο κτήσεις. Coll. III, Nov. 8, c. 3 : ἣν ἡ ἀνωμαλία τῶν πραγμάτων ἀνατρέπει,... καὶ πᾶς τις τῶν ἐν δόξῃ κρατούντων παντοδαπῆ χώρας ἀπεριγράπτους ἀποτεμνόμενος ἐν ἀνδραπόδου λόγῳ τοὺς ἀθλίους ἐνέταττε κτήτορας.

[2] Coll. III, Nov. 5. Dans les Novelles de l'auteur, c'est l'année 935 qui est indiquée. La huitième *indictio*, d'où la Novelle est datée, tombe en grande partie dans l'année 935, mais le mois de septembre tombe encore dans l'année 934. — La Novelle de l'an 922 n'est pas expressément citée par l'empereur dans cette nouvelle ordonnance. (Comp. les Nov. de l'auteur, p. 215, note 19, p. 218, note 71, et plus bas la note 1, p. 127.) Mais il est à croire que la prescription décennale établie par la première a été l'occasion de la seconde.

L'ensemble de ces Novelles peut être résumé dans les propositions suivantes :

1° Sont considérés comme δυνατοί les μάγιστροι ἢ πατρίκιοι, les ἀρχαῖς ἢ στρατηγίαις, ἢ πολιτικαῖς ἢ στρατιωτικαῖς ἀξιώμασι τετιμημένοι, ou en général εἰς συγκλήτου βουλὴν ἀπηριθμημένοι, les θεματικοὶ ἄρχοντες ἢ ἀπάρχοντες[1], puis les métropolitains, archevêques, évêques, supérieurs de couvents, ἐκκλησιαστικοὶ ἄρχοντες et τὴν προστασίαν καὶ ἐπικράτειαν τῶν εὐαγῶν ἢ βασιλικῶν οἴκων ἔχοντες[2]. Les ordonnances qui concernent ces δυνατοί sont aussi applicables à tous ceux qui sont riches ou qui jouissent d'une grande considération[3]. Basile Porphyrogénète ne se contente pas seulement de confirmer ces divers points, il ajoute même aux δυνατοί les σχολαρίους et les πρωτοκεντάρχους[4].

2° A l'avenir, il est défendu aux δυνατοί, εἴτε εἰς χωρίον ἢ εἰς ἀγρὸν ἢ καθόλου ἢ μερικῶς ὑπεισελθεῖν, c'est-à-dire d'acheter une bourgade, un hameau[5], soit en tout, soit en partie, ni pour eux-mêmes, ni pour les domaines impériaux, ni pour les couvents et les églises, soit de les acquérir directement ou indirectement au moyen d'une personne interposée. Le mode d'acquisition importe peu, que ce soit une vente, une donation, un legs[6], etc. Désormais le δυνατός qui acquiert une parcelle est

[1] Dans l'épilogue de la Nov. 1 on mentionne les ἀρχαῖς ἢ ἐξουσίαις ἢ ἄλλοις βασιλικοῖς ἀξιώμασι τετιμημένοι, ἢ πολιτικοί, ἢ στρατιωτικοί, ἢ θεματικοὶ ἄρχοντες ἢ ἀπάρχοντες.

[2] Coll. III, Nov. 5, c. 1.

[3] *Ibid.*, c. 3. Dans l'épilogue on les appelle ἄλλως κοσμικῆς ἢ ἱερατικῆς δόξης τυγχάνοντας ; la Coll. III, Nov. 2, c. 2, y ajoute aussi ceux qui διὰ τῆς ἑτέρου δυναστείας, πρὸς τὸ μὴ παῤῥησιαζομένους φαίνεσθαι, ἱκανοί εἰσιν ἐκφοβῆσαι τοὺς πωλοῦντας ἢ πρὸς εὐεργεσίας ὑποσχέσει τὴν πληροφορίαν αὐτοῖς παρασχεῖν. — Nov. 6, c. 2 : Δυνατὸς ἢ προσφαινόμενος δυνατῷ.

[4] Coll. III, Nov. 29, c. 1. En ce qui concerne les σχολάριοι, l'empereur se trompe lorsqu'il dit que déjà sous Romanus on les avait comptés parmi les δυνατοί, Constantin avait même décidé le contraire. Coll. III, Nov. 6, c. 2; Nov. 8, c. 1.

[5] L'expression ἀγρός ou ἀγρίδιον désigne un petit hameau composé de fermes isolées. — Χωρίον désigne un petit village où les habitations sont agglomérées. *Ducange*, v^is Κωμόπολις et Χώρα.

[6] Coll. III, Nov. 5, c. 1, mentionne la κληροδοσία. La succession *ab intestato* est en tous cas permise. La Coll. III, Nov. 2, c. 2, autorise en général l'acquisition de biens du chef de parents, et la Coll. III, Nov. 21, semble même considérer comme permise la γονικὴ κληροδοσία.

tenu de la restituer ἀναργύρως, c'est-à-dire sans indemnité, avec toutes les améliorations qui y auront été faites, au vendeur ou à ses ayants droit, et dans le cas où ceux-ci n'existent plus, aux habitants, ὁμόχωροι, de la bourgade ou du hameau; et à titre de peine il est obligé d'en payer la valeur au fisc, ou doit être puni en proportion[1].

La Novelle de Romanus Lacapenus ne dit pas s'il y avait une prescription au profit de ces acquisitions prohibées. Mais il paraît qu'en principe l'usage avait fait admettre une prescription de quarante ans — sans doute par analogie de ce qui se pratiquait pour les biens appartenant aux militaires[2]. Basile Porphyrogénète[3] a toutefois absolument condamné cette manière de voir. Nicéphore Phocas a admis une exception à cette règle : lorsqu'un δυνατός possède un bien patrimonial dans un village ou un hameau et acquiert de συγχωρίται quelques minimes parcelles et y élève des constructions coûteuses, il n'est pas tenu de les restituer, mais il doit donner le double de la valeur ou une portion de terre double au vendeur ou à ses héritiers[4].

Lorsqu'un δυνατός avait l'intention d'aliéner le domaine qu'il possédait depuis longues années dans un village, un autre δυνατός qui n'était pas établi dans la contrée ne pouvait acquérir ce domaine, suivant la Novelle de Romanus Lacapenus — Mais Nicéphore Phocas ordonna que dans ce cas l'aliénation serait valable, à la condition néanmoins que l'acquisition ne fût faite que par un seul et même δυνατός; encore le nouvel acheteur était-il déclaré déchu de sa propriété, s'il causait quelque préjudice aux συγχωρίται[5].

[1] Coll. III, Nov. 2, c. 2; Nov. 5, c. 1, et épilogue. — Il est surprenant que l'on n'ait pas précisé à quel ayant droit la restitution devait être faite; et d'autre part que les ayants droit à la restitution ne soient pas identiquement les mêmes que ceux à qui appartient le droit de voisinage. Faut-il restituer avec les biens les fruits récoltés? — Πεῖρα, IX, 2.

[2] Πεῖρα, IX, 4; Coll. III, Nov. 8, c. 1; Nov. 20, c. 2.

[3] Coll. III, Nov. 29, c. 1. — On avait aussi soutenu que les χωρῖται qui se trouvaient dans un circuit de cent lieues autour de Constantinople ne tombaient pas sous le coup de la Novelle de Romanus, parce qu'ils étaient censés faire partie de la ville (l. 1, § 4, D. *De off. præf. Urb.*). Mais la Novelle de Basile fut interprétée comme condamnant cette prétention. — Πεῖρα, LI, 9.

[4] Coll. III, Nov. 21. Parmi les héritiers du vendeur on compte aussi des συγκληρονόμοι. Entend-on aussi par là les συγχωρίται?

[5] Coll. III, Nov. 20, c. 1.

Lorsqu'un paysan, possesseur de biens, se fait moine, la Novelle de Romanus lui défend de transférer sa possession au couvent[1]. Nicéphore Phocas élargit cette prohibition en décidant qu'en général nul ne pouvait transmettre de possession territoriale aux églises et aux couvents[2]. Mais Basile Porphyrogénète abolit de nouveau cette interdiction absolue[3] et rétablit l'ancien droit, à quelques légères modifications près[4].

Lorsqu'un δυνατός a acquis des villages ou hameaux, en tout ou en partie, avant la promulgation de la Novelle de Romanus, c'est-à-dire avant le mois de septembre 934 (ou avant l'*indictio* VIII), on distingue si l'acquisition est antérieure à l'époque de la famine ou si elle a eu lieu entre la première et la huitième *indictio*. Dans la première hypothèse, l'acquisition est valable, pourvu qu'elle soit revêtue des autres conditions exigées en pareil cas[5]. Dans la deuxième hypothèse, les terres achetées sont restituées à leurs anciens propriétaires et à leurs parents et héritiers, ou aux ἄλλοις συντελοῦσι, ou à l'ensemble des habitants de la commune. — Cette restitution s'opère sans indemnité lorsqu'il s'agit d'une δωρεά ou κληροδοσία ou de quelque autre πεπορισμένη ἐπίληψις ἢ ἁρπαγή[6]; par contre, s'agissait-il d'une vente véritable, réelle, ceux qui rentraient en possession des biens vendus étaient tenus de restituer le prix de vente au δυνατός[7]. Toutefois cette dernière obligation a varié suivant les temps[8]. Constantin Porphyrogénète, tout en maintenant les dis-

[1] Le chapitre VIII de la Novelle, qui semble tout au moins concéder aux couvents la valeur des terres, ne se rapporte qu'aux cas de transmission desdits biens. *Michael Attaliensis* explique différemment ce chapitre. Comp. les Nov. de l'auteur, p. 252, note.

[2] Coll. III, Nov. 19. Il tolérait seulement κελλία καὶ τὰς καλουμένας λαύρας ἐν ἐρήμοις οἰκοδομεῖν, μὴ πρὸς κτήσεις καὶ ἀγροὺς ἑτέρους ἐκτεινομένας.

[3] Coll. III, Nov. 26.

[4] *Ibid.*, Nov. 29, c. 3.

[5] *Ibid.*, Nov. 5, c. 4; Nov. 20, c. 2; Πεῖρα, IX, 10. La preuve incombe au δυνατός et se trouve limitée aux moyens de preuve admis par la Novelle de Basile Porphyrogénète. Coll. III, Nov. 29, c. 1, 2; Πεῖρα, IX, 6; XXIII, 3; Coll. IV, Nov. 35, c. 1.

[6] Par exemple, une vente moyennant un prix inférieur à la moitié de la valeur. Coll. III, Nov. 5, c. 6.

[7] Coll. III, Nov. 5, c. 2.

[8] *Ibid.*, Nov. 5, c. 5, 8.

positions dont nous venons de parler, a substitué au délai fixé par Romanus, c'est-à-dire au mois de septembre 934, le jour de son avénement au trône, en l'an 945[1]. Une disposition semblable a été prise par Romanus Junior, dans un édit qui ne contient du reste que quelques solutions pratiques et usuelles[2].

La défense faite aux δυνατοί d'acquérir des villages et des hameaux ou des possessions rurales, en général, a été considérée comme toujours en vigueur pendant plusieurs siècles. Michel Psellus et Michel Attalensis dans le onzième siècle, l'*Ecloga Basilicorum*, liv. I-X, dans le douzième siècle, le Μικρὸν κατὰ στοιχεῖον et le *Prochiron auctum* dans le treizième siècle en font foi[3]. Il semble cependant qu'elle soit tombée peu à peu en désuétude : Harmenopule dit qu'elle est depuis longtemps surannée[4].

Le nombre des paysans libres a donc dû diminuer de jour en jour dans les derniers temps de l'empire byzantin. La disparition de cette classe de personnes n'a pas eu une médiocre influence sur la chute de l'empire. Pour la population rurale il ne s'agissait, pendant l'agonie de l'empire, que de passer d'un maître à un autre; comment donc ces malheureux opprimés n'auraient ils pas senti plus d'espérance que de crainte en voyant venir un nouveau maître[5]?

§ 63. — Les Biens des militaires.

Indépendamment des grandes propriétés (c'est-à-dire des domaines impériaux, de ceux des églises, des couvents et des δυνατοί) et des communes rurales libres, on distingue encore dans le droit byzantin une espèce particulière de propriété foncière, celle des militaires, στρατιωτικὰ κτήματα, στρατιωτοτόπια[6].

[1] Coll. III, Nov. 6.

[2] *Ibid.*, Nov. 15.

[3] Voy. le passage y relatif dans les Novelles de l'auteur, p. 234, note; p. 242, note; et p. 307, note.

[4] *Harm.*, III, 3, 112 : Ἀργῆσαν πάλαι.

[5] Le même phénomène se produisit lorsque les conquérants allemands s'emparèrent de l'empire romain d'Occident.

[6] Dans la Coll. III, Nov. 11, c. 4, on les appelle τόποι τῆς στρατείας ἤτοι ὑπὲρ τοῦ στρατεύειν οἰκονομίαι; dans la Coll. III, Nov. 8, c. 1, on les appelle κτήματα ἐξ ὧν αἱ στρατεῖαι ὑπηρετοῦνται. — Cujas et d'autres auteurs ont

Suivant une organisation qui remonte jusqu'aux premiers temps de l'empire romain, on distribuait, en place de la solde, aux soldats des frontières, ainsi qu'aux volontaires appartenant pour la plupart à des peuplades étrangères, des terres situées sur les confins de l'empire, quelquefois aussi dans l'intérieur des provinces (*terræ limitaneæ vel castellorum*), affranchies de charges et de redevances, mais avec l'obligation du service militaire, et en particulier de la défense de la frontière. — Les vétérans sollicitaient aussi l'obtention de ces terres, avec l'engagement de faire servir leurs fils. Les terres de cette catégorie n'étaient pas susceptibles d'aliénation pure et simple; elles se transmettaient, avec les charges qui leur étaient inhérentes, aux enfants des possesseurs ou à tous autres acquéreurs.

Cette organisation subsistait encore du temps de Justinien[1], elle reçut peut-être même une nouvelle application plus étendue lors de la création et du rétablissement des nombreux châteaux que cet empereur établit pour la protection des frontières et des défilés (κλεισοῦραι). Mais elle semble être tombée dans une décadence complète, lors des invasions et des guerres civiles qui ravagèrent l'empire à partir du septième siècle.

Ce n'est que vers le dixième siècle que les empereurs s'efforcèrent de nouveau de rétablir ou de maintenir dans leur intégrité les anciennes στρατιωτόπια.

Tout d'abord c'est Romanus Lacapenus qui, en l'an 922, édicta à la fin de sa Novelle περὶ Προτιμήσεως[2] les dispositions que voici : « Nous ordonnons en outre que tous les domaines militaires qui ont été aliénés depuis trente ans, de quelque manière que ce soit, ou qui seraient aliénés dans la suite, retournent à leur destination première, sans indemnité en ce qui concerne l'obligation du service militaire, à moins qu'après l'aliénation il ne reste au soldat une somme égale à celle qui est nécessaire à l'achat d'un nouvel équipement[3]. Dans le cas

déjà appelé l'attention sur la similitude qui existe entre ces biens de militaires et les *feuda*.

[1] L. 2, 3, C. *De fundis limitrophis*, II, 60

[2] Coll. III, Nov. 2, c. 3.

[3] C'est ainsi que je comprends les ὅταν τῷ στρατευομένῳ πρὸς τὴν τῆς νέας στρατείας σύστασιν ἐξαρκεῖ.

où il y a un déficit, l'aliénation est annulée jusqu'à concurrence de la somme qui est nécessaire pour parfaire la différence. »

C'est ensuite la Novelle de l'empereur Constantin Porphyrogénète, de l'an 945-959[1], qui s'occupe avec plus de détails encore de cette matière. — C'est cette Novelle qui servit de point de départ aux nouvelles dispositions complémentaires ou modificatives qui furent adoptées plus tard soit par Constantin lui-même[2], soit par *Romanus Junior*[3], soit par *Nicéphore Phocas*[4], Après quelques prescriptions générales concernant les dissipations commises par les soldats[5], ces Novelles posent les principes suivants :

1° Les κτήματα ἐξ ὧν αἱ στρατεῖαι ὑπηρετοῦνται doivent avoir une valeur de 4 livres d'or pour les cavaliers et les ἐπὶ τῶν στόλων ἀποτεταγμένοι πλώϊμοι τοῦ δὲ Αἰγαίου πελάγους καὶ τῆς Σάμου καὶ τῶν Κιβυῤῥαιωτῶν ; pour les autres πλώϊμοι une valeur de 2 livres seulement. Nicéphore exige en général une valeur de 4 livres, et pour les κλιβανοφόροι et ἐπιλωρικοφόροι en particulier une valeur de 12 livres d'or. Au besoin, le soldat doit prendre sur ses autres biens pour donner à son domaine militaire la valeur exigée par les règlements.

2° Avec ce κτῆμα le soldat doit pourvoir à son entretien — non-seulement celui qui fait un service actif, mais aussi celui qui a obtenu une *honesta* ou une *causaria missio*[6]. Ses héritiers légitimes ou testamentaires[7] en héritent, avec l'obligation du

[1] Coll. III, Nov. 8. Il est surprenant que Constantin n'ait eu une connaissance de la Novelle de Romanus de l'an 922 (comp. note 2 p. 125) et qu'il ne s'appuie que sur les anciens usages.

[2] Coll. III, Nov. 11, c. 1.

[3] *Ibid.*, Nov. 15 et 16 (de l'an 962).

[4] *Ibid.*, Nov. 18 et 20 (de l'an 967) et 22.

[5] Le soldat ne doit être employé par personne ἐν παροίκου λόγῳ ou à des services domestiques, sous peine d'une amende qui est, suivant le cas, de 36, 24 ou 6 νομίσματα. — Coll. III, Nov. 8, c. 3. Cette pénalité a quelque analogie avec les estimations légales des *tirones* dans le Code théodosien, VII, 13, 7, 13.

[6] C'est ainsi que l'auteur traduit les mots : Οὐ τοὺς καθοσιωμένους μόνον ταῖς ἱεραῖς λεγεῶσι τῶν στρατιωτῶν, ἀλλὰ γὰρ δὴ καὶ τούτους, οἱ διά τινα τύχης ἐπήρειαν (l'âge ou l'*invalidité*) ἐνδεεῖς ὀφθέντες ἀδωρεὰς (immunité) ἐνδίκως τετυχήκασι. Dans la c. 3 la *missio* est appelée ἀστρατεία.

[7] Constantin n'appelle à titre d'héritiers que les parents jusqu'au sixième degré.

service militaire, excepté lorsque ce sont des δυνατοί. Lorsqu'il existe plusieurs héritiers, ceux-ci sont tenus ensemble, et dans la mesure de leurs parts héréditaires, de fournir un homme.

3° Les biens militaires sont inaliénables en règle générale, et à quelques rares exceptions près. Il faut distinguer si ces biens sont inscrits en cette qualité dans les cadastres[1] (ἐν τοῖς στρατιωτικοῖς κώδιξιν), ou s'ils n'y sont pas inscrits. Il est absolument défendu de vendre ceux qui sont placés dans la première catégorie, même lorsque la valeur totale dépasserait celle qui est prescrite. Quant à ceux qui appartiennent à la dernière catégorie, on ne peut les vendre que jusqu'à concurrence d'une valeur représentative de 4 livres d'or, dont le soldat doit rester nanti.

Les biens militaires, de même qu'ils ne sont pas susceptibles d'être aliénés, ne peuvent être ni confisqués ni expropriés au profit du fisc.

4° En aucun cas les biens militaires ne sont susceptibles de passer par voie d'hérédité ou d'aliénation aux ἀξιωματικοί ou δυνατοί. — Suivant Nicephorus Phocas, les aliénations permises par la loi ne peuvent être consenties qu'en faveur d'autres soldats.

5° Tant que la prescription n'est pas accomplie[2], les biens militaires aliénés peuvent être revendiqués en premier lieu par le vendeur, ensuite, et suivant les classes, par leurs héritiers, leurs camarades et frères d'armes (συνδόται καὶ σύναιχμοι), puis par les συντελεσταὶ ἀπορώτεροι στρατιῶται, enfin même par les πολιτικοὶ συντελεσταί. — Il va sans dire que celui qui exerce l'éviction est tenu de supporter lui-même la charge du service militaire et, suivant les cas, doit ou ne doit pas indemniser l'acheteur évincé.

L'établissement des κτήματα στρατιωτικά semble s'être maintenu dans son ensemble jusqu'à la chute de l'empire byzantin. Non-seulement Michel Attalensis et le Μικρὸν κατὰ στοιχεῖον,

[1] L. 3, C. *De fundis limitr.*, 11, 60 : *Quibus adscripta sunt et de quibus judicavit antiquitas.*

[2] La Coll. III, Nov. 8, parle d'une prescription de quarante ans, tandis que dans la Novelle 18 (de même que dans la Novelle 5, c. 3) il n'est question que d'une prescription trentenaire. La Novelle 18 admet en outre divers autres délais en faveur des soldats arméniens.

mais même Harmenopule[1], considèrent les différentes dispositions qui les régissaient comme étant toujours observées en pratique. Il resterait à rechercher si les conquérants turcs se sont assimilé cette institution, et, le cas échéant, de quelle manière ils ont procédé.

§ 64. — Conclusion.

L'étude à laquelle nous nous sommes livré jusqu'à présent nous a dévoilé le tableau intéressant du droit qui régissait la propriété foncière dans les derniers siècles de l'empire byzantin.

Une grande partie de cette richesse immobilière se trouvait en la possession de l'empereur ou du fisc : d'un côté, les domaines isolés avec leurs πάροικοι, domaines dont le nombre augmentait de temps en temps par suite de la confiscation de la fortune de puissants personnages tombés en disgrâce, ou diminuait par suite de donations impériales[2]; — d'un autre côté, tous les fonds qui ne faisaient pas l'objet d'une possession privée, par exemple les nombreux ἐκπτωτα et κλασματισθέντα, dont le fisc cherchait à tirer un revenu, soit en les aliénant, soit en les donnant à ferme, moyennant diverses redevances.

Une autre portion très-considérable de la propriété foncière appartenait aux églises et aux couvents : tout le pays était couvert de μοναστήρια et de μοναί ou de petits μονύδρια, λαῦραι, κελλία, et tous ces couvents, grands ou petits, avaient des propriétés plus ou moins étendues, cultivées par les moines eux-mêmes ou par les πάροικοι corvéables qui les habitaient. Il est vrai que cette catégorie de terres était, en règle générale, soumise au payement de l'impôt foncier, mais elle était affranchie de toutes les autres prestations et redevances extraordinaires.

La portion de la propriété foncière qui constituait la propriété particulière et privée proprement dite, se divisait en ἰδιόστατα, στρατιωτικά, et ἀνακοινώσεις χωρίων.

Les ἰδιόστατα, c'est à-dire les biens qui étaient placés en de-

[1] *Mich. Att.* I., *in Append.*; - Μικρὸν, N, c. 13; — *Harm.*, I, 16, 7 et suiv.; III, 3, 114.

[2] Coll. IV, Nov. 64, 73, 83.

hors d'un territoire communal et indiqués dans le cadastre comme constituant des propriétés isolées et indépendantes, se trouvaient, lorsqu'ils ne formaient pas la propriété des églises ou des couvents, entre les mains des δυνατοί, qui les cultivaient quelquefois eux-mêmes, mais qui les affermaient la plupart du temps, par exemple à des ἡμισειασταί, ou qui les faisaient valoir par leurs πάροικοι.

Les στρατιωτικά étaient en la possession des militaires et des vétérans; ils étaient exempts d'impôts.

Les fonds qui faisaient partie d'un territoire communal appartenaient à des possesseurs ruraux; tantôt ils étaient possédés d'une manière indivise, et tantôt divisés en lots (μερίδες ou στάσεις). Ces possesseurs se trouvaient dans une situation lamentable : ils étaient accablés non-seulement par l'impôt foncier, mais encore par de nombreuses prestations extraordinaires à fournir soit à l'État [1], soit à certains seigneurs sous la protection desquels ils avaient été placés, ou dont ils avaient recherché l'appui de leur plein gré. C'est pourquoi ils étaient et s'appelaient généralement πένητες [2].

Aucune propriété immobilière n'était susceptible d'être aliénée sans les charges qui lui incombaient. Les aliénations étaient interdites soit d'une manière absolue (par exemple, celles qui concernaient les domaines impériaux, ceux des églises et des couvents), soit d'une manière relative. Les dispositions concernant les δυνατοί et les στρατιωτικά avaient été tellement radicales, que Nicéphore Phocas [3] pouvait dire d'une manière générale : Τοὺς μὲν δυνατοὺς ἐκ δυνατῶν μόνον ποιεῖσθαι τὰς ἐξωνήσεις βουλόμεθα, τοὺς δὲ στρατιώτας καὶ πένητας ἐκ τῶν τὴν ὁμοίαν τάξιν

[1] Comp. notes 2 et 4, p. 122.

[2] Dans un sens plus étroit du mot, on ne considère encore aujourd'hui (de même que dans une certaine mesure d'après l'ancien droit romain — [l. 10, C. *De accusat.*, 12, 2]) — comme πένητες que ceux qui ne possèdent pas 50 νομίσματα. — Coll. III, Nov. 6, c. 2; Nov. 15. (Comp. aussi *Proch.*, XXVII, 22; *Basil.*, éd. Heimb., II, p. 385, schol. 2; Πεῖρα, XXX, 2; *Mich. Attal.*, XIII, 4; *Harm.*, I, 6, 33.)

[3] Coll. III, Nov. 20. — L'empereur Andronic confirma en l'an 1319 aux habitants de *Joannina* l'ancien droit suivant lequel οὐδὲν ἔχωσιν ἄδειαν πωλεῖν τινα ἀπὸ τούτων (à savoir de leurs κτήματα) πρὸς ἄρχοντα τοπικὸν ἢ στρατιώτην, εἰ μὴ διαπωλεῖν αὐτὰ πάλιν πρὸς καστρινούς. — Χρονογραφία τῆς Ἠπείρου, II, p. 303.

λαχόντων αὐτοῖς. Indépendamment de cette règle générale, il y avait encore les cinq degrés de la προτίμησις qui restreignaient sensiblement la libre disposition de la propriété foncière. Et sans qu'il soit nécessaire d'insister longuement sur cette matière, on comprendra que le crédit foncier, sous une législation semblable, devait être absolument anéanti [1].

Ce tableau du droit qui régissait la propriété foncière retrace vivement à notre esprit un état de choses analogue à celui qui existait au moyen âge dans les pays occidentaux, ainsi que la distinction entre les terres nobles et les terres roturières, et la distinction entre le seigneur et le manant.

Mais tout en comparant la situation des pays orientaux et occidentaux, n'oublions pas que sous bien des rapports il y avait entre ces pays une différence capitale. Les principaux points de dissemblance sont les suivants :

1° Les Byzantins ne connaissaient d'autre droit successoral pour les différentes espèces de propriété immobilière, que celui qui existait pour le patrimoine mobilier du défunt [2].

2° Les Byzantins n'ont pas connu le lien féodal proprement dit.

Les conquêtes des Français dans l'Orient ont aussi transplanté dans ces pays l'établissement et l'institution des fiefs (φίε) avec tous ses caractères [3], mais le génie oriental ne se prêta pas à l'idée de la foi féodale, réciproque et héréditaire ; même en tant que lien purement personnel, ainsi qu'on cherchait à l'exprimer dans les mots δοῦλοι τῆς βασιλείας et dans le mot θητεύειν, l'institution du fief n'a pas pu prendre de racines profondes [4]. Les petits despotes n'avaient aucune intelligence de l'idée de la vassalité. Le système féodal disparut par conséquent avec la chute

[1] Comp. § 62.

[2] Comp. § 52. — Justinien, dans l'édit 3 et la Nov. 21, avait déjà supprimé les ordres de succession spéciaux des Arméniens et leurs *progenitorialia prædia* (γονικαρχικά).

[3] C'est ce que démontrent le plus clairement les *Assises de Jérusalem*.

[4] Les δοῦλοι τῆς βασιλείας sont fréquemment mentionnés par exemple dans la chronique de Michel Attalensis. Constantin Porphyrogenète parle déjà du θητεύειν, néanmoins d'une manière secondaire. Coll. III, Nov. 8, c. 3. Manuel Comnène l'interdit formellement. Voy. Nov. de l'auteur, p. 504, note 1. Le nom rappelle les θῆτες d'Homère.

de la domination latine, non sans laisser derrière lui quelques traces de son passage, car c'est bien au principe féodal « nulle terre sans seigneur », qu'il faut attribuer cette circonstance que dans la suite on ne mentionne presque plus les biens ruraux indépendants.

Après la chute de l'empire byzantin, le droit que nous avons esquissé plus haut s'est maintenu d'âge en âge, et même jusqu'à nos jours, sauf quelques modifications[1].

La conquête des Turcs n'a atteint en réalité que les domaines de l'État, des églises, des militaires, et les possessions des δυνατοί. Les biens ecclésiastiques furent transformés en grande partie en biens de mosquées; les biens militaires et les possessions des δυνατοί furent donnés par les sultans à leurs favoris et aux soldats, tantôt arbitrairement, tantôt suivant des règles déterminées. Quant à la situation des paysans, elle resta la même; ils avaient seulement changé de maître[2].

Dans les derniers temps on s'est beaucoup intéressé — non pas dans la Turquie, mais dans les principautés danubiennes et le royaume de Grèce — à la consolidation de la propriété foncière et à son émancipation des liens du moyen âge[3]. Puisse-

[1] Voy. dans *Leunclav., Pand. turcic.*, Nov. 18; Ducange, v° Πάροικοι, quelques renseignements sur la situation des paysans après la chute de l'empire. Plusieurs dispositions et prescriptions relatives à cette matière ont été transplantées de Constantinople en Russie. Il est vrai que l'égalité des paysans dans la jouissance et le partage des biens communaux (note 3, p. 114), semble aussi faire partie de l'ancien droit slave. Mais la propriété de la personne introduite au seizième siècle par un ukase de *Boris Godunoff* n'est qu'un emprunt fait pour des motifs politiques à la législation byzantine relative aux paysans.

[2] Les récits de Gelb, dans son *Rechtszustand Griechenlands*, p. 38 et suiv., sont quelque peu différents et attribuent à tort une grande influence au talent d'organisation des Turcs. Voy. Maurer, *das Griechische Volk*, I, p. 152 et suiv. Que les savants d'Athènes veuillent bien, maintenant que nous venons d'exposer ce qui existait dans l'empire byzantin, porter leurs recherches et leurs études sur le développement de ces institutions sous la domination turque.

[3] Le code valaque reproduit encore l'ancien droit. Τμ. γ', κεφ. ς'. (Comp. Mittermaier, *Zeitschrift fur die Gezetzgebung des Auslandes*, XII, p. 425.) Le code moldave donne seulement la théorie générale de la propriété et dit, § 1531 : Τὰ δίκαια καὶ αἱ ἐνοχαὶ ἀνάμεσον τῶν δεσποτῶν τῶν ὑποστατικῶν καὶ τῶν ἐπ' αὐτοῖς κατοικούντων χωρικῶν ἀποφασίζονται ἐν τοῖς περὶ τούτων

t-on, dans les réformes ultérieures, ne pas perdre de vue que la législation moderne des peuples occidentaux ne peut pas servir de modèle à ces contrées, et que les us et coutumes du pays exigent qu'on y procède avec une extrême prudence !

LIVRE IV.

DU DROIT DES OBLIGATIONS.

§ 65. — Introduction.

Dans le droit de Justinien, les obligations naissent de contrats, de délits et d'autres causes de même nature.

Les contrats qui ont pour but de créer des obligations ne produisent cependant pas purement et simplement cet effet, et notamment n'engendrent pas toujours une action tendant à l'exécution[1].

Il n'existe que très-peu de contrats qui, à ce titre, engendrent une obligation protégée par une action : ce sont les anciens CONTRATS CONSENSUELS : *emtio venditio, locatio conductio, societas, mandatum* et quelques autres contrats produisant le

κώδιξι (c'est-à-dire sans doute les urbaires) τῆς Βεσσαραβίας. Dans les deux principautés de grands changements sont intervenus en cette matière, depuis la publication de ces codes, notamment en ce qui concerne l'émancipation des paysans, la sécularisation des biens des couvents. En Grèce, la législation de la propriété foncière n'est pas encore bien fixée, ce qui explique en partie le taux élevé de l'intérêt et les embarras financiers du pays.

[1] L'expression dont se sert Ulpien dans la l. 1, pr. D. *De pactis*, 2, 14, ... *congruum fidei humanæ, ... ea quæ inter eos placuerunt, servare*, a une signification toute restreinte. C'est pour ce motif que les Basiliques (liv. XI, tit. I) omettent à dessein ce passage, afin d'éviter tout malentendu. Dans une de ses Novelles (Coll. III, Nov. 17), l'empereur Romanus Junior s'exprime ainsi au sujet du principe de la force coercitive des contrats : Καλὸν ἐξῤῥῶσθαι τὰς μεταξὺ τῶν ἀνθρώπων συμφωνίας... ἐπεὶ μηδὲ βιωτὸν ἑτέρως μηδὲ πολιτείαν ἄλλως συστῆναι καὶ βίον τὸν κοινὸν ἐγχωρεῖ ἄλλως τε καὶ τὸ μὴ ἀδικεῖν..... καλὸν μηδὲ ἐπηρεάζειν μηδὲ τὸν πλησίον ἀκόλυτα παραβλάπτειν.

même effet et admis par la législation postérieure. — Pour ces contrats, le seul accord entre le créancier et le débiteur produit une action juridique parfaite, en ce sens qu'aucun des contractants ne peut se désister isolément de son engagement, à moins de stipulation d'un dédit (ἀῤῥαβών) ou de quelque autre clause de même nature en faveur de l'une ou de l'autre des parties contractantes[1].

Lorsqu'une personne donne ou fait une prestation à une autre, non à titre gratuit, mais parce que celle-ci contracte de son côté une obligation correspondante[2], il en résulte encore une obligation garantie par une action.

Toutefois ce n'est pas le contrat lui-même, c'est bien plutôt le service rendu *ob causam* qu'il faut considérer comme générateur de l'obligation. *Re contrahitur obligatio* C'est pour ce motif que, dans l'ancien droit, il dépendait entièrement du débiteur d'accomplir ou non l'engagement qu'il avait contracté : il n'était tenu qu'au remboursement de ce qu'il avait reçu. A la vérité, lorsque l'engagement contracté ne consistait que dans la seule obligation de restituer la chose reçue[3] — comme cela ar-

[1] L'*Ecloga* considère un pareil contrat comme ἀτελὲς συνάλλαγμα (XI, 2). En ce qui concerne les louages, Justinien avait statué, contrairement au principe ci-dessus rappelé et à l'ancien droit, que le preneur avait la faculté, ainsi que le bailleur, d'annuler le bail — et cependant le délai d'une année — à moins que les parties n'eussent formellement renoncé à ce bénéfice. L. 34, C. *De locato*. L'*Ecloga*, tit. XIII, fait ressortir cette disposition d'une façon toute particulière; il en est de même pour les *Basil.*, XX, 1, 95, la *Synopsis* et le Μικρὸν κατὰ στοιχεῖον, M, c. 101.

[2] Ou bien, ainsi que le dit la l. 7, § 4, D. *De pactis*, parce que *subest causa* (*dandi vel faciendi*) *propter conventionem*. L'engagement contracté par l'une des parties (la *conventio*) est pour l'autre partie le sujet (*causa*) de sa prestation ; mais ce n'est pas cette *causa* qui donne à l'obligation l'action utile, c'est la *res*, c'est-à-dire le *dare* ou *facere* qui produit cet effet. Stephanus (*Basil.*, ed. Heimb., I, p. 559) ne saisit pas le sens de ce texte, lorsqu'il fait allusion à une εὔλογος τῆς συνθήκης αἰτία, et qu'il ajoute : Εὔλογον δὲ λέγω τὴν μὴ ἄσεμνον. C'est pour ce motif que ses explications touchant le système des contrats en droit romain sont obscures et erronées. Cet auteur se trompe encore ailleurs (par exemple *Basil.*, ed. Heimb., III, p. 1, schol.), et il a lui-même induit plus tard en erreur les jurisconsultes byzantins (par exemple, *Basil.*, ed. Heimb., I, p. 667, schol. 2).

[3] Et non pas encore quelque chose en sus, des intérêts, par exemple. Voilà pourquoi ce qu'on désigne sous le nom de *contractus reales nominati* sont des *gratuita negotia*.

rive pour le *mutuum*, le *commodatum*, le *depositum*, le *pignus*, — l'obligation de restituer se confondait entièrement avec l'engagement contracté, et dans cette hypothèse on pouvait considérer l'action comme résultant directement du contrat. Cette idée reçut plus d'extension dans la législation subséquente; et même dans des cas où l'engagement contracté par le fait d'un service reçu ne consistait pas uniquement dans la restitution de la chose reçue, on accorda au créancier une action résultant du contrat, pour arriver à l'exécution de l'engagement. Mais le lien d'un pareil contrat est toujours resté imparfait, en ce sens que le créancier a le droit d'actionner, soit à fin d'exécution, en vertu du contrat; soit à fin de restitution, par la *condictio ob causam datorum*[1], tant que le débiteur n'a pas encore rempli ses engagements

En dehors des cas dans lesquels *consensu* ou *re contrahitur obligatio*, les contrats générateurs d'obligations ne produisent d'action que dans le cas où ils ont été passés suivant certaines formes.

La forme la plus importante et la plus générale est la forme verbale ou *verbis contrahitur obligatio* : la *stipulation*, ἐπερώτησις. L'essence de cette forme de contrat consiste en ce que l'une des parties demande à l'autre — au moyen d'une formule déterminée — si elle est disposée à se charger de telle ou telle obligation, et que celle-ci donne de la même manière, et en des termes précis, une réponse affirmative à la demande. La stipulation présuppose la présence des parties contractantes. Elle n'est susceptible de produire par elle-même qu'une obligation unilatérale, en ce sens que la partie qui répond est seule liée; mais il peut se faire, afin qu'il naisse un lien réciproque, que cette dernière adresse de son côté une question à l'autre partie, et que celle-ci fasse de même une réponse affirmative. — De cette manière, il est facile de renfermer dans la forme de la stipulation des contrats unilatéraux ou bilatéraux. Et ceci se pratiquait fréquemment, même pour les contrats qui produisaient déjà une obligation et une action soit *consensu*, soit *re*, tantôt dans le but de préciser davantage par la forme de la

[1] Cette action est aussi connue sous le nom de ἡ ἐκ μεταμελείας κονδικτίκιος. — *Basil.*, XXIV, 1, 5, schol. 2.

stipulation l'objet et l'étendue de la convention, tantôt pour se procurer, au lieu de l'action ordinaire résultant de ces contrats, l'action plus énergique résultant de la stipulation[1]. C'est ainsi que, dans tous les cas où l'on consignait les contrats par écrit, le notaire y insérait la clause de la stipulation, et les parties mentionnaient en signant que l'une avait demandé ce que l'autre avait promis[2]. — Bien qu'en pareil cas l'accord des parties n'eût pas été consigné en la forme de demande et de réponse, pourvu que les contractants eussent décidé qu'ils voulaient contracter entre eux une obligation verbale, on considérait cette convention comme une stipulation valable[3]. Il importait peu de savoir si, en effet, une demande suivie d'une réponse avait été faite[4], et on admettait, jusqu'à preuve contraire[5], que les parties avaient été toutes présentes lors de la stipulation.

A côté du contrat verbal, l'ancien droit romain connaissait encore une autre forme au moyen de laquelle un contrat générateur d'obligations pouvait produire une action. Cette ancienne *litteris contracta obligatio* n'est plus admise par le droit de Justinien; et ce que cet empereur cite à sa place[6] ne concerne plus la naissance d'un contrat muni d'une action, mais seulement la force probante d'un titre destiné à le constater.

Par contre, la législation justinienne admet encore d'autres formes qui donnent une action au contrat. Une de ces formes est la

[1] Comp. les scolies de *Thalelæus* dans *Basil.*, ed. Heimb., I, p. 663, 695, pour ce qui concerne ces actions — la *certi condictio* et l'*actio ex stipulatu*.

[2] L. 7, § 12. D. *De pactis*; l. 27, C. *eod.*, *Basil.*, ed. Heimb., p. 571, schol. 17; et p. 695, schol. 4.

[3] C'est là le sens de la constitution de Léon, de l'an 469, dans la l. 10, C. *De contrah. stipul.*, 8, 37. — Cela résulte des mots *compositæ sunt*. *Componere* est le verbe que Thalelæus, dans *Basil.*, ed. Heimb., I, p. 702, sc. I, traduit par [illegible], et cette expression se rapporte, comme le reste, à l'acte instrumentaire dressé par le notaire. L'extrait de cette ordonnance qui, d'après Tipucitus, se trouvait dans *Basil.*, XLIII, tit. V, a le même sens. Comp. aussi Theoph., III, 15, 1.

[4] § 17, *J. de inutil. stip.*, 3, 19.

[5] L. 14, *C. de contrah. stipul.*; § 12, *J. de inutil. stip.*, et Theoph., *ibid.*

[6] *Instit.*, III, 22, et Theoph., *eod.* — Comp. cependant *Basil.*, ed. Heimb., II, p. 510, sc. 1, et les dispositions relatives aux livres de commerce et *syngraphæ* des banquiers dans la Novelle 136, et dans l'*Edict. Just.*, IX.

conclusion d'une transaction, διάλυσις, sous l'invocation de Dieu ou par le salut de l'empereur[1]. Une semblable transaction ne crée pas seulement une action, ainsi que cela a lieu pour la *stipulatio*, mais encore cette action entraîne, pour le défendeur qui succombe, une tache d'infamie et la perte de tous les avantages qu'il eût obtenus.

Parfois on exige encore, comme condition de la validité du contrat, l'accomplissement de certaines formalités, et cela à raison de la qualité soit du créancier, soit du débiteur, pour des contrats qui seraient d'ailleurs parfaitement valables. Ainsi, par exemple, on exige un traité écrit pour les πράγματα des *illustres*[2], pour les cautionnements (*intercessiones*) des personnes du sexe féminin[3].

Dans tous les autres cas, la constatation par écrit d'une convention n'a d'importance qu'au point de vue de la preuve[4]. Mais lorsque les parties ont l'intention de conclure la convention par écrit, de quelque nature qu'elle puisse être, la force obligatoire n'intervient dans cette hypothèse que lorsque la constatation par écrit est accomplie, ainsi que les parties l'ont eu en vue[5].

Toutes les autres conventions qui ne rentrent pas dans l'une des catégories ci-dessus mentionnées, sont appelées *nuda pacta* (ψιλὰ σύμφωνα). Considérées comme des conventions accessoires faites à l'occasion d'un contrat principal, elles sont sans doute aptes à produire une action tirée de ce dernier, mais ni dans ce cas ni dans aucun autre elles ne sauraient engendrer une action par elles-mêmes. Toutefois elles ne sont pas dépourvues de toute efficacité. Particulièrement, des pactes nus peuvent, au moyen de l'exception, produire des effets juridiques en ce qui touche l'acquittement de la dette (*nuda pactio actionem non*

[1] L. 41, C. *De transact.*, 2, 4; *Basil.*, ed. Heimb., I, p. 722.

[2] Comp. § 5.

[3] L. 23, § 2, C. *Ad senat.-consult. Vellejanum.*

[4] L. 4, D. *De fide instrum.*, 22, 4; *Basil.*, ed. Heimb., II, p. 483.

[5] L. 17, C. *De fide instrum.* 4, 21; pr. *J. de empt.*, 3, 23. — *Basil.*, ed. Heimb., I, p. 570, sc. 24, p. 694; II, p. 502. Comp. aussi les Novelles 44, 47, 49, 73, relatives aux formalités légales des actes par écrit pour les affaires judiciaires.

parit, sed parit exceptionem[1]). Pour le surplus, l'obligation résultant d'un *nudum pactum* présente de grandes analogies avec les *naturales obligationes*, qui ne produisent pas non plus d'action, mais qu'on regarde comme pouvant servir de base légale à des transactions ultérieures.

§ 66. — Développement du système des conventions pourvues d'une action dans le droit byzantin — I. Jusqu'aux Basiliques.

La théorie de la législation de Justinien sur le contrat et les obligations qu'il engendre, s'est développée en Occident lors de la réception du droit romain, et depuis, en ce sens que tout contrat valablement conclu dans les conditions exigées par le droit, même en l'absence et à défaut de toute forme légale, a été considéré comme produisant une action. Les populations germaniques n'ont jamais pu comprendre qu'une forme qui leur était totalement étrangère — la stipulation — pût être régulièrement exigée pour faire produire une action à une obligation, et ils tenaient fidèlement leurs engagements, même en l'absence de cette forme.

Tout autre fut le développement de ce système dans l'empire byzantin. Ici le caractère national exerce son influence dans un sens différent. Les Byzantins avaient des idées tout autres que celles des Germains sur l'honneur, la fidélité et la bonne foi dans les transactions avec des tiers[2]. Le « naturaliter licere contrahentibus se circumvenire[3] » n'avait rien d'abject

[1] L. 7, § 4, 5, D. *De pactis*. Comp. en outre le commentaire de Stephanus dans *Basil.*, ed. Heimb., I, p. 560. — Voy. des détails plus complets sur le caractère et la nature des ψιλὰ σύμφωνα dans *Basil.*, I, p. 631.

[2] Nous disons avec des *tiers*, car, à l'inverse, leur probité et leur honnêteté dans les relations de famille et de société étaient dignes d'éloges. — En ce qui concerne l'idée qu'ils se faisaient de l'homme dans les relations extérieures, il suffit de rappeler qu'à l'opposé de ce qui se pratiqua chez les Occidentaux, le duel leur fut complètement inconnu. — Il est aussi frappant de constater que l'Église grecque ne s'est jamais élevée contre ce relâchement des principes. La Πεῖρα, XLV, 6, dit à la vérité qu'il faut destituer un prêtre, revêtu de hautes fonctions, lorsqu'il se soustrait à l'accomplissement de ses engagements. Mais les sources de droit ecclésiastique sont muettes à cet égard.

[3] L. 16, § 4, D. *De minoribus*, 4, 4. Les jurisconsultes byzantins se complaisent à signaler ce principe, par exemple, *Harm.*, III, 3, 70, 72.

à leurs yeux : le respect de la parole donnée n'était pas considéré comme chose qui allât de soi[1] : on était, bien au contraire, très disposé à décerner le titre d'homme habile à celui qui parvenait à se dégager à son avantage d'un engagement qu'il avait contracté. Tel était le caractère national, à ce point que du temps de Justinien les préfets du prétoire eurent besoin de rappeler, dans leurs édits[2] à leurs administrés, de τῆς ἐν τοῖς συναλλάγμασιν ἔχεσθαι πίστεως, ou περὶ τὰ συναλλάγματα μετρίους εἶναι, et que l'empereur Romanus Junior[3] fut même obligé de témoigner expressément que, pour le grand nombre des citoyens, la conscience ne se troublait pas quand il s'agissait de tromper pour gagner de l'argent et des avantages terrestres, et de transgresser des contrats ; que même on considérait cette manière d'agir comme irréprochable.

On comprend sans peine qu'avec des mœurs et des idées semblables on ne peut pas s'attendre à rencontrer une simplification progressive des conditions exigées pour qu'une convention fût munie d'une action. Bien au contraire, cet état de choses devait avoir plutôt pour résultat de subordonner la pleine validité des obligations à l'accomplissement de nouvelles formalités.

L'*Ecloga* renferme déjà la trace d'une pareille tendance. Quelle que soit la sécheresse avec laquelle le droit des obligations y est exposé (tit. IX, XIII, et tit. IV, XV), on y remarque[4] la nouvelle prescription d'après laquelle toute transaction devait être consignée par écrit en présence de trois témoins. L'*Ecloga privata aucta*[5] considère cependant comme valable la passation d'un contrat δι' ὁμολογήσεως ἀγράφου ἐπί τινων προσώπων βεβαιουμένης. Mais pour le surplus elle favorise l'emploi de l'écriture d'une manière encore plus accentuée que l'*E*-

[1] La Πεῖρα, XLV, 8, dit expressément : Ἡ ἁπλῆ συναίνεσις πρᾶγμα οὐκ ἐπάγει τινί.

[2] Ed. Pr. Pr., 4, 6, dans les Ἀνέκδ. de l'auteur, p. 268, 269.

[3] Coll. III, Nov. 17.

[4] *Ecl.*, tit. XV, § 1. Il en est de même pour les donations. (Voy. plus bas § 68.) La nécessité de mettre par écrit les conventions matrimoniales (προικῷα) est aussi amplement développée dans l'*Ecl.*, II, 3.

[5] Tit. XVI.

eloga. Elle ne semble admettre[1] une vente verbale que dans le cas où la marchandise a été livrée et le prix payé immédiatement. Pour les ventes par écrit, elle n'accorde de recours pour cause de défauts des choses vendues, que dans le cas où la condition a été expressément prévue dans l'instrument du contrat. Elle exige aussi[2], pour les prêts verbaux, la présence de trois témoins.

Ce qui précède démontre clairement que, dans l'opinion générale, la présence de témoins et la rédaction des conventions étaient non-seulement des mesures de prudence destinées à couper court aux dénégations des parties contractantes ou aux efforts faits par l'une d'elles pour se dégager, mais des formalités indispensables pour la validité de la convention. — Cette doctrine fut formulée d'une manière complète dans une Novelle de l'impératrice Irène. (Coll. I, Nov. 27.)

Cette remarquable Novelle prend pour point de départ que notre Seigneur et Sauveur, de même que les apôtres[3] et les Pères de l'Eglise, ont formellement interdit la pratique du serment, et que, pour ce motif, il était mauvais τὰς στραγγαλιὰς τῶν φιλονεικιῶν δι' ὅρκου λύεσθαι. — Partant de ce principe, elle réforme notamment la Novelle 73 de Justinien, relative à la rédaction et la force probante des συμβόλαια, en supprimant le serment rédigé ou permis par cette Novelle, et par contre en aug-

[1] Tit. X, § 2, 3 : Β'. Ἄγραφος πρᾶσις καὶ ἀγορασία συνίσταται ἀδόλῳ τῶν συναλλασσόντων συμφωνίᾳ ἐπὶ ῥητοῦ τιμήματος χρυσικῇ ποσότητι· ὁπόταν γὰρ τὸ τίμημα τῷ πράτῃ καταβληθῇ καὶ τὸ πρᾶγμα τῷ ἠγορακότι παραδοθῇ, ἡ πρᾶσις συνίσταται. Καὶ ἐκ μεταμελείας ἑνὸς αὐτῶν τὴν τοιαύτην πρᾶσιν μὴ ἀνατρέπεσθαι. Ἔδει γὰρ αὐτὸν πρὸ τοῦ συναλλάγματος τὸ συμφέρον διερευνᾶν καὶ οὕτω συναλλάσσειν. — Γ'. Ἔγγραφος πρᾶσις καὶ ἀγορασία συνίσταται, ὅτε οἱ συναλλάσσοντες ῥητὴν ἐπὶ τῷ τιμήματι χρυσικὴν ποσότητα περὶ τοῦ πράγματος στοιχήσαντες, ὁ μὲν πράτης τὸ τίμημα, ὁ δὲ ἀγοραστὴς τὸ πρᾶγμα κατέλαβον, καὶ τὸ τοιοῦτον συνάλλαγμα εἴτε ἐξ ἰδιοχείρων, εἴτε ἐξ ἀγοραίου συμβολαίου τετελειωμένου πληρώσωσιν· καὶ εἰ μὲν ἐξ ἀπαρχῆς τοῦ συναλλάγματος περὶ ἐλαττώματος ἤγουν αἰτίας τοῦ διαπραθέντος πράγματος συνεφωνήθη καὶ ἐνεγράφη, ἐῤῥώσθω τὰ συμπεφωνημένα· εἰ δ' οὐδὲν περὶ ἐλαττώματος ἤγουν αἰτίας τοῦ διαπραθέντος πράγματος ἐμνημονεύθη καὶ ἐνεγράφη, ἀσάλευτον εἶναι τὸ τοιοῦτον συνάλλαγμα, κτλ.

[2] Après avoir parlé des prêts formulés par écrit, elle ajoute dans le titre XI ce qui suit : Κατὰ τὸν ὅμοιον δὲ τρόπον ἐπὶ γ' μαρτύρων καὶ τὸ ἄγραφον συνίσταται δάνειον.

[3] Saint Matthieu, V, 33, 37. — Saint Jacques, V, 12.

mentant le nombre des témoins. Et elle exige d'une manière générale que tous les contrats[1], écrits ou oraux, soient passés en présence de sept ou cinq témoins, προσκληθέντων ἑπτὰ ἢ πέντε μαρτύρων προέρχεσθαι.

En ce qui concerne spécialement la rédaction des contrats écrits, les ταβουλάριοι et νομικοί sont chargés d'écrire, et les témoins de signer, ainsi que c'est l'usage, lorsqu'il s'agit de προικῷα et d'ἐμπερίγραφα πακτα[2] : pour les autres contrats, le débiteur qui s'engage doit écrire l'acte entier, et les témoins sont tenus de le signer. Lorsque le premier ne sait pas écrire, il doit faire une croix[3], et le corps de l'acte doit être écrit par un ταβουλάριος ou νομικός, ou par tout autre χειρόχρηστος[4] ; dans certains cas particuliers[5] on exige que les témoins signent aussi l'acte ; en général, il suffit d'y consigner leurs noms.

Nous n'avons pas besoin d'insister pour faire remarquer que ces dispositions renferment une modification radicale du droit de Justinien. Mais on se demande si tout contrat, pourvu qu'il fût passé devant sept ou cinq témoins, produisait quand même une action, même dans le cas où, suivant le droit de Justinien, il devait être revêtu de la forme de la stipulation, ou bien si, le cas échéant, il était indispensable de recourir à la forme de la stipulation[6]. — D'autre part, cette nouvelle forme était elle aussi exigée pour les contrats dont l'objet était minime[7], par exemple de la valeur d'une livre d'or ou d'une valeur moindre ?

[1] Outre ceux dont il sera question plus bas, elle cite διαλύσεις, δωρεαί, πράσεις, ἀγορασίαι, δάνεια, παραθῆκαι, c'est-à-dire précisément ceux des contrats dont parle aussi l'*Ecloga*.

[2] Ἐμπερίγραφα s'entendent ici de l'emphytéose et d'autres contrats pareils. Comp. la rubrique du titre XII de l'*Ecloga*. On les appelle aussi ἐκδόσεις, ἐκληπτορικὰ ἔγγραφα. L'auteur a publié un document de cette espèce dans son *Supplementum Basilicorum*, part. IV et suiv.

[3] Cette σιγνογραφία se rencontre dans le document précité, bien qu'elle concerne un ἐμπερίγραφον.

[4] Comp. note 1, p. 17, pour ce qui concerne la signification de ce mot.

[5] La finale de la c. 1, se bornant à désigner ainsi ces cas : εἰ ἔστιν ἀναγκαῖον τὸ ὑπογράψαι τοὺς μάρτυρας, il faut sans doute penser aux cas où l'on exige des *instrumenta quasi publica*.

[6] *L'Ecloga privata aucta* parle aussi de la ἐπερώτησις, notamment pour les promesses de payer des intérêts.

[7] Comp. Nov. 73, c. 8

— Devait-on considérer comme constituant des *pacta nuda* dans le sens de l'ancienne législation tous les contrats qui avaient été passés sans témoins, ou en présence d'un nombre de témoins inférieur à celui qui était prescrit? — Sur ces questions et d'autres de même nature, les sources du droit ne nous fournissent malheureusement aucune solution satisfaisante.

Remarquons, en terminant, que Léon le Sage, dans la Novelle 72, reconnaît comme juridiquement valable tout contrat écrit [1] où les parties ont elles-mêmes apposé une croix, ou déclaré qu'elles ont traité au nom de la sainte Trinité [2]. Ce n'est qu'une extension de la prescription renfermée dans la loi 41, C. *de Transactionibus* [3], prescription qui acquit une importance d'autant plus grande que l'usage de contracter avec l'accomplissement de cette formalité devint de plus en plus général [4].

§ 67. — Suite. — II. Depuis les Basiliques.

Avec la nouvelle publication du droit de Justinien dans les Basiliques, on rétablit aussi législativement la théorie de cette législation sur la force obligatoire des contrats et les actions qu'elles produisent. Bien que la Novelle de l'impératrice Irène ait été insérée dans quelques recueils de droit subséquents [5], ou dans leurs suppléments, on ne trouve nulle trace de son application pratique, après l'apparition des Basiliques. De même, à partir de cette époque, le droit de l'*Ecloga*, d'après lequel les contrats doivent être passés devant trois témoins, se trouva abrogé [6].

[1] Harmenopule (sc. ad I, 9, 7) rapporte cette disposition aux conventions qui sont reçues par les notaires (ταβελλιωνικά).

[2] C'est-à-dire, ainsi que dit Harmenopule (*loc. cit.*) : Χωρὶς ἐπερωτήσεως καὶ προστίμου.

[3] Voy. § 65, note 2, p. 139. Cette prescription est même attribuée directement à l'empereur Léon par l'*Ecloga*, lib. I, X ; *Basil*., X, 10. Comp. la collection de Nov. de l'auteur, p. 170, note 1.

[4] Il en est ainsi dans le document dont il est parlé à la note 2, p. 139. — Καλλιγᾶς, III, § 47, et Παπαῤῥηγόπουλος, I, p. 19, 209, sont disposés à reconnaître à la Novelle de Léon une portée encore plus grande.

[5] Comp. les Novelles de l'auteur, p. 55 et suiv., note.

[6] Πεῖρα, VII, 10, 13, 14.

Toutefois, en ce qui concerne l'application de la théorie de Justinien sur les contrats, après les Basiliques, une grande obscurité a toujours régné sur un grand nombre de points importants.

1° Le droit de la stipulation, c'est-à-dire le principe que la stipulation constitue une forme de contracter, moyennant laquelle tout contrat est garanti par une *actio ex stipulatu* ou une *condictio*, a été sans doute constamment admis par la théorie scientifique, depuis les Basiliques. — Il en a été ainsi dans l'*Epitome*, et en partie aussi dans la Πεῖρα [1]. — Constantinus Nicæus et Gregorius Doxapater témoignent dans leurs scolies sur les Basiliques [2] d'une parfaite intelligence du droit de la stipulation, et ne l'envisagent nullement comme quelque chose d'étranger ou de suranné. — De leur côté, les notaires, en consignant par écrit des conventions, ont employé, depuis Justinien [3] jusqu'aux derniers temps [4], certaines clauses de style, obligés qu'ils étaient, d'après les prescriptions de Justinien et de ses prédécesseurs immédiats [5], de donner à un contrat la forme et la force de la stipulation.

Mais la stipulation, dont il n'est déjà plus question dans l'*Ecloga* et dans la Novelle d'Irène, a nécessairement, depuis les Basiliques, cessé d'être employée dans les relations habituelles. Autrement on aurait peine à comprendre pourquoi on parle très-rarement de la stipulation dans les nombreuses controverses élevées à l'occasion des conventions et dont il est question dans la Πεῖρα. On s'expliquerait encore moins pourquoi, dans un grand nombre de *manualia juris* à l'usage de la pratique journalière, et dans d'autres ouvrages de ce genre, la stipulation

[1] *Epitome*, XI, 12, 13; XIX, 26; Πεῖρα, XI, 1; XIX, 7.

[2] *Basil.*, éd. Heimb., I, p. 556, 563 (sc. 3), 564, 565, 572, 580, 608, 630, 639, 653, 655, 661. — Malheureusement, les livres des Basiliques qui traitent de la stipulation n'ont pas été conservés en entier, mais seulement recomposés. Les scolies offriraient sans doute des éclaircissements précieux sur bien des points douteux.

[3] *Basil.*, éd. Heimb., I, p. 571, sc. 27.

[4] *Romanus Junior*, dans la Coll. III, Nov. 17, dit : Τίθεται καὶ νῦν ἐπερώτησις... τοῖς συμφώνοις. On emploie encore la formule ἐξ ἐπερωτήσεως καὶ ὁμολογίας dans un contrat fait à Athènes en l'an 1431. Buchon, *Nouvelles recherches*, II, p. 290.

[5] Comp. note 3, p. 139 et suiv.

est complétement passée sous silence, ou ne donne lieu qu'à des remarques très-brèves et souvent erronées. On y trouve bien des définitions, comme par exemple celles-ci : Ἐξστιπουλατίων ἐστὶ τῆς βέρβις ἀγωγή καὶ συνίσταται ἐξ ἐπερωτήσεως καὶ ἀποκρίσεως — ou : Ἐπερώτησις ἐστὶ συνθήκη ῥημάτων δι' ὧν ἀποκρίνεταί τις πρὸς τὴν ἐπερώτησιν ποιεῖν τι ἢ διδόναι· καὶ ἐπενοήθη παρὰ τοῦ Ἀκουϊλίου Γάλλου τοῦ νομικοῦ, ἔχει δ' ἰσχὺν ἀναιρεῖν πάσας τὰς πρὸ αὐτῆς ἀγωγάς, κτλ[1] — ou bien encore : Ὅταν εἴπω σοι « Ὁμολογεῖς χρεωστεῖν[2]; » καὶ κατατιθέμενος εἴπῃς· « Ὁμολογῶ, » τοῦτο ἐπερώτησις ἐστί, καὶ λύεται δι' ἀκκεπτιλατίονος, κτλ[2]. Des principes de la stipulation, il reste seulement qu'un τόκος ἀνεπερώτητος dans un contrat de prêt ne pouvait être réclamé par une action, et cela alors même que la promesse aurait été faite par écrit, du moment qu'elle était informe, mais qu'une ἄγραφος ἐπερώτησις était suffisante[3]. Mais dans ces textes on ne dit nulle part qu'un contrat principal, qui n'engendre pas d'action *consensu* ou *re*, ne devient, en principe, générateur d'action que *verbis*, en d'autres termes, au moyen de la formule de la stipulation.

Si de ce qui précède il faut conclure que la formule de la stipulation n'a pas été employée d'une manière générale en pratique pour la conclusion des contrats, alors se présente :

2° La question de savoir comment les jurisconsultes byzantins ont envisagé les contrats qui ne produisaient pas déjà une action *consensu* ou *re*, ou en vertu d'une disposition légale spéciale, comme par exemple suivant la Novelle 72 de Léon.

Suivant le droit des Basiliques, qui en cela ne s'écartait en rien du droit de Justinien, on devait considérer ces contrats comme de simples *pacta nuda*. A ce titre, ils exerçaient une influence sur la forme et la portée de l'action, lorsqu'ils étaient ajoutés à la suite d'autres contrats garantis par des actions ; ils étaient aussi susceptibles de produire leurs effets au moyen d'exceptions, mais jamais au moyen d'actions.

D'après ce que nous avons dit plus haut de l'esprit et du ca-

[1] *Glossæ nomicæ*, Στιπουλάτους ἐγγύη. *Harm.*, app. III, § 29.

[2] Cette explication, qui en fait de *stipulatio* ne connaît que la *stipulatio aquiliana*, pourrait bien avoir été donnée par l'auteur de la *Synopsis*. *Basil.*, éd. Heimb., III, p. 131, note *r*. — *Michael Attaleusis*, IV, 1, parle, au lieu de la *stipulatio*, de la συμφωνία en général.

[3] *Mich. Attal.*, XV, 15; *Harm.*, III, 7, 2, 4, 6; Μικρόν, t. IV.

ractère des conventions chez les Byzantins, on admettra volontiers que ces principes, dans le temps qui suivit les Basiliques, ont dû être appliqués par les jurisconsultes byzantins dans la mesure où ils étaient compris par eux. Au surplus, les preuves directes abondent à cet égard. C'est ainsi que nous avons déjà fait remarquer avec quel soin les praticiens appellent l'attention sur ce que les intérêts d'un prêt ne peuvent être réclamés par une action qu'autant qu'ils sont fondés sur une ἐπερώτησις écrite ou verbale. C'est ainsi qu'un contrat de cette espèce est traité dans la Πεῖρα[1] comme constituant un ψιλὸν σύμφωνον, bien que l'on en eût rédigé un acte écrit. Enfin, dans le *votum* d'un assesseur du tribunal de Constantinople, parvenu jusqu'à nous — le Μελέτη περὶ ψιλῶν συμφώνων[2], — on insiste tout particulièrement sur l'application pratique de la théorie des *nuda pacta*. Et si, contrairement aux dispositions du droit de Justinien et de l'*Ecloga*[3], on a considéré généralement la διάλυσις comme valable à titre de *pacte nu*[4], il est cependant plus que probable que cette décision, loin de reposer sur une nouvelle théorie de l'effet des contrats, n'était qu'une simple exception à la règle générale, exception introduite sous l'influence de quelques motifs tout à fait spéciaux[5].

Sans doute, l'étude des sources fait tout d'abord naître la pensée que, depuis les Basiliques, de nouvelles idées se firent jour en cette matière ; mais un examen plus attentif fait recon-

[1] Πεῖρα, XLV, 12. — Dans la Πεῖρα, XLV, 9, on accorde une action qui n'est pas fondée sur la simple promesse — ψιλὴ ἐπαγγελία, — mais qui naît du *facere* promis, après la conclusion du mariage (un *facere*), *praescriptis verbis*

[2] *Delineatio*, § 41. — On comprend maintenant seulement par les scolies sur les Basiliques, XI, 1, récemment publiées par Heimbach, combien cette Μελέτη reproduit avec fidélité et exactitude le Πλάτος de *Stephanus*. — La Πεῖρα, XLIV, 12, ne présente que peu de points de ressemblance avec la Μελέτη, et il n'y a pas de raison de supposer que l'auteur de celle-ci ait aussi écrit la Πεῖρα, encore moins de penser que ce soit *Eustathius Romanus* qui en ait été l'auteur.

[3] Comp. note 1, p. 140, 142.

[4] Πεῖρα, VII, 10, 13, 14; *Mich. Attal.*, V, 4; *Harm.*, I, 10.

[5] L'*Epanag.*, XXVII, 14, donne à entendre que l'influence spéciale de la législation n'y a pas été étrangère.

naître que la législation des Basiliques n'a subi en fait, même sous ce rapport, aucun changement.

Ainsi, par exemple, on est souvent disposé à admettre la supposition que des conventions écrites — tout au moins celles qui sont passées devant notaire et témoins — ont été considérées purement et simplement comme produisant une action ; mais on se convainc facilement, en y regardant de plus près, que l'on suppose toujours la préexistence et l'application de la clause de la stipulation, ou, d'après la Novelle 72 de Léon, l'adjonction d'une croix ou l'invocation de la sainte Trinité.

De même, au premier abord, le principe : Ἅπαν σύμφωνον ἀπροστίμητον ψιλὸν ὑπάρχειν, dont parle l'empereur Léon dans sa Novelle 72, semble renfermer une innovation ; et plus ce principe apparaît dans ces textes [1], et plus on est disposé à supposer qu'une nouvelle théorie des *nuda pacta* avait été établie ; mais, dans ce cas aussi, on reconnaît, à la suite d'une étude approfondie, que partout on présuppose une ἐπερώτησις du πρόστιμον [2], et que par conséquent ce principe revient à dire ce que les Basiliques expriment ainsi qu'il suit : Οὐκ ἀεί τις ἀπὸ ψιλῆς ἐπαγγελίας κατέχεται· εἰ μέντοι προσωμολόγησεν, ὅτι, εἰ μὴ ποιήσω, ποινὴν δίδωμι, ὅσου ἄξιον ἦν τὸ ἐπαγγελθὲν, παραβαίνων τὴν ἐπαγγελίαν δίδωσι τὸ πρόστιμον. (*Basil.*, XLIII, 5, 5°.)

Il faut donc s'en tenir à ce résultat, que les Byzantins sont restés fidèles au droit de Justinien [3], sauf les modifications qui résultent de la Novelle de Léon. Bien que le non usage de la forme orale de la stipulation ait produit une lacune dans le système des contrats, les Byzantins ne sont pas allés, ainsi que l'a fait plus tard la pratique occidentale, jusqu'à admettre l'existence d'une action même pour des contrats dépourvus de toute espèce de forme.

[1] Ainsi, dans Coll. III, Nov. 17 : Οὐδὲν χωρὶς τούτων (scil. τῶν προστίμων) πλὴν μόνων τῶν γαμικῶν τὰ συμπεφωνημένα δύναται. — *Basil.*, ed. Heimb., I, p. 564, sc. 6 : Λέγεται ψιλὸν τὸ ἄνευ προστίμου γενόμενον. — *Ibid.*, p. 700, sc. 2. — Πεῖρα, XLV, 1 : Τῶν συμφώνων ὅσα μὲν ἔχουσι πρόστιμα καὶ ἀνάγκην τοῦ πληροῦσθαι, ταῦτα κρατοῦσι, κτλ. *Harm.*, I, 9, 6.

[2] *Basil.*, éd. Heimb., I, p. 564, sc. 6 : Ἀπὸ ψιλοῦ συμφώνου ποινὴ οὐκ ἀπαιτεῖται, εἰ μὴ καὶ ἐπερώτησις γένηται. — *Harm.*, I, 9, 7, Sch. : Ψιλὰ, ἅπερ εἰσὶ τὰ χωρὶς ἐπερωτήσεως καὶ προστίμου γενόμενα.

[3] Même en ce qui concerne la distinction des *stricti juris* et *bonæ fidei actiones*; comp. *Basil.*, éd. Heimb., I, p. 563 ; III, p. 44 ; Πεῖρα, LI, 4.

Ne prétendons pas cependant que les jurisconsultes byzantins aient toujours interprété en parfaite connaissance de cause la théorie légale : ils se sont très-souvent vus dans la nécessité de recourir à des *enchiridia juris* très incomplets [1], pour guider leurs recherches en cette matière, et dès lors ils ont dû se tromper dans leurs appréciations des *nuda pacta* ; mais jamais, pendant toute la durée de l'empire byzantin, on n'arriva à établir ou élaborer une nouvelle théorie sur les contrats [2].

§ 68. — Donations.

La promesse de donation mérite encore un examen particulier. Alors même que les *nudæ pactiones* eussent produit ordinairement une action, on aurait dû refuser au donataire une action contre son bienfaiteur aux fins d'exécution d'une promesse de donation, dépourvue des formes légales. On est surpris de voir Justinien décider tout au contraire, et en dérogeant à la règle qui existait jusqu'alors [3], que toute promesse de libéralité, faite oralement ou par écrit, engendrerait une action [4].

Cette anomalie a été corrigée par l'*Ecloga*, qui du moins fait dépendre la validité des donations d'une certaine forme déterminée. — Dans le titre IV, elle statue qu' « une donation orale, pure et simple (c'est-à-dire qui n'est pas faite *mortis causa*), est valable lorsqu'un majeur dispose entre-vifs de partie de ses biens, en présence de cinq ou trois témoins : devant cinq témoins pour les centres habités ; devant trois témoins pour les endroits écartés et où l'on trouverait difficilement le nombre de cinq témoins. — Une donation par écrit est valable, lorsqu'elle est écrite et signée par un majeur et qu'elle a été affirmée devant cinq ou trois témoins et effectuée en leur présence. »

Ces prescriptions ont été renforcées par la Novelle de l'impératrice Irène [5], en ce qu'on exige désormais la présence de sept ou de cinq témoins suivant les cas.

[1] Comp., par exemple, *Michael Attalensis*, tit. V.

[2] Παπαῤῥηγόπουλος, Ἐγχ. δικαίου, I, p. 206, fait exception.

[3] Le motif était bien dicté, ainsi que la décision l'indique, par l'intérêt qu'on portait aux *donationes ad pias causas*. Comp. § 53.

[4] L. 35, § 5, C. *de Donationibus*, 8, 53 ; § 2, J. *de Donationibus*, 2, 7.

[5] Coll. I, Nov. 27. — Comp. § 65. — L'*Ecloga privata aucta*, IV, 1, parle généralement de cinq témoins

Néanmoins ces dispositions, ainsi que nous l'avons fait observer plus haut, n'ont été que transitoirement en vigueur. Lors de la restauration de la législation de Justinien par les Basiliques, on aurait de nouveau été jusqu'à accorder une action à la promesse de donation faite sans aucune formalité, si Léon le Sage, dans sa Novelle 50, n'avait pas eu soin de décider que les donations, jusqu'à concurrence de 500 *nomismata*, devaient être faites en présence de trois témoins, et que celles d'une valeur supérieure devaient en outre être consignées par écrit. C'est à cette dernière forme que l'on s'est tenu ; et bien que dans la plupart des petits livres de droit on ne mentionne pas la Novelle de Léon, la Πεῖρα et Harmenopule déclarent qu'elle a été maintenue en vigueur[1].

Au surplus, la forme prescrite par Léon s'applique non-seulement aux promesses de donation, mais à toutes espèces de donations en général.

Les donations, qu'elles consistent en un *sese obligare* ou en un *dare* ou *liberare*, sont soumises à quelques autres principes communs, citons notamment l'*insinuation* (ἐμφάνισις τῶν δωρεῶν)[2].

L'insinuation des donations se trouvait sans doute dans une connexité étroite avec la *lex Julia vicesimaria*, en ce sens que cette redevance semble avoir pesé non-seulement sur les successions testamentaires et les legs, mais aussi sur les libéralités d'une autre sorte[3].

Pour en faciliter la perception au fisc, on devait nécessairement introduire pour les donations quelque chose d'équivalent

[1] Πεῖρα, LIII, 2; *Harm.*, III, 1, 17.— Le Code moldave, § 1269, exige un δωρεαστικὸν συμβόλαιον pour garantir par une action la promesse de donation ; le Code valaque n'admet pas cette restriction.

[2] L'explication que la Πεῖρα, LIII, 3, fournit au sujet de l'origine et de la signification de l'*insinuation* est certainement erronée : on n'aurait alors exigé l'enregistrement que pour les donations d'immeubles, et quelle que fût leur valeur. *Magister Eustathius* confond l'enregistrement avec la mutation à opérer dans les registres du cens lorsqu'il y a changement de propriétaire pour un immeuble. Le commentateur des Basiliques, éd. Heimb., II, p. 524, sc. 10, donne de l'enregistrement une explication non moins erronée.

[3] Du moins *Dio Cassius*, LXXVII, 9, parle d'εἰκοστῇ κλήρων καὶ δωρεᾶς πάσης. Au moyen de la *vicesima manumissionum* et de la *vicesima hereditatum*, toutes les libéralités se trouvaient ainsi imposées.

à l'ouverture solennelle du testament[1], à savoir une déclaration publique devant un fonctionnaire de l'État[2]. Cette institution a été conservée dans la pratique pour les testaments aussi bien que pour les donations, même après que la *vicesima* eut été supprimée. L'*insinuatio apud acta*, qui était exigée jadis pour rendre valable toute donation supérieure à 200 *solidi*, ne fut exigée par Justinien que pour les donations de 500 *solidi* et plus; encore un grand nombre d'exceptions ont-elles été admises en cette matière[3].

Dans l'*Ecloga*[4] et dans la Novelle de l'impératrice Irène, il n'est plus question de la nécessité de l'insinuation, et il est permis de supposer qu'on la considérait comme dénuée de toute espèce de valeur, depuis qu'on avait adopté une forme générale et commune à toutes les donations.

Dans les Basiliques[5], les prescriptions du droit de Justinien ont été reproduites à la vérité, mais Léon le Sage a prescrit dans sa Novelle 50 l'adoption d'une nouvelle forme, en déclarant l'ancienne *insinuatio* superflue[6]. Dans les livres de droit subséquents[7], on trouve bien quelques passages isolés sur l'insinuation, tirés des Basiliques, par exemple chez Harmenopule; mais celui-ci mentionne du moins la suppression de cette condition par la Novelle de Léon[8].

Ainsi donc l'enregistrement des donations a disparu à jamais de la législation byzantine à dater de l'ère des iconoclastes[9].

[1] Comp. § 37. Théodore, dans les Basiliques, éd. Heimb., t. IV, p. 587, indique cette analogie.

[2] Cette innovation n'est pas due à Constantin le Grand; celui-ci le dit lui-même dans l. 3, C. Theod., *de Donat.*, 8, 12. — Comp. aussi *Vaticana Fragmenta*, §§ 266, 268. — Ce que Constantin (l. 5, C. Theod. cit.) dit au sujet des motifs de cette innovation est peut être aussi très-juste en ce qui concerne le maintien de cette mesure. (Comp. *Isidorus, ad leg.* 27, C. *de Donat. in Basil*, éd. Heimb., IV, p. 585.)

[3] § 2, J. *de Donat.*, 2, 7; l. 34, C. *de Donat.*

[4] L'*Ecloga privata aucta*, tit. IV, c. 1, 2, supplée l'obligation de l'insinuation d'après le droit de Justinien.

[5] *Basil.*, XLVII, 1, éd. Heimb., IV, p. 588 et suiv.

[6] Ἀχρειολογίαν ἣν οὐδὲ τετηρήκασιν ἐπὶ δωρεαῖς ὅλως ἴσμεν, ainsi que le dit Léon. La Πεῖρα, LIII, 2, s'exprime dans les mêmes termes.

[7] Chez *Mich. Attal.*, XXXIX, 6; dans le *Prochiron auctum.*

[8] *Harm.*, III, 1, 17.

[9] Les Codes valaque et moldave ne l'admettent pas davantage; il en est de même pour la législation néo-grecque. Καλλιγᾶς, III, § 131.

§ 69. — Πρόστιμα.

C'était un usage très-suivi chez les Romains de fixer une somme déterminée à titre de clause pénale, en cas de non-exécution d'une obligation de la part du débiteur.

En règle générale, on établissait une peine conventionnelle là où l'obligation du débiteur consistait en un *facere* : la peine avait alors pour objet de faciliter au créancier, en cas de non-accomplissement de l'engagement, l'introduction de son action ; car il avait le choix d'agir aux fins de payement de la clause pénale, ou d'introduire une action aux fins de son intérêt, ce qui était plus difficile à déterminer.

Parfois on stipulait une clause pénale pour assurer au créancier, de la part de son débiteur, un empressement plus grand dans l'exécution du contrat, en ce sens que la partie obligée, pour le cas où elle serait en faute, se soumettait à l'obligation de payer au delà de ce à quoi elle s'était engagée à l'origine. Dans cette hypothèse, le créancier pouvait réclamer à la fois et l'exécution de la convention et le payement de la clause pénale.

Dans d'autres espèces, une *stipulatio pœnæ* pouvait avoir pour objet de procurer au créancier une action pour une obligation qui n'en produisait pas par elle-même ; celui-ci pouvait alors, en cas de non-exécution, intenter une action en payement de la clause pénale.

Enfin la clause pénale pouvait aussi être stipulée dans l'intérêt du débiteur, dans le but de lui permettre de ne pas remplir ses engagements, moyennant l'exécution de cette clause. Dans ce cas, le créancier n'a qu'une action aux fins d'exécution de la convention, mais cette action peut se transformer en une demande à fin de payement de la clause pénale.

Chez les Byzantins, qui distinguent d'ailleurs parfaitement bien les différentes espèces de clauses pénales et les effets qu'elles produisent [1], la stipulation de pareils πρόστιμα était, à ce qu'il

[1] Les scolies anciennes et modernes des Basiliques (éd. Heimb., I, p. 563, 579, 702 et suiv.) s'en occupent particulièrement. Cependant *Gregorius Doxapater* y commet une inadvertance en y mêlant la théorie de l'action fondée sur la *pœna privata*. La Πεῖρα, XLV, 6, mentionne une clause pénale en cas de changement de volonté.

paraît, d'un usage encore plus fréquent et plus général, parce qu'on se croyait autorisé à compter avec moins de certitude sur la bonne volonté du débiteur[1] dans l'accomplissement de ses engagements. Aussi elles vont jusqu'à désigner sous le nom de ψιλὸν σύμφωνον tout contrat qui n'était pas accompagné d'un πρόστιμον[2]. On réunissait même quelquefois dans un seul et même contrat le dédit et la peine de changement de volonté[3].

Les empereurs insistent à diverses reprises sur le droit d'exiger le montant des πρόστιμα[4]. Manuel Comnène semble même prescrire qu'en règle générale le créancier doit avoir non-seulement le choix entre le πρόστιμον et le montant de son intérêt, mais encore la faculté de cumuler l'un et l'autre[5]. Parfois on stipulait dans les contrats des πρόστιμα très-élevés, au point que les juges se crurent dans l'obligation de les réduire[6]. A l'inverse, les magistrats faisaient usage de leur *jus multæ* dans le cas où la convention était muette sur la clause pénale, et punissaient d'une amende les chicanes du débiteur[7] ; cette amende, de même que la *multa* en général, était aussi désignée sous le nom de πρόστιμον. Cette identité de nom paraît même avoir donné naissance à un malentendu. On a cru que la clause pénale conventionnelle devait être payée non pas au créancier, mais au fisc, de même que la *multa*. La première trace d'une semblable manière de voir se trouve dans l'*Epanagoge*[8]; il est

[1] Comp. le texte et la note 1, p. 148.

[2] Note 2, p. 149.

[3] Πεῖρα, XLIV, 1.

[4] Coll. I, Nov. 27, c. 1 : Τὸ ἐγκείμενον τῷ προσκομισθέντι ἐγγράφῳ πρόστιμον ζημιοῦσθαι τὸν τὴν ἀγωγὴν ποιησάμενον (à savoir le *temere litigans*, et non pas le créancier) παρὰ τοῦ δικαστοῦ καὶ παρέχεσθαι τῷ ἀντιδίκῳ αὐτοῦ. Une Novelle de *Romanus Junior* (Coll. III, Nov. 17) s'occupe exclusivement de la nécessité de πρόστιμα κατατίθεσθαι. La Novelle 6, Coll. V, prescrit ce qui suit : Τὰ τιθέμενα πρόστιμα συμβολαίοις καὶ συμφωνίαις ἐκδικείσθωσαν.

[5] Coll. IV, Nov. 66, c. 8 : Διοριζόμεθα καὶ ταῦτα (à savoir τὰ πρόστιμα τὰ τοῖς ἐγγράφοις ἐντιθέμενα ἐξ ὁμολογίας τῶν συναλλαττόντων) ἀπαιτεῖσθαι... καὶ μέντοι καὶ καρποὺς καὶ πᾶν διαφέρον.... Manuel semble même interdire aux magistrats de diminuer la peine pour des motifs de philanthropie.

[6] Πεῖρα, XLV, 2.

[7] *Harm.*, Append. III, § 44, sc. : Τὸ πρόστιμον ἢ ἀπὸ τοῦ δικαστοῦ ἐπιφέρεται ἢ ἀπὸ τῆς τῶν συναλλαττόντων συμφωνίας καὶ ἀρεσκείας.

[8] *Epanag.*, XIV, 11. Ce passage est reproduit par exemple dans le

possible qu'elle ait trouvé un nouvel appui dans les lois subséquentes[1], d'après lesquelles les clauses pénales devaient καταπίθεσθαι, ἀπαιτεῖσθαι, ἐκδικεῖσθαι; c'est pourquoi aussi la *Synopsis*, dans la rubrique des Basiliques, XLIII, 7, a confondu les clauses pénales et la *mulcta*.

Alexis Comnène[2] a adopté cette opinion, en ce qu'il a ordonné aux magistrats de faire rentrer impitoyablement les ἐγκείμενα πρόστιμα τοῖς συμφώνοις et d'ἀποταμιεύειν τῷ δημοσίῳ. — Nous ignorons si cette prescription a été observée et dans quelle mesure elle a été appliquée; elle n'a été conservée et reproduite que dans quelques manuscrits, et ailleurs on n'en trouve plus nulle trace. Bien plus, une scolie plus récente des Basiliques, VII, 2, 42, fait observer que dans la l. 1, pr. D. *de Jure fisci*, on ne devait en aucune façon interpréter dans le sens ci-dessus rapporté les mots : *Pœnam fisco ex contractu privato deberi*.

§ 70. — Des Intérêts.

D'après le droit de Justinien, le débiteur d'une somme d'argent peut être tenu d'en payer les intérêts (*usuræ*, τόκοι), soit en vertu de la loi, soit en vertu de stipulations conventionnelles, à titre de compensation pour la jouissance du capital (*sors*, κεφάλαιον). Le taux de l'intérêt est déterminé en quotes-parts du capital à payer mensuellement; le capital est considéré comme divisé en *cent* parties, et chaque *centesima* en *douze* parties (*unciæ*). On appelle donc *centesimæ usuræ* (ἑκατοστιαῖος τόκος) ce que nous appelons 12 pour 100 (par an); — *besses usuræ* (ἀπὸ διμοίρου ou διμοιρίας ἑκατοστῆς) sont 8 pour 100; — *semisses* (ἡμιεκατοστιαῖος τόκος ou ἀφ' ἡμίσεος ἑκατοστῆς) sont 6 pour 100; — *quincunces* (πενταουγγιαῖος τόκος ou ἀπὸ τρίτης δωδεκάτης ἑκατοστῆς) sont 5 pour 100; — *trientes* (ἀπὸ τρίτου ἑκατοστῆς) sont 4 pour 100; — *quadrantes* (ἀπὸ τετάρτου ἑκατοστῆς) sont 3 pour 100, et ainsi de suite.

Dans le doute, c'est au juge qu'il appartient de déterminer le taux de l'intérêt légal; d'après la loi 26, C. *de Usuris*, ce de-

Prochiron auctum, I, 8. La Coll. II, Nov. 18, parle aussi d'une εἴσπραξις du προστίμου.

[1] Notes 4 et 5, p. 154.

[2] Coll. IV, Nov. 20, c. 1.

vaient être *semisses usuræ*, à moins qu'il n'y eût dans le pays un taux plus bas [1].

Le taux de l'intérêt conventionnel est déterminé par le contrat lui-même ; toutefois, d'après les principes de Justinien (l. 26. C. *de Usuris*), on ne pouvait en général stipuler au delà de *semisses usuræ*; les *illustres* (plus tard πρωτοσπαθάριοι) et les personnes d'une condition élevée, ne pouvaient même stipuler que *trientes usuræ* ; par contre, les banquiers et commerçants pouvaient stipuler *besses usuræ* [2].

Justinien permit les *centesimæ usuræ* pour la *trajectitia pecunia* et les *specierum fœnori dationes*; il était aussi permis de recevoir d'un *rusticus*, pour des fruits à lui prêtés, la huitième partie de ces fruits [3], à titre d'intérêt annuel, tandis que pour l'argent prêté à un *rusticus* on ne pouvait prélever, à titre d'intérêt annuel [4], qu'un κεράτιον pour chaque νόμισμα [5].

Cette dernière disposition se rattache aux précédentes en ce que, depuis la division de la livre d'or (λίτρα χρυσίου) en 72 νομίσματα [6] et du νόμισμα en 24 κεράτια, on exprima — dans le but de simplifier les calculs — le taux de l'intérêt au moyen du nombre de κεράτια à payer annuellement pour un νόμισμα, au lieu de l'exprimer au moyen de la fraction du capital à payer chaque mois, quoique l'une et l'autre manière de calculer ne concordassent pas bien entre elles. Par les mots : Ἐφ' ἑκάστῳ νομίσματι κεράτιον ἕν, on entendait 4 pour 100 ; par les mots : Ἐφ' ἑκάστῳ νομίσματι κεράτιον ἓν ἥμισυ, 6 pour 100 ; par les mots : Ἐφ' ἑκάστῳ νομίσματι κεράτια δύο, 8 pour 100; bien que la nouvelle expression signifiât à vrai dire 4 1/6, 6 1/4, 8 1/3 pour 100 [7]. C'est ainsi,

[1] *Basil.*, XXIII, 3, 1, sc. 1 et suiv., *passim*. Voir cependant *ibid.*, c. 74, sc. 1.

[2] *Basil.*, XXIII, 3, 74. Ce passage ajoute ce qui suit à la loi 26, C. *de Usuris* : Εἰ δὲ πρὸς τόκον ἐξαγῇ τὸ δάνειον εἴη, τότε πάντες οἱ εἰρημένοι μέχρι τῶν ἀπὸ τετάρτου ἑκατοστῆς τόκον λαμβανέτωσαν. — Comp. Nov. 120, c. 4, 6, § 2.

[3] Ce qui fait même 12 1/2 pour 100, intérêt exorbitant pour l'agriculture.

[4] Ce qui fait 4 1/6 pour 100.

[5] Nov. 32, 34.

[6] L. 5, C. *de Susceptoribus*, X, 72, de l'an 367.

[7] L'interprétation visigothique de la loi 2, *C. Th. de usuris*, II, 33, compte de même *tres siliquas in anno per solidum* comme équivalent à 12 pour 100. — La légère différence dans le taux de l'intérêt devait d'autant plus pas-

par exemple, que *Thalelæus*, sur la loi 28, C. *de Usuris*[1], calcule le ἡμιεκατοστιαῖος τόκος de 200 νομίσματα, à raison de 12 νομίσματα (ainsi à 6 pour 100), et celui de 12 νομίσματα à raison de 18 κεράτια (ainsi à 6 1/4 pour 100)[2].

Dans la suite, on alla plus loin encore, pour conformer le calcul des intérêts au système monétaire en usage (72 νομίσματα valaient une livre d'or). De même qu'autrefois, pour calculer les intérêts, on avait considéré le capital comme équivalent à une somme de 100, de même on admit alors comme unité la λίτρα, soit une somme de 72 νομίσματα. D'après cette manière de compter, les *semisses usuræ* égalaient 6 νομίσματα par λίτρα, c'est-à-dire 8,33 pour 100 ; les *besses usuræ* égalaient 8 νομίσματα par λίτρα, c'est-à-dire 11,11 pour 100 ; les *trientes usuræ* égalaient 4 νομίσματα par λίτρα, c'est-à-dire 5,55 pour 100[3]. Et

ser inaperçue, qu'un κεράτιον, petite monnaie en argent, pouvait bien souvent n'avoir qu'une valeur inférieure à un cent vingt-quatrième de νόμισμα.

[1] *Basil.*, ed. Heimb., II, p. 732. — On y doit lire deux fois κεράτια ιη' au lieu de ιζ', et traduire ainsi le passage tout entier : *Exempli gratia, si mutuos tibi dedero 200 solidos, ut mihi reddas post annum 212, hoc est cum usuris semissibus, possumne dicere : « Etiam illorum 12 (solidorum) usuræ (semisses) per annum sunt siliquæ 18, promittisne igitur expleto anno dare mihi 212 solidos et siliquas 18 ? »*

[2] L'*Ecloga privata aucta*, tit. XI, calcule de cette façon ; la loi 26, C. *de Usuris* s'exprime ainsi : Ἐάν τις ἐγγράφως ἢ ἀγράφως ἐγγύας ἐπὶ τόκων δανείσῃ τινί, εἰ μὲν ἀξιωματικός ἐστιν, εἰς τὸν δωδεκακερατιαῖον καιρὸν τρίτον ἑκατοστῆς ἐπερωτάτω καὶ λαμβανέτω, τοῦτ' ἔστιν ἐφ' ἑκάστῳ νομίσματι κεράτιον ἕν· εἰ δὲ ἐργαστηριάρχης ἐστίν, τὴν διμοιρίαν τῆς ἑκατοστῆς λαμβανέτω τόκον, τοῦτ' ἔστι καθ' ἕκαστον χρόνον ἐφ' ἑκάστῳ νομίσματι χρυσοῦ κεράτια δύο, εἰ καὶ μὴ ἐπερώτησις περὶ τόκου προῆλθεν· εἰ δὲ λοιποὶ τυγχάνοι τὸν ἡμιεκατοστιαῖον κατ' ἔτος λαμβανέτωσαν τόκον, τοῦτ' ἔστιν ἐφ' ἑκάστῳ νομίσματι κεράτιον ἓν ἥμισυ, κτλ. Comp. à la note 2, p. 159, le passage de l'*Epanagoge aucta*. — L'empereur Léon désigne de même dans la Coll. II, Nov. 83, le ἀπὸ τρίτης ἑκατοστῆς τόκον comme κεράτιον ἓν ἐφ' ἑνὶ ἑκάστῳ νομίσματι ἀνὰ πᾶν ἔτος.

[3] Πεῖρα, XIX, 1. — *Ibid.*, § 4, on se sert des mots ἑκατοστιαῖος τόκος pour désigner 12 par λίτρα, c'est-à-dire 16,66 pour 100. C'est à ce mode de calcul que se rapporte l'interpolation de date récente d'une ancienne scolie des Basiliques, ed. Heimb., II, p. 689. — Dans la Πεῖρα, I, 14, on calcule l'intérêt de 8 λίτραι, qui, d'après *ibid.*, XIX, 1, n'était que de 32 νομίσματα à 33, afin d'éviter les fractions dans les divisions par trois. — Le nouveau mode de calcul se trouve dans *Mich. Attal.*, XV, 10 ; dans le Μικρόν, Γ, 6, et scol. ; dans *Harmenopule*, I, 4, sc., ed. Heimb., p. 94, III, 7, 17, et sc.

de la sorte, par le seul fait du changement dans le mode du calcul des intérêts, le taux légal fut sensiblement augmenté à partir du dixième siècle.

Au surplus, après le règne de Justinien, il ne fut pas toujours loisible soit de stipuler, soit de percevoir des intérêts. — Conformément aux prescriptions de l'Écriture sainte [1], les canons [2] avaient condamné le fait de recevoir des intérêts, et dans le huitième et le neuvième siècle les lois civiles s'étaient prononcées dans le même sens. L'*Ecloga* ne s'occupe déjà plus des intérêts : elle ne reconnaît que deux manières d'employer utilement les capitaux disponibles, soit que le créancier obtienne en gage, en échange de son argent prêté sans intérêts, une chose produisant des fruits (*antichresis tacita vel expressa*), soit qu'il apparaisse à titre de *socius* dans l'entreprise pour laquelle il a avancé des fonds [3]. — On raconte de *Nicephorus Generalis* [4] qu'il a généralement et absolument prohibé le prêt à intérêt des capitaux. — Le *Prochiron* [5] ordonne μηδενὶ μηδαμῶς ἐξεῖναι ἐν μηδεμιᾷ ὑποθέσει τόκον εἰληφέναι, ἵνα μὴ νόμον φυλάττειν οἰόμενοι νόμον Θεοῦ παραβαίνωμεν. — L'*Epanagoge* [6] défend de même de recevoir des intérêts, si ce n'est aux mineurs : elle restreint même l'antichrèse. Mais Léon, en se fondant sur les besoins de la pratique, permet [7] de nouveau de prêter l'argent moyennant intérêt : Καθὼς τοῖς παλαιοτέροις ἔδοξε νομοθέταις, φημὶ δὴ τῷ λεγο-

ed. Heimb., p. 431. — *Balsamon*, *ad C.*, 17, *Syn. Nic.* (ed. Rhalli, II, p. 153), calcule de la même manière, mais ne paraît pas en saisir la raison. Comp. aussi *Bals. respons.*, ed. Rhalli, IV, p. 451.

[1] *Exod.*, 22, 25 ; *Levit.*, 25, 36 ; *Deutéron.*, 23, 19 ; *Psaum.*, 15, 5.

[2] *Apostr.*, c. 44; *Syn. Nic.*, I, c. 17; *Syn. Trull.*, c. 10; *Syn. Laod.*, c. 4; *Syn. Carthag.*, c. 5, 16. — *S. Basilii*, c. 14 ; *Nicephori Confess.*, c. 33. — Comp. *Photii Nomoc.*, IX, 27; *Basil.*, ed. Heimb., II, p. 702, sc. 2 ad c. 20.

[3] C'est pourquoi dans le titre du prêt l'*Ecloga* parle de la κοινωνία. Dans la κοινωνία dont il est question en ce passage, on convenait souvent que le créancier prendrait part aux bénéfices et ne supporterait pas les pertes (*Bals.*, *ad.* c. 17, *Syn. Nic.*, I, ed. Rhalli, II, p. 153). — L'*Ecloga* déclare que cette convention n'est pas licite, évidemment afin d'empêcher que, par un semblant de conviction de cette nature, les contractants n'eussent la facilité d'éluder l'interdiction du prêt à intérêt.

[4] Novelles de l'auteur, p. 61, note.

[5] *Proch.*, XVI, 14.

[6] *Epanag.*, XXVIII, 2.

[7] Coll. II, Nov. 83.

μένῳ ἀπὸ τρίτης ἑκατοστῆς, ὅπερ ἐστὶ κεράτιον ἓν ἐφ' ἑνὶ ἑκάστῳ νομίσματι ἀνὰ πᾶν ἔτος τοῖς δανεισταῖς εἰς κέρδος γινομένοι. Aussi les Basiliques [1] reproduisent-elles sur ce point le droit pur de Justinien.

C'est à cette législation que les Byzantins se sont arrêtés; le taux de l'intérêt a même été élevé, ainsi que nous l'avons dit plus haut, par suite de la nouvelle manière de calculer les intérêts. — Il existe, il est vrai, quelque confusion dans les livres de droit, en ce que ceux-ci reproduisent aussi la prohibition du prêt à intérêt insérée dans le *Prochiron* et l'*Epanagoge* [2]; mais, dans la pratique, on n'avait nul égard à ces prescriptions restrictives; ce fait résulte de la Πεῖρα, non moins que du témoignage que donne Balsamon [3], quand il constate avec satisfaction que le prêt à intérêt peut être considéré comme permis, même aux ecclésiastiques, d'après une interprétation exacte des canons, sous la forme de *id quod interest*.

Dans le royaume de Grèce, le droit usuel autorise aujourd'hui l'intérêt de 12 pour 100 [4]. La loi valaque [5] et la loi moldave admettent l'intérêt de 10 pour 100 [6].

[1] *Basil.*, XXIII, 3.

[2] C'est ainsi qu'on la rencontre même ajoutée aux scolies des Basiliques. — Comp. *Basil.*, éd. Heimb., II, p. 673, sc. 2; — Comp. note 2, p. 159, en ce qui concerne l'*Ecloga privata aucta*. — L'*Epitome* (XVII, 85) semble encore s'attacher à la prohibition du prêt à intérêt du *Prochiron*, ainsi que l'*Epitome ad Prochiron mutata*, laquelle reproduit les passages du *Prochiron* et de l'*Epanagoge*, dans le titre XVI, c. 109 et 110. — L'*Epanagoge aucta* reproduit, au titre XXII, c. 24, le passage du *Prochiron* (et passe sous silence celui de l'*Epanagoge*), mais elle ajoute ensuite, c. 38 : Ἐάν τις ἐγγράφως ἔγγαια ἐπὶ τόκῳ δανείσῃ τινι, εἰς τὸν δωδεκαμηνιαῖον χρόνον λαμβανέτω ἐφ' ἑκάστῳ νομίσματι κεράτιον ἕν· εἰ δὲ ἀργυροπράτης ἐστίν, ἀνὰ κερατία δύο, εἰ καὶ μὴ τὸ σύνολον συμπεφώνηται· οἱ δὲ λοιποὶ πάντες ἀνὰ κεράτιον ἓν ἥμισυ, ἐὰν συνεφώνησαν. — Le Μικρὸν, T, sc. 12, fait remarquer que ἕτερον κεφάλαιον νόμου παντελῶς τὸν τόκον ἀπείργει. — Le *Prochiron auctum*, au titre XVII, c. 4 et 39, reproduit l'un après l'autre le passage de l'*Epanagoge* et la loi 20, C. *de Usuris*. — Harmenopule, III, 7, 23 et 24, inscrit la loi 26, C. *de Usuris*, et le passage du *Prochiron* sous la rubrique erronée : Νεαρὰ τοῦ Καίσαρος Λέοντος τὸν τόκον ἀπαγορεύουσα. — Il en est de même chez *Blastarès*, T, 7.

[3] *Bals.*, *ad Phot.*, IX, 27, ed. Rhalli, I, p. 205. Comp. aussi *Bals. respons.*, ed. Rhalli, V, p. 451.

[4] Καλλιγᾶς, III, § 304 et suiv. — Παπαρρηγόπουλος, Ἐγχ. δικ., I, p. 71, 81.

[5] Τμ. γ', κεφ. ι', § 2.

[6] § 1332.

§ 71. — Conclusion.

Ce fut, pour la prospérité de l'empire byzantin, une triste fatalité que celle d'avoir recueilli dans la succession du droit de Justinien une législation des plus imparfaites sur le crédit.

La théorie des obligations, qui reposait essentiellement, d'après le système romain, sur l'application de la stipulation, était devenue plus vague et plus incertaine dans le droit de Justinien, par suite des nouvelles prescriptions concernant ce mode de contracter. Dans le droit byzantin, cette incertitude augmenta encore davantage, à raison de ce fait que la stipulation n'y était pas usitée [1].

Une autre cause n'entrava pas moins le développement progressif des institutions de crédit dans le droit byzantin : ce fut la forme donnée par le droit de Justinien au gage et au cautionnement, forme peu propre à procurer au créancier les garanties suffisantes. L'hypothèque avait perdu la plus grande partie de son importance, depuis que la multiplicité des hypothèques légales et des privilèges attachés à certaines hypothèques particulières, jointe à l'absence de spécialité et de publicité, enlevait au créancier toute certitude d'être payé sur le gage affecté au payement de sa créance. — De même aussi le cautionnement, considéré en tant que moyen de garantie, avait perdu pour le créancier une partie de son importance, du jour où Justinien [2], par un sentiment d'humanité mal entendu, avait accordé aux cautions le *beneficium excussionis sive ordinis*.

Enfin il manquait au droit de Justinien une procédure sévère qui fût de nature à venir en aide au créancier contre les débiteurs négligents ou de mauvaise foi. La procédure de la preuve où il s'agissait d'établir l'existence d'un contrat oral ou la sincérité d'un document écrit était surtout imparfaite, en ce qu'elle admettait des productions de témoins réitérées, et en ce qu'elle réglait la preuve par écrit [3] de façon à permettre d'éterniser les procès.

[1] Comp. plus haut § 67.

[2] Nov. 4.

[3] En ce qui touche les nombreuses μαρτύρων παραγωγαί, comp. Nov. 6, Nov. 90, c. 4; Coll. IV, Nov. 20. — En ce qui concerne la preuve des écrits de la σύγκρισις γραμματείων, comp. Coll., IV, 21, Nov. 73.

Lorsqu'enfin un procès arrivait à l'exécution, la loi exigeait qu'alors encoro lo débiteur fût traité avec douceur, et l'obtention d'un λόγος ἀπολίας[1] ou la *missio*, comme moyen d'exécution[2], pouvait encoro occasionner au créancier des ennuis et des retards nombreux.

Sous tous ces rapports, uno réformo du droit do Justinien était nécessaire, pour relever dans l'empiro byzantin lo crédit personnel et lo crédit foncier.

Néanmoins il semble quo les Byzantins n'aient jamais compris combien leur législation était imparfaite en cette matière; et, au surplus, aucun peuple de l'antiquité no s'est bien rendu compte des vrais principes de l'économie politique.

Les lois des iconoclastes Léon et Constantin paraissent, à la vérité, avoir établi diverses dispositions nouvelles pour lo droit des obligations. (Nous avons parlé plus haut de celles qui se rapportent à la conclusion des contrats, et l'*Ecloga*[3] no connaît que lo gage manuel et ignoro co que c'est que l'hypothèque et le cautionnement proprement dit.) Mais ces nouvelles dispositions légales des empereurs romains étaient en tous cas insuffisantes pour rétablir et fortifier lo crédit. Elles tombèrent du reste dans l'oubli, lors du rétablissement du droit do Justinien; et après la publication des Basiliques on n'essaya même pas d'améliorer la situation en réformant cette partie do la législation[4].

Lo commerco lui-même no s'éleva jamais, pendant touto la duréo do l'empiro byzantin, contro l'imperfection du droit des obligations. Lo germo d'un progrès so trouvait dans les vieux priviléges encoro existants des *argentarii* ou ἀργυροπράται[5]. L'usago des lettres do change, dont on voit l'apparition en Italio vers lo treizièmo siècle, devait être connu des Byzantins dans les villes do commerco du Levant, où il y avait partout des

[1] Comp. Helmbach dans Richter. *Krit. Jahrb.*, 9e année, p. 359 et suiv.

[2] Comp. *Basil.*, IX, 6, 7; Πεῖρα, tit. XL.

[3] *Ecloga*, tit. X.

[4] Les juris-consultes byzantins s'attachent par contre à certaines controverses connues, concernant, par exemple, plusieurs passages du droit de Justinien sur le gage. — Voir Πεῖρα, VI, 1, 2, 13, et *Tractatus de debitis* dans *Heidelberg. Jahrb.*, 1841, p. 540 et suiv.

[5] Nov. 136, *Edict. Justinian*, 9; *Basil.*, XXIII, 4; Coll. IV, Nov. 71.

comptoirs italiens; mais on ne voit pas que ces pratiques aient servi de point de départ à une réforme du droit commercial [1].

L'absence de crédit — conséquence fatale des législations justinienne et byzantine sur les contrats — a exercé la plus fâcheuse influence sur la situation de l'empire byzantin. Le taux de l'intérêt s'éleva considérablement; le commerce et l'industrie en furent anéantis, et tombèrent de plus en plus au pouvoir des Etats italiens, alors florissants, ou de leurs colonies commerciales établies dans les villes byzantines [2]. L'argent ne fut désormais placé qu'en immeubles. De ces deux causes, l'une arrêta toute formation d'une bourgeoisie forte et industrieuse, l'autre amena l'oppression de la classe des paysans libres. C'est donc dans une législation défectueuse sur les obligations et le gage, et dans un système d'impôt foncier mal conçu et mal appliqué, qu'il faut chercher la cause de la ruine de l'empire byzantin.

Le gouvernement turc qui suivit n'a eu et n'a encore aujourd'hui aucune intelligence des réformes que réclame cet état de choses. Puissent les Etats chrétiens qui dans notre siècle se sont détachés de l'empire turc et constitués à côté de lui, puissent-ils, disons-nous, trouver des hommes d'État qui sachent jeter les fondements d'un édifice social durable et rationnel !

[1] L'ordonnance de promulgation du Code moldave de l'année 1816 promet encore un Code de commerce spécial et renvoie à ce Code (§ 1859) en ce qui concerne les ἐμπορικαὶ ἀσσιγνατσίονες, c'est-à-dire les lettres de change. Le Code valaque s'occupe aussi en passant du droit commercial et en particulier de la lettre de change, τμ. γ', κεφ. θ', περὶ Πολιτζῶν. Dans le royaume de Grèce, on a adopté le Code de commerce français. — Comp. *Heidelberg. Jahrb*, 1839, p. 1165 et suiv. (La lettre de change s'appelle συναλλαγματική en Grèce.)

[2] Des traités spéciaux consentis par les empereurs byzantins avaient octroyé à ces colonies des privilèges considérables — pareils à ceux que les différentes nations occidentales avaient obtenus de la Turquie. — Le traité le plus ancien de cette sorte remonte à l'année 992. Voir Coll. III, Nov. 27. On trouve dans ce recueil de nombreux traités de même sorte plus récents.

INDICATION

DES SOURCES LES PLUS FRÉQUEMMENT CITÉES DU DROIT GRÉCO-ROMAIN.

Anonymi Epitome Novellarum. — Fragments d'un Epitome grec des Novelles de Justinien, semblable à l'Epitome latin de Julien, et peut-être composé par le même. Publié dans les Ἀνέκδοτα de l'auteur. Leipzig, 1843, p. 196 et suiv.

Aristenus (*Alexius*). — Voir *Canones*.

Athanasii Emiseni Epitome Novellarum.— Une compilation des Novelles de Justinien de la deuxième moitié du sixième siècle. Publié par G.-E. Heimbach dans Ἀνέκδοτα, t. I. Leipzig, 1838.

Balsamon (*Theodorus*). — Voir *Canones*.

Basilica. — Recueil officiel de tout ce qui était resté pratique dans les Codes et Novelles de Justinien, après leur remaniement en langue grecque par les juri-consultes byzantins du temps de Justinien et par les successeurs immédiats de ce prince, commencé vers la fin du neuvième siècle sous *Basilius Macedo* et terminé sous *Leo Sapiens*. La nouvelle édition de C.-G.-E Heimbach, d'après laquelle on fait les citations, a paru en cinq volumes in-4°, chez Barth, de Leipzig, de 1833 à 1850.

Blastares (*Matthæus*). — Manuel alphabétique du droit civil et canonique, composé par le moine *Matthæus Blastares* en l'an 1335. L'édition la plus récente a été donnée par Rhallis et Potlis dans le tome VI du Σύνταγμα τῶν κανόνων, Athènes, 1859.

Canones. — Nous possédons les canons des apôtres et des diverses assemblées ecclésiastiques locales dans plusieurs anciens recueils intitulés *Collectiones, Epitome* et *Nomocanones*, dont les derniers sont arrangés méthodiquement et contiennent des extraits des *canones* et des *leges*. Les plus importants sont : 1° un ancien *Nomocanon* en quatorze titres, revu vers 883 par le patriarche *Photius*; 2° le commentaire d'un ancien *Epitome canonum* du nomophylax *Alexius Aristenus*, du temps de l'empereur Jean Comnène ; 3° le commentaire d'un recueil de *canones* de *Joannes Zonaras*, de la même époque; 4° le commentaire du *Nomocanon* de *Photius*, et le recueil des *canones* de *Theodorus Balsamon*, écrit vers l'an 1178. — L'édition la plus récente de cet ouvrage se trouve dans le Σύνταγμα τῶν κανόνων de Rhallis et Potlis, t. I, IV. Athènes, 1852-1854. Un recueil des canons avec annotations en langue néo-grecque se trouve dans le Πηδάλιον, c'est-à-dire le *Livre des taxes* de l'Eglise grecque, imprimé à Leipzig en 1800. — Des décisions et prescriptions des patriarches, des avis et des traités sur des questions de droit canonique sont contenus dans *Leunclavii jus græco-romanum*, et avec plus de détails dans les tomes IV et V du Σύνταγμα τῶν κανόνων de Rhallis et Potlis.

Ecloga. — Petit Code divisé en dix-huit titres, publié vers 740 par les empereurs Léon et Constantin, reproduit dans la *Collectio juris librorum græco-romani ineditorum*, sect. I. Leipzig, 1852, de l'auteur.

Ecloga privata aucta. — Remaniement de l'*Ecloga*, se rapprochant du droit de Justinien, sans doute de la deuxième moitié du neuvième siècle. Cité d'après une copie du Cod. Paris. gr., 1381, comparée avec Cod. Vindob. jurid. gr. 3.

Ecloga ad Prochiron mutata. — Compilation de l'*Ecloga*, du *Prochiron* et de l'*Epitome* avec des additions et des suppressions, en grande partie d'après le plan de l'*Ecloga*, du onzième siècle environ. L'auteur la cite d'après une copie du Cod. Paris. gr., 1720.

Edicta præfectorum prætorio. — Edits des préteurs avant et sous Justinien. Ce qui reste de ces édits est reproduit dans les Ἀνέκδοτα de l'auteur. Leipzig, 1843, p. 227 et suiv.

Epanagoge. — Petit Code de Basile, Léon et Alexandre, qui est sans doute resté à l'état de projet, et qui nous a été conservé avec des scolies, c'est-à-dire avec les *monita* d'un réviseur. Il a été reproduit dans la *Collectio librorum juris græco-romani ineditorum*, sect. I, de l'auteur.

Epanagoge aucta. — Remaniement de l'*Epanagoge* avec additions tirées d'autres sources, remontant environ au onzième siècle. L'auteur le cite d'après une copie d'un manuscrit (se trouvant aujourd'hui à Leipzig), et qui a été collationné avec un grand nombre d'autres manuscrits.

Epitome. — Ouvrage de droit divisé en cinquante titres. Compilation empruntée aux remaniements grecs des Codes et des Novelles de Justinien et du *Prochiron*, vers 920. Les vingt-trois premiers titres sont reproduits dans le *Jus græco-romanum* de l'auteur, pars II. Leipzig, 1856.

Epitome ad Prochiron mutata. — Remaniement de l'*Epitome* d'après la série des titres du *Prochiron*, avec de précieuses additions, du dixième siècle. L'auteur le cite d'après une copie du Cod. Marcian., 579, et du Cod. Bodlejan. [illegible]

Harmenopulus (*Constantinus*). — L'Ἑξάβιβλος d'Harmenopule, compilation du *Prochiron*, de la *Synopsis*, de la Πεῖρα et du Μικρόν, publié vers 1345, est cité d'après la nouvelle édition de G.-E. Heimbach. Leipzig, 1851.

Leges rusticæ. — Le petit Code rural des empereurs Léon et Constantin est cité d'après l'édition d'Harmenopule, éd. Heimbach, p. 828.

Malaxus (*Manuel*). — Le *Nomocanon* de Manuel Malaxus a été composé en 1562. L'auteur le cite tantôt d'après un manuscrit qui lui appartient, tantôt d'après le grand fragment imprimé dans la Θέμις, de Sgouta, τμ. VII.

Michael Attalensis. — Court extrait des Basiliques, divisé en trente-cinq titres, plus un supplément, composé en 1072. L'auteur le cite soit d'après l'édition incomplète Leunclavii *jus græco-romanum*, pars II, soit d'après la nouvelle édition critique dans la Θέμις, de Sgouta, τμ. VIII.

Μικρὸν κατὰ στοιχεῖον. — Extrait par ordre alphabétique de *Michael Attalensis* et de la *Synopsis Basilicorum*, avec des notes, du commencement du treizième siècle. Reproduit dans le *Jus græco-romanum* de l'auteur, pars II. Leipzig 1856.

MOLDAUISCHES CIVIL-GESETZBUCH. — Imprimé à Jassy en 1816 sous le titre de Κῶδιξ πολιτικὸς τοῦ πριγκιπάτου τῆς Μολδαβίας.

Νόμος γεωργικός. — Voir *Leges rusticæ*.

NOVELLÆ CONSTITUTIONES IMPERATORUM POST JUSTINIANUM. — M. Zachariæ a réuni les Novelles connues des empereurs byzantins, les a soumises à un travail critique et les a classées chronologiquement en cinq parties dans son *Jus græco-romanum*, pars III. Leipzig, 1857.

Πεῖρα. — Collection composée de soixante-quinze titres, d'extraits de traités et de décisions du *magister Eustathius Romanus*, du milieu du onzième siècle. Reproduit dans le *Jus græco-romanum* de l'auteur, pars I, Leipzig, 1856.

Πηδάλιον. — Voir *Canones*.

PHOTIUS. — Voir *Canones*.

PROCHIRON. — Petit Code en quarante titres, publié par les empereurs Basile, Constantin et Léon vers 870. Publié par l'auteur sous le titre : ὁ Πρόχειρος Νόμος. *Heidelbergæ*, 1837.

PROCHIRON AUCTUM. — Révision très-augmentée du *Prochiron*, du commencement du treizième siècle. M. Zachariæ le cite d'après des extraits étendus tirés des manuscrits de ce livre de droit.

PSELLUS (*Michael*). — Nous possédons de lui quatorze cent huit *versus memoriales* de droit sous le titre : Σύνοψις τῶν νόμων. M. Zachariæ le cite d'après l'édition de *Teucher*. Leipzig, 1789.

Ῥοπαί (αἱ). — Compilation de dispositions légales relatives au temps ; elle remonte à une époque non éloignée de Justinien et a été publiée par l'auteur sous le titre αἱ Ῥοπαί. Heidelberg, 1836.

SYNOPSIS (*Basilicorum*). — Extrait alphabétique des Basiliques, publié entre l'année 912 et l'année 957. *Leunclavius* l'a publié (*Basileæ*, 1575), mais en l'arrangeant dans l'ordre des Basiliques.

SYNOPSIS MINOR. — Voir Μικρόν.

THEODORI BREVIARIUM NOVELLARUM. — Remaniement des Novelles de Justinien par l'avocat Théodore d'Hermopolis, du dernier tiers du sixième siècle. Publié dans les Ἀνέκδοτα de l'auteur. Leipzig, 1843.

THEOPHILUS. — Paraphrase des Institutes de Justinien par Théophile, *antecessor* sous Justinien. La meilleure édition est celle de G.-O. Reitz. *Hagæ Comit.*, 1751.

WALACHISCHES GESETZBUCH. — Imprimé en 1818 à Vienne sous le titre : Νομοθεσία τοῦ κυρίου Ἰωάννου Γεωργίου Καρατζᾶ Βοεβόδα.

ZONARAS (*Joannes*). — Voir *Canones*.

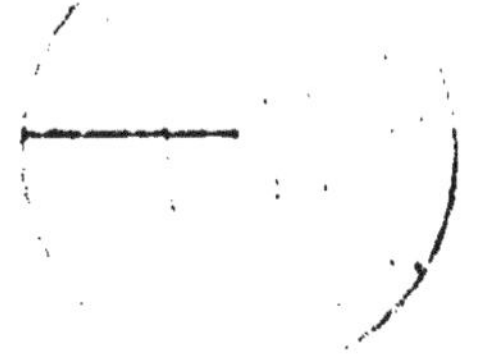

ERRATUM

Page.	Note.	Au lieu de :	Lisez :
38	7	§ 11, note 171...............	§ 11, note 6, p. 31.

TABLE DES MATIÈRES

LIVRE Ier

DROIT DES PERSONNES.

Pages.

LIVRE II.

DROIT SUCCESSORAL.

Pages.

LIVRE III.

DU DROIT DES CHOSES.

LIVRE IV.

DU DROIT DES OBLIGATIONS.

Paris. — Typographie A. Hennuyer, rue du Boulevard, 7.

PARIS. — TYPOGRAPHIE A. HENNUYER, RUE DU BOULEVARD, 7.

www.ingramcontent.com/pod-product-compliance
Ingram Content Group UK Ltd.
Pitfield, Milton Keynes, MK11 3LW, UK
UKHW022045190726
13855UKWH00002B/403